KB164317

Get Lucky

thor muller | lane becker

당신은 운이 따르는 사람인가

행운을 잡는 8가지 기술

How to put planned serendipity
to work for you and your business

GET LUCKY

소어 뮬러, 레인 베커 지음

김고명 옮김

유아이북스

행운을 잡는 8가지 기술

1판 1쇄 인쇄 2013년 4월 5일
1판 1쇄 발행 2013년 4월 10일

지은이 소어 뮬러, 레인 베커
옮긴이 김고명
펴낸이 이윤규

펴낸곳 유아이북스
출판등록 2012년 4월 2일
주소 서울시 용산구 효창원로 64길 6
전화 (02) 704-2521
팩스 (02) 715-3536
이메일 uibooks@uibooks.co.kr

ISBN 978-89-98156-08-4 03320

값 15,000원

"세상은 당신이 지금 상상하는 것보다 훨씬 크다.
다시 말해 당신은 당신이 생각하는 것보다 훨씬 큰 존재다."

— 윌리엄 데레시에비츠(William Deresiewicz, 미국의 유명 에세이 작가, 예일대 영문학 교수)

일러두기

- 미주 표시가 된 본문 문장이나 소제목에 대한 구체적인 설명은 책 말미의 부록에 나옵니다.
- 부록에 수록된 참고서적 중 국내에 이미 출판이 된 경우 한국판 제목과 출간 출판사, 그리고 발행년도를 명시했습니다.

운칠기삼(運七技三) — 사람이 살아가면서 일어나는 모든 일의 성패는 운에 달려 있는 것이지 노력에 달려 있는 것이 아니라는 말. 청나라 포송령이란 작가의 작품집에서 유래.

운(運), 둔(鈍), 근(根) — 성공하기 위해서는 우선 운(運)이 따라야 하고, 당장 운이 없으면 우직하게(鈍) 기다릴 줄 알아야 하며, 운을 만나더라도 근성(根)이 있어야 기회를 잡는다는 뜻. 삼성그룹 창업주인 고 이병철 회장의 붓글씨로 유명.

상당수의 성공한 사람들에게 그 비결을 물어보면 싱거운 대답이 돌아온다. 운이 좋았던 것뿐이라는 식이다.

이런 말을 그저 '겸손' 정도로 스쳐 들었다면 이 책이 탄생하지 못했다. 소어 뮬러, 레인 베커 등 이 책의 저자들은 행운이라는 게 우연이 아닐 것이라는 확신을 갖고 연구에 돌입한다. 그 결과 행운은 기회를 잘 잡았을 때 나타난다는 발견에 이른다.

모든 일의 성패는 행운이 결정하는데 이 행운은 기회를 제대로 포착하는 기술에 달렸다는 게 저자들의 주장이다. 그런 의미에서 행운은 거저 주어지는 게 아니다. 아무 변화 없이 늘 똑같은 환경에 머물면서 똑같은 일만 하고 똑같은 사람들만 봐서는 새롭고 중요한 것을 우연히 마주치려야 마주칠 수가 없다. 조금만 생각해보면 상식이다. 본문에도 나오지만 세계적인 발명가인 만든 찰스 케터링(Charles Kettering)은 이렇게 말했다.

"계속 걸어가다 보면 전혀 뜻밖의 순간에 무엇인가에 발이 걸린다. 하지만 가만히 앉아 있다가 발이 걸렸다는 사람은 한 번도 본 적 없다."

이 책이 특별한 점은 우리가 어떻게 움직여야 행운과 만날 확률을 높일 수 있을 것인가를 논한다는 것이다. 칼스 케터링의 말이 백번 옳지만 무작정 움직이라고 말하는 게 아니고 어떤 방식으로 노력해야 한다는 점을 주제로 한다. 이런 맥락에서 8가지 기술이 등장한다. 움직임, 준비, 일탈, 매진, 활성화, 연결, 투과, 끌어당기기 등이 그것이다.

이런 기술을 글자 그대로 따르는 데는 위험요소가 있다. 이른바 이중구속 문제다. 행운을 끌어들이려는 의무감 자체가 행운과 멀어지게 만드는 효과를 낳는 상황을 만든다. 행운은 기존의 틀에서 벗어나는 사건이라는 의미에서 창의성과 직결되는데 이 창의성이란 게 정해진 룰이나 공정으로 발휘되는 게 아니기 때문이다. 오히려 정반대로 의무감에서 벗어나야 제 힘을 쓰는 게 창의력이란 것이다. 이런 이중구속 문제를 어떻게 해결할 것인가. 이 부분 역시 행운을 부르는 8가지 기술 외에 중요하게 다루는 주제다. 이런 기술을 익히면 어떤 부분에 유익할까. 이 책을 우리보다 먼저 접했던《스위치Switch》와《스틱!Made to Stick》의 공저자, 댄 히스(Dan Heath)는 "옛말에 '기회는 준비된 자에게 온다'고 했다. 이 책은 당신을 준비시키는 책이다"라고 했다.

행운을 여러분의 기업과 삶에 초대하기 위해선 무엇보다 미지의 것들을 사랑하는 마음가짐부터 지녀야 한다. 이런 마음이 모든 사항의 우선이라고 할 수 있다. 이 책을 들고 있는 독자라면 이런 필요 요건을 이미 갖춘 사람이라고 볼 수 있을 것이다. 남은 건 실천이다. 원고를 처음부터 작업한 편집자 본인에게도 중요한 숙제다. 이 책을 통해 여러분의 삶과 직장에 행운이 깃들기를 간절히 바란다.

■ 차례

1
행운은
우연이 아니다

—

"구글이 어마어마한 성공을 거둔 비결은 무엇입니까?"
브린은 답이 뻔한 공학 문제라도 받은 양 자신만만하게 대답했다.
"성공의 제1요인은 '행운'입니다."

"행운이란 무지한 자들이 믿고 어리석은 자들이 좇는 환상에 불과하다."
— 티모시 잔(Timothy Zahn)

"나는 행운의 힘을 철석같이 믿는다. 행운은 노력할수록 많이 누릴 수 있다."
— 토머스 제퍼슨(Thomas Jefferson)

Get Lucky

젊은 사업가는 뜨거운 환영을 받으며 연단으로 걸어나와 회중을 바라봤
다. 귀청이 떨어질 듯한 박수가 이어졌다.

2005년 가을 샌프란시스코에서 열린 웹 2.0 서밋(Web 2.0 Summit) 마지
막 날. 콘퍼런스 진행자인 존 바텔(John Battelle)과 함께 등장한 깜짝 손님은
구글의 창업자인 32세 청년 세르게이 브린(Sergey Brin)이었다.

지금이야 페이스북, 트위터, 징거(Zynga), 판도라(Pandora) 같은 인터넷
서비스가 대성공을 거두며 새로운 바람을 일으키고 있으니 이해가 잘 안
가겠지만 2005년에만 해도 세상 사람들은 인터넷을 2000년에 IT 주식
거품이 꺼지면서 전성기가 막을 내린 돈 먹는 하마쯤으로 여겼다. 하지만
이 콘퍼런스에 참석한 수백 명은 생각이 달랐다. 그들은 웹으로 얼마든지
사업에 성공할 수 있다고 굳게 믿었다. 그리고 그 산증인이 바로 눈앞에

서 있었다.

브린은 동업자 래리 페이지(Larry Page)와 함께 회사를 설립해서 고작 5년 만에 역사상 유례가 없는 수익 창출 엔진으로 발전시키고 나스닥에 상장한 주인공이었다. 그들은 인터넷으로 진지하게 사업을 한다고 하면 비웃음만 사던 시절에 그런 일을 해냈다. 더군다나 그 과정에서 자기들만 아니라 다른 사람들까지 억만장자의 반열에 올려놓았다.

브린이 자리에 앉자 회중은 순식간에 조용해졌다. 저 사람이 무슨 말을 할까? 그 입에서 어떤 비밀이 나오려나? 도대체 무슨 비법이 있었기에 그토록 믿기 어려운 업적을 달성할 수 있었을까? 바텔은 단도직입적으로 물었다.

"구글이 어마어마한 성공을 거둔 비결은 무엇입니까?"

브린은 답이 뻔한 공학 문제라도 받은 양 자신만만하게 대답했다.

"성공의 제1요인은 '행운'입니다."

회의장에 쥐 죽은 듯한 고요가 가라앉았다. 진심이야? 정말 그럴 수가 있나? 어쩌다 보니 운이 좋아서 그랬다고? 말도 안 되는 소리! 성공 비결이라면 마땅히 우수한 지능, 선견지명, 열성, 끈기여야 했다.

설명이 필요하다는 걸 알고 브린은 말을 이었다.

"하고 싶은 연구를 하다 보니까 우리도 모르는 새에 굉장히 쓸만한 게 손에 들어와 있지 뭡니까. 그래서 우리는 그걸로 세상에 영향을 끼치기로 했습니다."

행운이라기엔 이상했다. 흔히 생각하는 별안간 복이 굴러 왔다느니, 운때가 맞았다느니 하는 얘기가 아니었다. 그가 말하는 것은 의욕, 본능, 우연한 발견, 열정이었다. 그게 무슨 행운이란 말인가?

혹시 그 자리에서 그의 대답에 실망한 사람이 있다면 실수한 것이다. 브린은 겸손한 척하는 게 아니었다. 그는 아주 중요한 진실을 알려주고 있었다. 구글처럼 엄청난 속도로 어마어마한 성공을 거두려면 개인이나 팀의 공로로 돌릴 수 없는 뭔가가 일어나야만 한다는 사실.

행운 덕에 그런 성취를 거뒀단 말을 자기는 가만히 있었는데 성공이 굴러들어왔다는 뜻으로 받아들이면 안 된다. 그 본뜻은 자신이 세운 목표와 자기 손으로는 어쩔 수 없는 세상 사이에 창조의 밑거름이 되는 긴장이 있었다는 것이다. 마치 기적이라도 일어난 것처럼 구글은 이 긴장을 실제 사업으로 발전시켰다. 그것도 세상을 변화시키는 사업으로.

행운은 거저 주어지지 않는다

사람들은 행운을 미신으로 취급하기 일쑤다.

행운이라는 말을 들으면 흔히 라스베이거스 카지노의 카드판에서 연승을 거두며 연거푸 위스키 잔을 비우는 도박꾼이 떠오른다. 그의 앞에는 칩이 한 무더기 쌓여 있다. 옆에 앉은 도박꾼들은 모두 부러운 표정이고 정면에서는 딜러가 무표정한 얼굴로 다음 패를 돌릴 준비를 하고 있다.

우리의 도박꾼은 행운의 여신이 완전히 자기편에 섰다고 철석같이 믿고 있다. 하늘을 찌르는 자신감에 무엇도 거리낄 게 없다고 생각하니 다음 수야 불 보듯 뻔하다. 기회가 닿는 대로 판돈을 두 배로 올리는 것이다.

우리는 이 도박꾼을 딱하게 여긴다. 그가 놓치고 있는 사실이 있기 때문이다. 카지노의 카드판은 적당히 기대감에 취해서 계속 게임을 하도록 정교하게 만들어졌다는 점이다. 그래서 그는 계속 게임을 한다. 딜러가 패를 다 돌리고 나면 그는 지금껏 딴 돈을 다 날려버린 것도 모자라서 다시 승기를 잡겠다고 자기 무덤을 파기 시작할 것이다. 분명히 행운이 돌아오리라고 생각하면서 계속 게임을 할 테고, 그러다 보면 얼마 안 있어서 신용 한도를 넘기고 결혼반지까지 저당 잡힐지도 모를 일이다.

여기서 보이는 건 행운이 아니다. 혹시나 하는 추측과 인간의 약점만 드러날 뿐이다. 사실 최후의 승자는 십중팔구 카지노 측이 된다는 점을 들어서 행운이란 아예 존재하지 않는다고 반박하는 사람도 있다. 행운은 겉만 번드르르한 칵테일처럼 교묘하게 만들어진 신기루여서 복권, 슬롯머신, 리얼리티 방송의 탈을 쓰고 절박한 처지에 있는 무지한 사람들을 홀릴 뿐이라고.

아니면 다른 사람을 깎아내릴 심산으로 행운이라는 말을 내뱉기도 한다. 눈부신 성공을 거둔 사람을 두고 "야, 쟤 순전히 운이 좋아서 그런 거야"라고 안 해본 사람이 얼마나 될까? 이 말에는 행운이 아무 기준 없이 아무한테나 굴러 들어간다는 인식이 배어 있다. 소 뒷걸음치다가 쥐 잡은 격으로 성공했다고 넌지시 말하고 싶을 때 이만한 표현이 또 있을까?

하지만 이런 식으로 보면 행운이라는 개념에 깃든 대담성을 놓치고 만다. 자세히 들여다보면 행운은 현대 사회의 논리에 정면으로 도전하는 개념이다. 지난 수백 년 동안 우리는 이성, 그리고 끊임없이 발전하는 기계 문명을 바탕으로 사회 제도를 세웠다. 직업 경로, 산업, 학교, 시장, 정치체제를 정교하게 손보면서 우연이 발붙일 자리를 차근차근 없애나갔다. 그러면서 누구나 배운 걸 활용해서 기계처럼 규칙적으로 열심히 일하면 그런 발전의 혜택을 누릴 수 있다고 했다.

학교에서는 운이 좋아서 좋은 점수를 받거나 종신 교수직에 올랐다고 하면 큰일이 나는 줄 안다. 기업에서는 어쩌다 보니 간부가 됐다는 말은 통하지 않는다. 스포츠팀과 팬들은 요행으로 이겼다고 말하는 법이 없다. 흔히 학교, 기업, 스포츠는 모두 개인이 정교한 프로세스에 따라 열심히 노력해야만 좋은 결과가 나오도록 확실하게 틀이 잡혀 있다고 생각한다. **그렇지 않다고 말했다가는 이단자 취급을 받는다.**[1]

하지만…

보기보다 끈끈한 것

유명한 이야기들을 보면 행운이 주연 노릇을 하는 경우가 많다. 아이작 뉴턴이 나무에서 떨어진 사과를 맞고 중력을 발견했다거나 벤저민 프랭클린이 연을 날리다가 전기를 알게 됐다는 식이다. 하지만 이런 이야기는 대부분 지나치게 단순화된 민담일 뿐이다. 창조 설화들은 그 껍질을 벗겨보면 하나같이 훨씬 복잡하고, 또 훨씬 흥미로운 진실이 드러난다. 행운으로 성공한 사업을 얘기할 때 가장 많이 나오는 포스트잇의 발명 사례를 풀어볼까 한다. 포스트잇이 어떻게 탄생했는지 기본적인 뼈대야 많은 사람이 알고 있지만 거기서 올바른 결론을 끄집어내는 사람은 거의 없다. 그러나 앞으로 창조 과정에서 3M과 같은 행운을 누리고 싶다면 그 이야기를 요리조리 뜯어봐야 한다.

스펜스 실버(Spence Silver)라는 젊은 화학자가 있었다. **그는 박사 학위를 받고 3M에서 처음으로 직장 생활을 시작했다.**[2] 1968년, 그는 5인 연구팀의 일원으로 접착력을 향상한 항공기 제조용 접착제를 개발하고 있었다.

"접착제를 집에서 쓰는 풀로 생각하면 안 됩니다."

실버 박사의 말이다. 풀은 그냥 "동물의 뼈를 끓여서 마른 다음에도 끈끈하게 달라붙어 있도록 만들면" 된다. 하지만 접착제는 제대로 된 화학 공학 지식이 필요하다. 접착제는 중합체라고 하는 복잡한 분자로 만들어진 정교한 제품이다. 중합체의 구조를 바꾸면 접착력, 탄력, 내구력 같은 성질이 달라진다.

어느 날 오후, 실버 박사는 자신의 중합체 구조에 안전 한계 이상으로 화학 반응물을 넣는 실험을 감행했다. 그랬더니 놀라운 결과가 나왔다. 혼합물에서 작은 거품이 일어나서 접착제가 단단하게 붙어 있지 못하는 것이었다. 전혀 예상 밖이었다.

얼마 안 있어서 그는 그 실험 결과를 토대로 아주 특별하지만 남들이 보기엔 아무짝에도 쓸모없는 것을 만들어냈다. 목표했던 강력 접착제가 아니라 '초기 접착력은 강하지만 박리력은 약한' 접착제를 개발한 것이었다. 박리력이란 접착제가 물질에서 잘 떨어지지 않는 성질을 뜻한다. 쉽게 말해서 그가 만든 제품은 끊임없이 재사용할 수 있는 마법의 접착제였다.

실버는 자신의 발명품에 자부심을 느끼고 그 장점을 이 사람 저 사람에게 설명하고 다녔다. 하지만 동료들은 그의 말을 한 귀로 듣고 흘려버렸다. 그런 접착제는 그들이 하는 일과 아무 상관이 없었다. 그러다 마침내 실버는 신상품 연구실장 제프 니콜슨(Geoff Nicholson) 박사를 설득해서 손쉽게 종이를 붙였다 뗐다 할 수 있는 끈끈이 게시판의 시제품을 만들기로 했다. 그러나 아무도 관심을 보이지 않아 시제품 개발은 무산되고 말았다.

실버는 낙담했다. 그러나 그 접착제가 특별하다고 굳게 믿었기 때문에 상품 개발자들에게 영감을 줄 수 있으리란 생각으로 회사 여기저기에서 세미나를 하기 시작했다.

4년 후, 테이프 사업부 연구실의 아트 프라이(Art Fry)란 발명가가 그때까지도 꿋꿋이 이어지던 실버의 세미나에 참석했다. 프라이가 하는 일은 테이프 사업부에 새로운 상품 아이디어, 예를 들면 스키용 테이프나 책을 책장에 고정하는 테이프 등을 제안하고 그것을 사업으로 발전시키는 것이었다. 그때만 해도 프라이는 실버의 특이한 접착제를 어디에 쓸 수 있을지 몰랐기 때문에 그냥 머릿속에 기억만 해뒀다.

몇 달이 흘렀다. 어느 날, 성가대 연습을 하던 프라이는 악보에 끼우는 서표 때문에 짜증이 났다. 서표가 자꾸만 떨어져서 자기가 들어가야 할 부분을 놓치기 일쑤였다. 그 순간, 실버의 신기한 접착제가 뇌리를 스쳤다. 이튿날 실버를 찾아간 그는 접착제의 견본을 받아서 끈끈이 서표의 시제품을 만들기 시작했다.

몇 번의 시행착오 끝에 접착 성분을 종이에 남기지 않고 뜯어낼 수 있는 끈끈이 서표가 탄생했다. 성가대 연습 때 겪었던 문제를 해결하기에 안성맞춤이었지만 그가 시험 삼아 써보라고 나눠준 사람들은 그 서표를 잘 안 사용했다. 알고 보니 굳이 서표를 많이 쓸 필요가 없었다. 발명품 자체는 훌륭했지만 그것을 상품화하려면 사람들이 꾸준히 사용하게 해야 했다. 그런데 당시에는 그 가능성이 희박했다.

얼마 후, 프라이는 보고서를 쓰다가 궁금한 점이 생겨서 나중에 다시 살펴보기로 했다. 그러자면 그 문제를 기억할 방법이 필요했다. 때마침 책상 위에 남은 끈끈이 서표가 눈에 띄어 한 장을 떼서 문제를 적고 보고서 앞장에 붙였다. 그리고 그대로 직속 상사에게 넘겼다.

그의 말을 옮긴다.

"보고서를 돌려받고 보니 직속 상사가 그 종이에 답을 적어서 앞장에

—— Chapter 1 행운은 우연이 아니다

다시 붙여놓았더라고요. 순간, 머릿속에 전구가 켜지며 무릎을 탁 쳤습니다. 그때 느낀 흥분이 아직도 생생해요. 그래, '끈끈이 메모지를 만들자' 했죠."

아이디어를 상품화하려면 윗사람의 지원이 필요했다. 그래서 그는 연구실장인 니콜슨을 찾아갔다. 두 사람은 당장 머리를 맞대고 시제품 개발에 돌입했다. 종이가 필요했는데 마침 옆 연구실에 노란색 메모지가 있었다. 그들은 그 종이로 최초의 끈끈이 메모지를 만들었다.

시험 삼아 써본 사람들의 반응도 열광적이었다. 안 그래도 간부들은 기존 메모지를 대체할 상품을 찾을 수만 있다면 한겨울에 무릎까지 오는 눈길이라도 헤치고 갈 기세였다. 특히 메모지를 노란색으로 만든 게 사람들의 마음을 잡아끌었다.

사람들은 '강렬한 감정적 반응을 일으키기 위해서 노란색을 선택했다'는 둥, '노란색 리갈 패드(서양에서 흔히 쓰는 노란색 바탕의 줄 노트 - 옮긴이)와 어울리도록 그렇게 디자인했다'는 둥 나름대로 의미를 부여했다.

하지만 니콜슨의 말은 다르다.

"저한테는 또 한 번 놀라운 우연이었습니다. 심사숙고해서 나온 결과가 아니었어요. 흰색보다 노란색이 잘 어울리니까 그렇게 하자고 한 사람은 아무도 없었습니다. 순전히 우연이었죠."

여러 해에 걸쳐서 많은 사람이 개입된 우연이 쌓이고 쌓이더니 마침내 포스트잇 메모지가 탄생했다. 현재 포스트잇은 연간 10억 달러의 매출을 올리는 상품으로 성장해서 수십 가지 색깔과 크기로 판매되고 있다. 2007년에는 접착이 어려운 표면에 붙일 수 있도록 접착력을 키운 제품도 출시됐다.

하지만 3M이 포스트잇(그리고 각종 분야에 걸친 5만5000개 이상의 상품)을 개발하고 시장에 안착시킨 것은 절대로 우연이 아니다. 오히려 조직 내에서 수십 가지 요소가 맞물려 돌아갔기 때문에 우연을 창의적인 아이디어로, 거기서 다시 사업 기회로 발전시킬 수 있었다. 3M은 우연한 사건들을 계속해서 활용하는 방법을 찾아냈다. 말하자면 직접 행운을 만드는 방법을 알아낸 셈이었다.

타로와 손금으로 전략을 세운다?

행운의 힘을 알고 행운을 활용할 수 있도록 사업을 설계하는 기업이 구글과 3M만은 아니다. 당신도 두 회사처럼 행운을 잡을 수 있다. 지금 당신이 손에 쥐고 있는 이 책이 바로 거기에 도움을 줄 행운 사용설명서다. 이 책에는 행운이 무엇이고, 어떻게 작용하며, 어떻게 해야 그 효과를 볼 수 있는지가 설명돼 있다.

솔직해지자. 행운을 활용한다고 하면 대부분의 사람은 타로와 손금으로 전략을 세운다는 말이라도 들은 것처럼 무슨 소리냐고 반문한다. 하지만 예상외의 발견을 활용하는 능력은 그냥 '아, 그래, 좋은 거지' 하고 넘어갈 게 아니다. 지금처럼 현기증이 날 만큼 빠르게 변화하는 시대에서 사업을 하려면 반드시 그에 맞는 능력을 갖춰야만 한다. 요소요소가 거미줄처럼 복잡하게 연결돼 있고 어디로 튈지 모르는 세상인 만큼 그런 복잡성에 온몸으로 부딪힐 줄 알아야 한다. 물론 우리는 그 복잡성을 완전하게 파악하거나 모형화할 수 없다. 우리가 아무리 똑똑하다고 해도, 아무리 거창한 아이디어를 갖고 있다고 해도 세상은 언제나 그보다 더 크다. 우리가 여기저기서 온갖 가능성을 본다고 해도 언제나 우리 눈에 보이지 않고 우리 손이 닿지 않는 요인이 있게 마련이다.

많은 사람이 날마다 두려움을 배경음악처럼 깔고 살아간다. 시도 때도 없이 산업이 무너지고, 일자리가 줄어들고, 인구 구성이 변하고, 정부가 몰락하고, 환율이 폭락하는 현상을 목격한다. 그러니 마음속에서 혼란과 불안의 씨앗이 자라고, 우리의 운명을 우연의 손아귀에 놓는다는 게 콩알만 해진 가슴을 달래고 성공의 토대를 닦는 데 전혀 도움이 되지 않는다고 생각한다.

하지만 좋은 소식이 있다. 우리가 지금까지 본 인물들에게 통했던 요소들(수고, 선견지명, 행운)이 우리한테도 통한다는 것이다. 알고 보면 행운은 우연이 아니다. 사실 행운 중의 행운, 흔히 '세렌디피티(serendipity, 뜻밖에 일어난 중대한 발견이나 발명 — 옮긴이)'라고 하는 창조적인 힘은 우리가 스스로 끌어들이는 것이다. 그런 행운이 언제 어떻게 굴러 들어올지 예상할 수야 없지만 우리가 그것을 찾으려고 하고 미리 대비하면 정말로 그런 행운이 모습을 드러냈을 때 보란 듯이 활용할 수 있다. 그리고 이 책이 바로 그럴 때 보란 듯이 활용하는 방법을 알려주는 설명서다.

여기서 잠깐. 이 글을 쓰는 우리는 도대체 뭐하는 사람이고 또 뭘 알기에 사업에서 행운이 어쩌니저쩌니 하는 소리를 늘어놓고 있는 것일까?

지난 10년 동안 우리는 세상에서 가장 혁신적인 기업들을 굴러가게 하는 다양한 사업방식을 두 눈으로 똑똑히 볼 수 있는 위치에 있었다. 구글, 프록터 앤 갬블, 징거, 페이스북, 월마트 같은 대기업은 물론이고 수많은 벤처 및 소규모 가족 사업체와 일하면서 말이다. 다들 목적도 상품도 제각각이지만 시간이 흐르자 정신없는 현대 사회의 변화 속도에 발맞춰

나가는 기업들의 공통점이 뚜렷이 보이기 시작했다.

우리가 얻은 지식 중 대부분은 2007년에 **다른 동업자 두 명과 손을 잡고 시작한 온라인 서비스**[3], 겟새티스팩션(Get Satisfaction)에서 나왔다. 겟새티스팩션은 지금까지 약 10만 개의 기업이 날마다 사업에서 기분 좋은 우연과 뜻밖의 정보를 잘 활용할 수 있도록 도왔다. 때문에 우리 업체는 다양한 규모의 기업이 고객과 자유롭게 대화할 수 있게 하는 커뮤니티 플랫폼 사업을 한다.

이 서비스는 기업 안팎의 사람들이 서로 이야기를 나눌 수 있게 한다는 간단한 아이디어에서 시작했다. 그런데 시간이 지나면서 보니 예전부터 산업계에 파다했던 온갖 추측들이 슬슬 고개를 들며 사실로 입증됐다. 예를 들면 고객 서비스가 그냥 A/S 비용만 축내는 애물단지가 아니라 새로운 마케팅 수단이 됐다는 것, 기업이 개별 고객의 필요에 반응하고 적응함으로써 실질적인 이득을 보고 있다는 것, 이전에는 비밀 유지의 덕을 톡톡히 봤던 기업에서도 개방이 미덕이 됐다는 것 등이다.

우리가 겟새티스팩션 고객들의 눈으로 확인한 놀라운 사실 몇 가지를 소개한다.

- **팀벅2(Timbuk2)**: 패션 메신저백 회사. 기저귀 가방을 원하는 고객의 상황에 맞춰 자사 가방에 다른 회사의 부대 용품을 더하면 기저귀 가방을 만들 수 있다는 사실을 알게 됐다.
- **타이드(Tide)**: 세제 브랜드. 판촉 행사로 나눠주는 샘플을 받고 가져가기가 번거로워서 그냥 버리는 사람들이 있다는 걸 알게 됐다. 한 고객이 지나가듯 한 말을 우연히 들은 상품 담당자가 샘플

대신 쿠폰을 지급하도록 하여 회사의 지출도 줄이고 쓰레기 매립장의 공간도 아낄 수 있게 됐다.

- **테크스미스(TechSmith):** 소프트웨어 개발사. 고객이 새 버전에 바라는 바를 수집했다. 사용자 인터페이스에 대한 건의사항 하나가 아주 좋다고 생각했으나 이후에 그에 대한 다른 고객들의 반응을 보고는 전혀 생각하지 못했던 단점들을 알게 되어 소프트웨어 개발법을 다시 생각하게 됐다.

이렇게 기업과 고객이 자유롭게 의견을 주고받는 것은 크나큰 변화다. 요즘 전문가들이 새롭게 떠오르고 있다고 입을 모아 말하는 게 있다. 바로 소셜(social) 사업이다. 경영 컨설턴트들은 각종 그래프를 들이밀면서 새로운 소셜 도구들 덕분에 급속하게 사업 효율이 향상됐고 원활한 의사소통이 가능해졌다는 등의 얘기를 한다. 이런 설명에 혹하는 사람들을 이용해 떼돈을 긁어모으고 있는 모습이다.

소셜 사업의 본질은 사실 다른 데 있다. 예상치 못한 요소들이 사업에 끼어들게 만든다는 것이다. 이는 사람들의 가슴을 뛰게 만든다. 기업들 입장에서 기회가 늘어난 새로운 환경으로 터전을 옮길 수 있기 때문이다.

겟새티스팩션을 시작한 해에 우리는 〈**행운과 사업가**Luck and the Entrepreneur〉[4]라는 제목의 블로그 글을 접하기도 했다. 작성자는 넷스케이프의 설립자에서 벤처 투자계의 거성으로 변신한 실리콘밸리의 전설, 마크 앤드리선(Marc Andreessen)이었다. 그는 이 글에서 미국의 신경학자 제임스 H. 오스틴(James H. Austin) 박사의 업적을 소개했다. 오스틴은 저서《추구, 우연, 창의성(Chase, Chance, and Creativity)》에서 세렌디피티의 이모저모를 밝혔다. 이 책엔 그가 일찍이 레지던트로 일하던 시절의 이야기가 나온다. 그때 그는 우연히 접한 임상 사례들이 불씨가 돼 인도로 가게 됐다. 지금도 그곳에서 자신의 연구 인생에서 가장 중요한 연구 활동을 벌이고 있다. 그 와중에 자신이 걸어온 길을 돌아보면서 우연이 계속해서 중요한 역할을 했음에 경탄했다. 그래서 행운의 원리를 이해하기 위한 모형을 고민했다.

그가 우리에게 깊은 감명을 준 사실은 행운을 해체하고, 연구하고, 어쩌면 조종할 수도 있다는 생각이었다. 저자인 앤드리선도 그 점을 잘 알았기에 다음과 같이 대담한 발언, 아직도 우리의 머릿속에서 잊힐 줄을 모르는 말로 글을 끝맺었다.

"나는 행운을 우리 편으로 끌어들이는 구체적인 방법이 있다고 생각한다."

우리도 우연한 사건이 어떻게 해서 일어나는지 이해하기 위한 여정을 시작했다. 사람들은 어쩌다가 자기 인생을 송두리째 바꿔놓는 발견을 하게 되는 것일까? 그런 깜짝 선물은 도대체 어디서 오고, 또 그런 선물이 나타났을 때 사람들은 어떻게 그것을 알아챌 수 있을까? 어떤 특정한 환경에서는 세렌디피티적 발견이 왜 더 잘 일어날까? 어떤 조직이 다른 조직보다 더 큰 행운을 누리는 이유는 무엇일까?

우리 목표는 어떤 조직이든 3M이나 구글처럼 세렌디피티가 마법을 발휘할 조건을 마련할 수 있도록 거기에 필요한 도구를 만드는 것이었다. 그래서 행운을 요소요소로 분해하는 작업부터 시작했다. 과학계의 여러 연구 결과와 우리가 아는 우수한 기업가들의 행동을 살펴보면 그 원리를 파헤칠 수 있다고 보면서 말이다. 마침내 그 원리를 이해할 수 있는 기본 틀을 마련했을 때 우리 자신조차 깜짝 놀랐다.

하지만 여기서 잠깐.

우리가 처음부터 처음 의도에 맞게 일사천리로 이 책을 쓰는 현재에 이르렀다고 생각하는가? 그건 오해다. 우리 모두 재미있는 이야기를 좋아하기에 이 책은 그에 맞춰 정리됐을 뿐이다. 사실 우리가 앤드리선의 글을 읽고 나서 수많은 기업의 행위를 관찰하고 공통점을 발견해 실제 분석틀을 마련한 과정은 거꾸로 볼 때만 이치에 닿는다. 아닌 게 아니라 우리는 회사를 세우고 칵테일파티를 열면서도 당시엔 그때 무슨 일이 벌어지고 있는지 전혀 몰랐다. 지금 와서 돌아보면, 우리가 창업할 당시의 아이디어는 지금 생각하는 것과 전혀 달랐다. 전혀 예상치 못한 사건과 인물들을 접하면서 어느새 지금 이 자리까지 온 것이다. 따라서 이 책은 그 자체로 세렌디피티의 산물이다.

과학도 행운의 영향을 받는다

알고 보면 우리만 행운의 덕을 본 게 아니다. 과학에서 커다란 도약을 이룬 사례들을 보면 많은 수가 우연한 사건으로 일어났다. 현재에 와서 고개가 끄덕여지지만 당시만 해도 전혀 뜻밖의 결과였다.

혹시 과학이 행운과 반대 개념이라고 생각할지도 모르겠다. 이와 관련해 오스틴 박사의 저서에는 이렇게 나와 있다.

"지금은 행운을 과학과 동일 선상에 놓으려는 사람이 많지 않다."[5]

이유가 뭘까. 행운은 측량도 못 하고, 기본적인 정의조차 합의돼 있지 않다. 그러나 행운이라고 하는 아주 골치 아픈 개념에 큰 관심을 보이며 엄정한 눈으로 접근한 석학이 오스틴 박사만은 아니다. 1996년의 조사 결과를 보면 **가장 많이 인용되는 학술 논문 중 약 10퍼센트에서 세렌디피티가 과학적 발견에 이바지한 요인 중 하나로 나타났다.**[6]

사실 학계가 행운이란 요소에 관심을 보이는 건 처음 있는 일은 아니다. 뜻밖의 발견을 주제로 한 이야기의 시초라 할 수 있는 아르키메데스의 사례만 봐도 그렇다. 아르키메데스는 기원전 3세기 그리스의 물리학자다. 그의 이야기는 히에론 왕이 금세공인에게 금관을 만들도록 지시한 데서 시작된다. 금관이 완성되자 왕은 그 아름다움에 흠뻑 취했다. 그러나 얼마 안 있어 대신들에게서 관이 순금으로 제작된 게 아니라 은이 섞여 있을지도 모른다는 소리를 듣게 됐다. 하지만 아무도 범죄의 증거를 찾아내지는 못했다. 화가 머리끝까지 난 왕은 자신이 철석같이 믿는 현자 아르키메데스에게 사건의 진위를 밝힐 방안을 마련해달라고 부탁했다.

아르키메데스는 당혹스러웠다. 확실하게 문제를 해결하지 않으면 궁전 사람들 앞에서 망신을 당할 게 뻔했다. 한참을 궁리했지만 그럴듯한 해법이 나오지 않았다. 저녁까지 실마리가 보이지 않아 결국 그날의 탐구는 그쯤에서 접기로 하고 목욕탕에 갔다. 머리를 감고 욕조에 몸을 담그자 물이 바깥으로 넘치기 시작했다. 그가 고민하던 문제와 아무 상관 없는 일이었다. 하지만 별안간 정신이 번쩍 들면서 돌파구가 보였다. 그는 욕조를 뛰쳐나와 헐레벌떡 집으로 달려오면서 외쳤다. 이젠 세렌디피티적 발견이라고 하면 당연히 따라오는 말, "유레카! 유레카!"라고.

욕조가 넘친 덕에 아르키메데스는 상대 변위와 비중의 관계를 알게 됐다. 넘치는 물을 보는 순간, 똑같은 중량의 금과 은을 넣었을 때 넘치는 물의 양을 측량해서 금관을 넣었을 때 넘치는 물의 양과 비교하면 순금 여부를 확인할 수 있다는 생각이 든 것이다. 그는 궁전에서 직접 실험을 해서 범죄의 증거를 드러내 보이고 모든 사람의 찬사를 받았다. 물론 거짓말을 한 금세공인만 빼고.

자, 몇 세기를 획획 지나가자. 이번에는 **산소를 발견한 조지프 프리스틀리**(Joseph Priestley)[7]다. 그는 당당하게 말했다.

"이 분야에서는 체계적인 계획이나 가설보다 우연이라는 것이 더 큰 영향을 끼친다."

틀림없이 우연히 소다수를 발명한 사건을 염두에 두고 한 말이라고 본다. 1767년, 프리스틀리는 목회자로 부임하기 위해서 잉글랜드 리즈로 거처를 옮겼다. 어느 날, 임시로 머물던 집 근처의 양조장을 지나는데 맥주통 위로 아지랑이가 피어오르는 모습이 눈에 들어왔다. 흥미를 느낀 그는 한 가지 실험을 해보기로 하고 그릇에 물을 받아서 맥주통 위에 걸어놨다. 며칠 후 그릇에 담긴 물을 마셔보니 거품이 보글거리는 게 꽤 상쾌한 느낌이었다. 발효 과정에서 발생한 이산화탄소가 물속으로 스며든 것이었다. 오늘날 말하는 탄산화 작용이었다(그런데 프리스틀리의 유레카 순간을 사업으로 발전시켜 오늘날에까지 이르게 한 사람은 사업가 기질이 있었던 J. J. 쉬웹(J. J. Schweppe)이었다).

우연은 언제나 과학계에서 중대한 역할을 했지만 학자들의 관심이 폭발적으로 높아진 건 약 100년 전부터다. 여기에는 20세기의 위대한 과학 사상 두 가지의 힘이 컸다. 바로 양자물리학과 현대진화론이다.

과학은 지난 100년 사이에 그 기틀이 완전히 뒤집혔다. 17세기에 뉴턴이 '천상의 시계' 개념을 주창한 이후로 연구자들은 자신이 연구하는 세계가 엄격한 체계를 갖추고 규칙에 따라 돌아간다고 생각했다. 세상의 모든 이치를 자연의 법칙에서 찾아낼 수 있다는 것이었다. '움직이는 물체는 계속 움직인다', '올라간 것은 반드시 내려온다' 같은 명제에서 드러나는 우주는 밸브, 레버, 볼 베어링으로 만들어져서 능률적으로 돌아가는 기계 장치와 같다.

양자물리학은 이런 사상을 아예 뒤엎은 것까진 아니어도 크게 비틀어 버렸다. 1920년대부터 닐스 보어(Neils Bohr)와 베르너 하이젠베르크(Werner Heisenberg) 등 물리학자들은 원자, 전자, 글루온, 중성미자가 활동하는 미시적인 차원에서는 현실이 완전히 다르게 굴러간다고 말했다. 그래서 전자처럼 원자보다 작은 입자들이 당구공처럼 한 곳에서 다른 곳으로 이동하듯이 활동하는 게 아니라 확률에 따라 움직임이 다르다고 주장했다. 위치와 속도에 따라서 한 곳에서 다른 곳으로 이동할 확률도 있지만 기분이 내키면 별안간 우주의 다른 부분으로 순간이동을 해버릴 확률도 있다는 설명이다. 혹은 제 판박이를 만들어서 한꺼번에 여러 공간에 존재할 수도 있다. 확률! 불확실성! 알고 보니 물질세계는 우리가 생각했던 것만큼 일관성 있는 곳이 아니었다. 그전까지 철석같이 믿었던 자연의 법칙도 사실은 우연을 토대로 하고 있었다.

하지만 경영계든 과학계든 간에 세상을 움직이는 원리가 그렇게 불확실하기 짝이 없다는 생각을 쉽게 받아들일 리 없다. 양자물리학의 발전에 이바지한 알베르트 아인슈타인도 세상이 그의 생각만큼 엄격한 규칙에 따라 돌아가지 않는다고 보는 관점을 못마땅하게 여겼다. 그가 동료에게 보낸 편지에 유명한 말이 나온다.

"나는 신이 주사위놀이를 하지 않는다고 믿는다."

그런 아인슈타인의 속과는 달리 수십 년 동안 새로운 모형을 주장하는 실험 결과들이 속속 등장했다. 주사위와 같이 각각 다른 결과물이었다.

생물학에서도 비슷한 모습이 나타났다. 일찍이 찰스 다윈은 자연선택론을 외쳤다. 다윈은 '변이의 대물림'이라는 말을 쓰면서 오로지 생존한 종만이 형질을 자손에게 물려줄 수 있다고 주장했다. 그런 그가 죽을 때까지 답하지 못한 물음이 있었다. 그 '변이'는 도대체 어디서 비롯되느냐 하는 것이었다. 진화론이 널리 받아들여진 20세기 초에도 생물학자들은 진화가 '어떻게' 일어나느냐 하는 문제를 두고 내가 맞니 네가 맞니 하며 다퉜다.

그 답이 나온 것은 20세기 중반에 이르러서였다. 프랜시스 크릭(Francis Crick)과 제임스 D. 왓슨(James D. Watson)이 지난 1세기 동안 쌓인 유전 연구 결과를 토대로 인간 유전체라는 암호를 깨뜨리면서다. 유전 형질을 암호화하고 복제하는 DNA의 존재가 밝혀지면서 문제의 답이 드러났다. 무작위로 일어나는 DNA 돌연변이와 유전자재결합이 유전자풀의 각종 변형을 일으키는 요인이었다. 이후 '신다윈주의 종합이론'으로 알려진 학설에서 사람들을 놀라게 한 사실이 있었다. 지구 위의 생명체들에게 획기적인 생물학적 변화를 일으키는 원인은 단 하나, 바로 우연이라는 것이었다. 자연선택이라는 선별 과정에 무작위적 유전자 돌연변이의 결과가 어우러지면서 일어나는 현상이 바로 진화였다. 진화를 낳은 우연을 넓은 의미에서 보면 세렌디피티라고 할 수 있다. 그렇다면 우리의 유전자에, 또 우주의 뼈대에 행운이란 요소가 깊이 배어 있다고 해도 틀린 말이 아니리라.

로테르담에서 래틀백을 돌리다

지금까지 우리는 '행운'과 '세렌디피티'를 거의 같은 뜻으로 썼지만 아무 데나 세렌디피티라는 말을 붙일 수 있는 건 아니다. 세렌디피티는 행운의 특이한 변종이다. 우리가 진짜로 관심 있는 것도 바로 세렌디피티다.

세렌디피티는 1754년에 영국의 기린아 호러스 월폴(Horace Walpole)이 만들어낸 말이다. 그러던 게 지난 50년 사이에 급속도로 퍼졌고, 아직 많은 나라에 마땅한 번역어가 없다. 그럼에도 불구하고 정말로 갑작스럽게 보급돼 놀라울 정도다. 1958년 이전에는 세렌디피티를 언급한 문헌이 135개밖에 안 되지만 이후 2000년이 될 때까지 제목에 그 단어가 들어간 책이 57권 출간됐고, 2001년에는 존 큐잭이 주연한 동명의 영화가 나오기도 했다. 지금까지 세렌디피티를 언급한 신문 기사만 약 1만3000개다. 구글에 세렌티피티를 치면 나오는 검색 결과는 2300만 개에 달한다. 2011년에 페이스북의 최고경영자 마크 주커버그(Mark Zuckerberg)는 '실시간 세렌디피티'를 실현할 수 있도록 서비스를 개선 중이라고 발표했다.

이렇게 유명한 단어이지만 아직도 이 말이 정확히 무슨 뜻인지 아는 이는 별로 없다. 지금까지 세렌디피티는 온갖 의미로 사용됐고, 무슨 영문인지 **1992년에는 여성 속옷 카탈로그의 표지**에도 올랐다. 사실 학자들도 이 말을 정의하기 위해서 지금껏 진을 빼고 있는 판이다. 그렇다면 세렌디피티를 실현할 방안을 찾고 있는 우리에게도 큰 문제다. 그 개념을 간단명료하게 풀어내야만 그 원리를 알 수 있을 것 아닌가. 이 대목에서 펙 반 안델(Pek van Andel)이 등장한다.

반 안델은 네덜란드 암스테르담에서 두 시간 거리에 있는 흐로닝언대학교의 의학 연구자이지만 요즘은 '**세렌디피티 학자**'라는 **직함**을 더 좋아한다. 세렌디피티라는 말에 미쳤다고 해도 좋을 만큼 푹 빠져 있는 그는 무려 수천 개에 이르는 세렌디피티 사례를 모은 것으로 유명해졌다. 사실

그의 인생 자체가 세렌디피티의 살아 있는 증거이기도 하다.

반 안델은 동료 연구자 얀 보르스께(Jan Worst)와 함께 저가 인공 각막을 만들어서 가난한 각막장애 환자들에게 희망을 준 공로로 1992년에 네덜란드 혁신상을 받았다. 그리고 몇 년 후 인간의 성행위 과정을 실시간 MRI 영상으로 촬영한 획기적인 성생활 연구로 신문의 헤드라인을 장식했다. 이 프로젝트는 노래하는 사람의 후두를 촬영한 MRI 영상을 우연히 본 것이 계기가 되었다. 이후 유튜브에 올린 성행위 영상이 백만여 건의 조회수를 기록하면서 유명세를 탔다. 이를 계기로 그는 이그노벨상이라는, '얼핏 보기엔 웃기지만 사실은 생각할 거리를 던져주는 연구'를 한 사람들에게 수여되는 세계적인 상을 받았다.

사람 좋아 보이는 웃음, 미치광이 과학자처럼 짙은 눈썹, 예술가를 연상시키는 긴 머리. 세렌디피티 학자라고 하면 딱 떠오르는 인상 그대로인 반 안델은 풍자를 좋아하는 사람이라고도 얼굴에 쓰여 있다. **그가 자기 연구에 관해 늘어놓는 말을 듣다 보면**[10] 과학자들이 우연의 활약상을 선뜻 받아들이는 또 다른 이유가 있지 않을까 하는 생각이 든다. 사실 과학이란 괴짜들이 펼치는 **무분별한 도전의 향연**[11]이다. 그들의 집착과 엉뚱함도 가히 전설적이다. 튀코 브라헤(Tycho Brahe)는 금으로 만든 인공 코를 붙이고 다니고 말코손바닥사슴을 애완동물로 길렀다. 그레고르 멘델(Gregor Mendel)은 완두콩에 집착했으며, 리처드 파인먼(Richard Feynman)은 금고 따기를 즐겼다. 스티븐 호킹은 도박에 가까운 연구를 했다. 반 안델도 예외는 아니었다.

이 책의 저자 중 한 명인 소어가 세렌디피티에 관한 반 안델의 열정을 직접 느낄 기회가 있었다. 콘퍼런스 참석 차 네덜란드 로테르담에 갔을 때 일이다. 반 안델은 그에게 호러스 월폴이 세렌디피티라는 말을 어떻게 만들었는지 알려줬다.

월폴은 《세렌디프의 세 왕자》라는 페르시아 동화에서 영감을 얻었다. 그는 친구이자 외교관이었던 호러스 맨(Horace Mann)에게 보낸 1800통의 편지 중 하나에서 세렌디피티란 말을 썼다. 발단은 이렇다. 언젠가 맨이 월폴에게 어느 공작부인의 초상화를 보여준 적이 있었는데 월폴이 책을 읽던 중에 우연히도 그 공작부인이 속한 가문의 문장을 보게 된 것이었다. 그는 참 재미있는 일도 다 있다면서 다음과 같이 썼다.

> 이런 발견을 저는 '세렌티피티'라고 합니다. 아주 의미심장한 표현이지요… 언젠가 《세렌디프의 세 왕자》라는 동화를 읽은 적이 있습니다. 동화 속의 왕자들은 여행을 하면서 우연과 통찰력에 힘입어 자기들이 찾지도 않았던 것들을 발견하게 됩니다… **찾으려고 찾은 것들은 여기에 속하지 않습니다.**[12]

월폴은 현상의 본질을 꿰뚫어서 새로운 말을 만들었다. 펙 반 안델은 세렌디피티를 현대식으로 간단명료하게 풀이하자면 '찾지 않았던 것을 찾는 기술', 혹은 낡은 농담을 빌려 와서 '건초더미 속에서 바늘을 찾다가 농부의 딸을 데리고 나오는 것'이라고 했다.

펙 반 안델과 함께 있다 보면 지난 백 년 동안 일어난 세렌디피티 현상이 얼마나 심도 있게 탐구되고 있는지 알 수 있다. 거의 하나의 학문이 탄생했다고 해도 될 정도다. 아닌 게 아니라 사회학자, 수학자, 발명가, 창의력 전문가 등 수많은 사람이 세렌디피티의 이모저모를 뜯어보고 분석하고 있다. 반 안델은 세렌디피티가 세상에서 어떤 역할을 하는지 아는 게 중요하다고 굳게 믿는다. 그래서 그 증거가 되는 책들을 여행 가방이 터질 정도로 넣고는 유럽 순회강연을 다닌다.

소어를 만난 반 안델은 가방을 열고 이 책 저 책을 꺼냈다. 우연이란 요소가 프랑스의 철학자, 독일의 인식론학자, 수학자, 언어학자 등의 창조 활동에 끼친 영향을 설명하는 학술 서적들이었다(그가 가지고 다니는 책의 목록을 각주에 실었다[13]). 그는 닳을 대로 닳은 책들 중 몇 권을 펼쳐서는 밑줄 친 부분들을 보여줬는데 거의 다 소어가 이해할 수 없는 언어로 쓰여 있었다. 마치 마법사가 귀퉁이를 꼬깃꼬깃 접어놓은 마법 책을 들고는 자기 손끝에 숨겨진 세렌디피티의 비밀을 당장에라도 보여줄 것 같은 분위기였다.

자기가 아끼는 책들을 탁자 여기저기에 조그만 탑처럼 쌓아놓은 반 안델은 '래틀백(rattleback)'이라는 켈트족의 돌을 보여주겠다고 했다.

"이 돌만 있으면 **아무 말 안 하고도 세렌디피티를 설명할 수 있지.**[14]"

그러면서 가방에서 작은 나무 상자를 꺼냈다. 상자 안에는 서프보드처럼 생겨서 한 면은 곡선이고 한 면은 평평한 플라스틱 물체가 놓여 있다. 반 안델은 개구쟁이처럼 싱글벙글 웃으면서 래틀백을 곡선으로 된 면이 아래로 가도록 해서 탁자 위에 내려놓고는 집게손가락으로 톡 쳤다. 래틀백은 빙글빙글 돌아가다가 점점 멈추는가 싶더니 갑자기 방향을 바꾸고는 속도를 높였다!

"보다시피 **부메랑이랑 비슷해.**[15] 그런데 이걸 발견한 건 틀림없이 우연이었을 거야. 그럴 수밖에 없어. 설마 누가 이런 식으로 돌 줄 알고 이걸 돌려봤겠어. 수천 년 전에 어떤 사람이 마법의 돌처럼 보이는 이 돌을 발견해서 장난감으로 삼은 게야. 그리고 수천 년이 지난 지금 우리도 이걸 가지고 놀고 있지. 이베이에서 주문하면 바로 날아와.”

반 안델이 가지고 다니는 책 중엔 세렌디피티가 조직에서 하는 역할
이라는 골치 아픈 주제를 다룬 책은 거의 없다. **세렌디피티에 관한 학술 서
적들은 거의 다 창의적인 개인의 경험에 초점이 맞춰져 있다.**[16] 어떤 사람들은
구성원들이 아무리 창의적이라고 해도 집합체로서 기업은 그와 별개이기
때문에 세렌디피티가 일어날 수 없다고 본다. 다들 우연이 발붙일 틈을 주
지 않는 기업에서 일했기 때문에 그런 말을 하는 것이다.

일부러 세렌디피티가 일어날 여지를 주는 기업은 아주 드물다. 하지만
과학계와 마찬가지로 경영계에서도 눈이 휘둥그레지는 혁신과 성공 사례
를 보면 모두 행운의 덕을 톡톡히 본 것을 알 수 있다. 포스트잇 탄생 이야
기만 해도 그렇다. 3M은 아주 오랫동안 많은 시행착오를 견뎌냈다. 그렇
게 오랫동안 불확실성을 감수할 기업이 얼마나 될까?

3M은 연구자들이 설사 회사의 기대에서 벗어나더라도 자신의 본능을
따를 수 있는 환경을 마련했다. 쓸데없이 집중력만 흐리는 것처럼 보이는
지적 씨름을 벌이도록 허용한 것이다. 서로 다른 영역의 직원들이 다양한
목적 아래, 정확히 어떤 결과가 나올지 모른 채로 즉흥적으로 만나 교류하
는 것을 장려했다. 그러다 그들이 ‘새로운 지평을 열 만한’ 발견을 하면 혹
시라도 그 진가를 알아보기도 전에 프로젝트가 무산되지 않도록 경영진
이 나서서 보호막이 돼줬다. 그리고 그렇게 만들어진 상품을 가장 잘 활용
할 방법을 찾기 위해서 자주 잠재 소비자들과 접촉했다.

3M처럼 불확실성을 감당하는 방법을 좀 더 잘 알기 위해서 우리가 살펴볼 만한 경영 분야는 바로 기술 벤처. 우리가 세운 겟새티스팩션을 비롯해 많은 벤처기업을 보면 그냥 가만히 있는데 예기치 못한 중대한 발견이 저절로 일어나는 경우는 절대로 없다. 모두들 각자 목적의식을 품고 꾸준히 집중하면서 우연이 모습을 드러낼 토양을 만든다.

탁월한 벤처 창업자들을 보면 그런 자질은 타고나는 것 같다. 이런 자질에 행운이 가미되면 완전히 새로운 시장까지 창조하게 된다. 벤처 창업자들은 아이디어 몇 가지로 시작해서 본능을 길잡이 삼고 상상력과 명민함을 발판 삼아 새로운 사업의 걸음마를 뗀다. 이 시기에는 자기네 상품이 어떻게 굴러갈지도, 어디서 거대한 시장을 찾을 수 있을지도 모른다. 회사를 시작할 때 남들 다 하는 식으로 사람을 뽑거나 영업하지도 않는다. 그냥 얼굴에 철판을 깔고 이 사람 저 사람을 만난다. 누구든 귀 기울이는 사람을 붙잡고 이 말 저 말 퍼부어대면서 지칠 줄 모르고 초기 고객과 인재를 끌어 모은다. 그러면서 차차 주변에 있는 불확실한 요소를 받아들여 유용하게 활용하는 사업 수완을 기르는 것이다. 불확실한 환경은 포기하지 않고 더욱 열심히 일하게 하는 약이 된다. 이때 성공의 기획도 많다.

하지만 기업이 성장하다 보면 태도가 달라진다. 성공을 하면 규모가 커지게 마련이고, 규모가 커지면 고객과 직원을 늘릴 수 있도록 각종 사업 프로세스가 더해진다. 이쯤 되면 창업자들은 빈틈없는 연간 계획을 세우고 '혁신을 관리하는 방법'에 관한 책을 읽기 시작한다. 현실에서의 모습과 다르다. 직관을 따라서 명민하게 움직이던 모습은 온데간데없이 사라지고 그 자리에 위계질서와 프로세스만 남는다. 모두 사업을 계속 성장시키기 위해서 하는 일이란 명목이다. 그런 게 실제로 도움이 될 때도 있다.

하지만 그 과정에서 애당초 성공의 발판이 된 능력은 자취를 감추고 만다.

행운을 되찾는 방법

성공한 후에 성공의 발판이 사라져버리는 것은 흔히 겪는 문제다. 조직의 규모가 커져도 행운을 부르는 습관을 지키는 기업은 아주 드물다. 하지만 3M과 구글, 그리고 앞으로 이 책에서 만날 많은 기업의 사례에서 보듯이 성공의 기회를 최대한 활용하려면 우연을 끌어안을 줄 알아야 한다. 기업이 성장하고 있다면 더더욱 그렇다.

이 책은 바로 거기에 힘을 보태주려고 쓴 책이다. 우리가 당신 조직의 행운을 되찾아주겠다. 중소기업이든 대기업이든 간에 세렌디피티를 다시 불러오려면 어떤 능력을 계발해야 하는지 알려주겠다는 말이다.

우리는 이를 '계획적 세렌디피티' 기법이라고 부른다. 우연한 발견으로 새로운 기회를 마련하고자 할 때 구체적으로 필요한 경영 기술이다. 더불어 세렌디피티를 중시하고 그것에 보상을 하는 업무 환경, 기업 문화, 협력 관계를 확립하고 유지하는 방법도 책에 등장한다.

계획적 세렌디피티의 원리를 살펴보려면 세렌디피티를 간단명료하게 정의할 필요가 있다. 바로 아래 문장이다.

세렌디피티는 우연과 창의력의 상호작용이다.

설명을 덧붙이자면 이렇다. 흔히 우연은 본질적으로 예측 불가능한 것이라고 생각하지만 사실 우리가 어떻게 행동하느냐, 그러니까 창의력을 어떤 식으로 발현하느냐에 따라 결과는 크게 달라질 수 있다. 만약 스펜스 실버가 회사 여기저기에 새로운 접착제에 관해서 이야기하고 다니지 않았다면 포스트잇은 탄생하지 않았을 것이다. 그가 새로운 창조의 씨앗을 탐구해서 주변 사람들이 당연하게 생각하는 것 이상의 것을 발견하겠다는 마음가짐을 실천으로 옮겼기에 세렌디피티의 가능성이 커졌고, 실제로 그런 일이 일어났다. 우연은 우리가 취하는 행동에 아주 민감하게 반응한다.

스펜스 실버는 사실 자신도 모르게 계획적 세렌디피티 기법을 활용했다. 구글의 공동 설립자인 세르게이 브린도, 아르키메데스도 마찬가지였다. '와, 저 사람 정말 행운아다'라는 평가를 받는 사람들은 모두 마찬가지다. 다들 좋은 일이 일어날 가능성을 한껏 키우는 구체적인 기술들을 잘 사용했다.

우리는 그런 기술 8가지를 밝힐 것이다. 각 기술은 행운의 원리를 한 측면씩 보여준다. 그리고 더 운 좋은 인생을 사는 데 도움이 된다. 이 기술들을 한데 모으면 '이 운 좋은 자식!'이라는 평가가 가진 의미는 통째로 달라진다. 각 기술에 한 장씩 할애하긴 했지만 본격적으로 설명하기 전에 한번 간단히 살펴보자.

■ 기술 1: 움직임

움직임은 계획적 세렌디피티의 가장 기본적인 요소다. 움직임은 곧 사물을 흔드는 것, 꾸준히 새로운 사람을 찾고 새로운 아이디어를 접할 방법을 찾는 것이다. 움직임에서는 경험, IQ, 학력이 중요하지 않다. 활력 있고 즉흥적인 행동이 중요하다. 하지만 그러기가 쉽지만은 않다. 우리는 인생과 사업을 질서정연하고 측량 가능하게 하려는 성향이 지나치게 강하고 그걸로도 모자라서 다른 사람들의 공간을 침범하지 않으려고 너무 조심스럽게 군다. 가만히 있으면 중간이라도 간다는 생각이 팽배하다 보니 자유롭게 움직이는 사람이나 기업을 찾아보기가 하늘의 별 따기다.

■ 기술 2: 준비

준비는 언뜻 보기에 서로 관련이 없는 것 같은 사건, 정보, 사람을 연결하는 것이다. 누구나 그런 능력을 어느 정도는 타고나게 마련이다. 하지만 자라면서 주어지는 역할에 시달리다 보니 스스로 만물을 분류해 다시 연결하는 능력이 약해졌다. 대학에서는 전공을 정하라고 압박받고 기업에서는 조직도를 보고 누구는 이렇게 누구는 저렇게 대하라고 강요받다 보니 생긴 일이다. 준비라는 게 무엇인지 알면 조직이 직무를 정의하고, 직원을 채용하고, 팀을 꾸리는 데 큰 변화가 일어난다.

■ 기술 3: 일탈

일탈은 우연한 계기로 드러난 또 다른 길을 알아보고 탐험하는 것이다. 그런 길은 때때로 기존의 생각을 위협하기도 한다. 이 방면으로는 시나리오 분석가나 미래학자들이 일가견이 있다. 일단 일탈을 할 줄 알게 되면 개인이든 기업이든 끊임없이 혁신을 일으킬 수 있다. 어느 시인의 말마따나 사람들이 적게 간 길을 택하면 모든 것이 달라진다.

■ 기술 4: 매진

매진은 갈수록 늘어나는 눈앞의 선택 사항 중에서 올바른 것을 택해서 집중하는 것이다. 무언가에 매진하면 자연스럽게 우리가 어떤 목표로 무엇을 하는지가 드러나고, 소신을 밝히면 주변 환경이 달라진다. 다른 사람들이 우리의 의도를 알게 되고, 그러면 그들 안에 숨어 있던 욕망도 자리를 털고 일어난다. 우리 안에 있는 세상을 우리 밖에서 일어나는 온갖 일과 연결하면 이런저런 사건과 기회가 예상치 못한 식으로 결합해서 새로운 일을 일으킬 가능성이 폭발적으로 증가한다.

■ 기술 5: 활성화

경영자라면 조직이 '한눈을 팔지 않게' 해야 좋은 성과가 나온다고 생각할 것이다. 그렇게 하면 집중력은 커지겠지만 즉흥적인 행동은 줄어든다. 이렇게 상충하는 두 가지 사이에서 균형을 유지하려면 역설적이게도 새로운 제약을 만들어야 한다. 그것은 사람들이 기계적으로 반복하는 행동에서 벗어나게 하는 제약이다. 활성화는 일상생활과 업무 환경에서 세렌디피티를 일으킬 만한 충동이 일어나게끔 하는 것이다. 잘 나가는 기업들을 보면 예기치 못한 게 나올 것 같다 싶을 때, 구성원들이 반사적으로 행동에 돌입하게끔 하는 조직 문화가 확립돼 있다.

■ 기술 6: 연결

네트워크 시대가 열리면서 시도때도없이 예기치 못한 방식으로 온 세상과 연결할 수 있게 됐다. 다른 사람들과 더 많이 연결해서 더 알차게 교류할 수 있어야만 세렌디피티가 더 빠르게, 그리고 더 자주 일어난다.

■ 기술 7: 투과

날이 갈수록 빨라지는 세상의 변화에 발맞춰 따라가려면 대부분의 조직이 바깥세상을 향해 세워놓은 철벽을 무너뜨리고 그 대신에 어느 정도 투과성이 있는 막을 세워야 한다. 그러자면 조직 내부의 구성원과 외부의 고객 및 파트너가 의미 있는 관계를 맺고 자유롭게 정보를 교환할 수 있도록 하는 기술과 도구를 개발할 필요가 있다. 외부와 교류하는 대표자 몇 명만 세운다고 될 일이 아니다. 세렌디피티가 빈번하게 일어나도록 하려면 조직의 모든 구성원이 열린 마음으로 바깥세상과 대화해야 한다.

■ 기술 8: 끌어당기기

어떤 사람들은 세렌디피티를 자기한테 끌어당기는 능력이 있다. 그래서 전혀 예상치 못한 좋은 일들이 유난히 많이 일어난다. 이런 사람들은 위에서 말한 기술을 총동원해서 자신의 목적을 세상에 비추는데 그 방식이 남달라서 가장 좋은 사건, 사람, 아이디어, 기회가 확실하게 끌려온다.

· · ·

이 여덟 가지 기술을 알고 나면 경영계에서 당연시하는 여러 가지 생각을 완전히 다른 각도에서 보게 된다. 틀에 얽매이지 않아야 진가를 발휘하는 자유로운 영혼과 틀이 없으면 큰일 나는 줄 아는 계획주의자는 그 대척점에 서 있다. 여기서 소개하는 여덟 가지 기술을 익히면 둘 사이의 간극을 메울 수 있다.

■ 이중구속

본격적인 내용으로 들어가기 전에 주의점을 일러두려 한다. 계획적 세렌디피티 기법을 통해서 세렌디피티의 가능성을 키울 수도 있지만 그 반대의 상황도 일어날 수 있다. 세렌디피티를 억누르는 태도와 습관을 기를 수도 있다는 말이다. 사실 우리는 열의가 지나쳐서 세렌디피티가 일어나지 못하도록 가로막는 경우가 많다.

이미 살펴보기도 했지만 대부분의 기업이 돌아가는 모습을 보면 세렌디피티가 일어나도록 북돋기보다는 억제하는 행태가 많이 보인다. 이유는 간단하다. 예측가능성을 키우고 위험을 줄이고자 하기 때문이다. 기업은 정례적인 경영 활동에서 우연의 싹을 아예 잘라버리려고 분기 수익 하한선 설정, 목표관리(상사와 부하가 함께 목표를 설정하고 이후 성과를 평가하는 참여형 관리법─옮긴이), 가치사슬 관리 등 온갖 방법을 동원한다. 거의 병적으로 집착한다고 할 정도다. 우리는 깜짝 놀랄 일이 없었으면 한다. 그런 일을 당하면 일자리를 잃거나 시장에서 지위가 낮아질 수 있을 뿐만 아니라 우리가 모든 것을 통제하고 있다는 생각(대부분은 착각이다)이 흔들려서 불안해지기 때문이다.

여기에다 세렌디피티의 발생 가능성을 키워야 한다는 의무감, 다시 말해서 창의력을 발휘하는데 의무감이 더해지면 이상한 함정에 빠지고 만다. 이를 우리는 '이중구속'이라고 한다. 위에서 말한 기술 중 무엇이든지 습득 과정에서 이중구속에 빠질 위험이 도사리고 있다. 우리는 몇 년 전에 그런 함정이 아주 크게 아가리를 벌리는 광경을 목격했다.

때는 싱가포르공화국 건국 40주년 기념일 즈음이었다.

싱가포르는 말레이시아 남단에서 느낌표의 점처럼 떨어져 있는 섬에 자리 잡은 작은 도시국가다. 1965년 건국 이래 국민행동당이 쭉 정권을 잡고 고효율과 고성장을 자랑하는 나라로 발전시켰다. 건국 40주년을 맞아 국민행동당은 국민을 하나로 모으고자 '미래는 우리가 만드는 것'이라는 표어를 내걸고 조국의 업적을 선전하는 대대적인 광고 캠페인을 벌였다. 지난 40년 동안 GDP 성장률이 평균 7.5퍼센트를 웃돌 만큼 누구도 부인하지 못할 기적 같은 경제 성장을 이룩했으니 기념을 하고도 남을 만한 일이었다. 싱가포르는 역사가 짧은 도시국가지만 엄청난 경제 성장만 아니라 낮은 범죄율, 깨끗한 길거리, 우수한 첨단 인프라로 전 세계의 찬사를 받았다.

그런데 싱가포르는 살벌한 법 집행으로도 유명하다. 국민이 할 수 있는 언행과 할 수 없는 언행이 엄격히 정해져 있으며 이를 어기면 가혹한 처벌이 따른다. 1993년 〈와이어드Wired〉 기사에서 윌리엄 깁슨(William Gibson)은 싱가포르를 **'사형 제도가 존재하는 디즈니랜드[17]'**라고 표현했다. 그의 설명을 옮긴다.

"경찰이 잘 보이지 않는 까닭은 아마도 모든 사람에게 '내면의 경찰'이 있기 때문일 것이다. 이곳에서는 순응성이 제일가는 원칙이며 질서를 어지럽히는 창의성은 찾아보기가 대단히 어렵다."

그러니 싱가포르가 '마음 가는 대로 하자!'라는 구호를 내세운 캠페인을 시작했을 때 전 세계가 주목할 만했다.

2004년에 싱가포르 정부는 엄격한 통제 때문에 국가의 잠재력이 제대로 발휘되지 않는다는 사실을 깨닫고, 질서정연함에서 오는 효율성뿐만 아니라 활력이 넘치는 문화로도 세계에 이름을 날리기 위한 변화를 꾀했다. 당시 수상은 힘주어 말했다.

"우리 사회에서 대담성을 키우려면 위험하면서도 짜릿한 일을 어느 정도 허용해야만 합니다."

그러면서 흥미로운 말을 덧붙였다.

"우리는 생각을 바꿨습니다. 그래서 이젠 리버스 번지점프까지도 허용할 계획입니다."

때맞춰 〈뉴욕타임스〉에도 싱가포르의 악명 높은 **껌 금지법이 '의사의 처방을 받은 사람에 한해서 완화된다'**[18]는 기사가 실리기도 했다.

하지만 40년 동안 이어진 권위주의적 통치의 흔적은 쉽게 지워지지 않았다. 싱가포르 국민은 몸에 밴 대로 이번에도 명령에 순종했다. 차이점이 있다면 마음 내키는 대로 하라는 명령이 그동안 집착에 가까운 질서지향주의 문화로 생긴 각종 제약 사항과 상충한다는 점이었다. 마음 가는 대로 하되 기대나 규칙에 어긋나는 언행은 삼가라니, 이보다 모순되는 말이 있을까.

전형적인 이중구속이다.

'이중구속'은 심리학자와 시스템 사고자들이 다음과 같이 답답한 상황을 설명할 때 쓰는 말이다. 권위자가 모순되는 두 가지 요구를 한다. 그런데 희생자는 한 가지를 따르면 다른 한 가지는 절대로 따를 수가 없다. 엎친 데 덮친 격으로 그들 중 대부분은 자신이 몰린 궁지에 대해 하소연하지도 못한다. 십중팔구는 **마음이 너무 뒤숭숭한 나머지**[19] 자신의 처지가 어떤지 알아차리지도 못하기 때문이다. 우리는 지금까지 일한 여러 회사에서 이와 같은 현상을 목격했다. 그런 회사는 직원들에게 솔직하게 말하고 행동하라고 명령한다. 막상 그렇게 하면 무례하고 경솔하다고 혼쭐이 난다. 틀을 벗어나라고 하지만 살인적인 일정과 빡빡한 요구 사항에 맞추려면 불가능한 일이다.

어쩌면 싱가포르는 이중구속에서 벗어났는지도 모르겠다. '마음 가는 대로 하자!' 캠페인이 시작되고 수년이 지난 현재, 이전보다 개성과 생기 넘치며 즉흥성도 어느 정도 엿보이는 나라로 변하고 있으니까 말이다. 여기에는 수상의 진보적인 정책도 일조하긴 했지만 무엇보다도 큰 원동력은 이전 세대와는 전혀 다른 젊은이들의 사고방식이다. 이제는 무조건 순응할 필요가 없기 때문에 싱가포르의 젊은이들은 부모 세대가 상상도 못했을 정도로 다양한 기회를 누리고 있다. 10년 전만 해도 싱가포르에서 자유분방한 패션 디자이너가 성공하기란 어려운 일이었지만 지금은 아니다. 35세의 디자이너 조 소(Jo Soh)는 핸젤(Hansel)이라는 브랜드를 만들어 싱가포르 국내에서 큰 성공을 거두고 세계무대로까지 진출했다. 그녀는 이렇게 말했다.

"내가 예순 살이 되어서 지금을 돌아보면 나 자신이 사회 변화에 이바지한 선구자로 보일 겁니다."

이런 문화적 해빙의 증거가 사회 곳곳에서 드러나고 있다.[20]

심리학자들은 이중구속을 풀려면 우리의 행동에 근거가 되는 원칙을 바꾸고 애초에 우리를 궁지로 몰아넣은 논리를 고쳐야 한다고 본다. 그러자면 먼저 자신이 이중구속 상태에 있음을 인정하고 서로 모순되는 내용으로 자신을 구속하는 상반된 메시지에 이름을 붙여서 의식할 수 있어야 한다. 그 후 갈등을 해결하는 새로운 사고방식을 받아들여야 한다.

이런 게 바로 계획적 세렌디피티다. 물론 문자 그대로 보면 이렇게 모순되는 말도 없다. 계획할 수 없는 것을 계획하는 게 어디 가당키나 한 일인가. 하지만 기업이란 계획의 화신이다. 그러므로 예상치 못한 것을 받아들이려면 온갖 계획들 속에서 그럴 여지를 만드는 수밖에 없다. 이어지는 장들에서 우리는 이런 역설에서 나오는 사잇길을 보게 될 것이다. 그러면 뻔함이냐 혼돈이냐를 놓고 갈등할 필요가 없어진다. 계획적 세렌디피티 덕분에 적극적이고 짜임새 있게 미지의 것을 다루는 길이 열릴 테니까.

여기서 중요한 것은 미지의 것을 사랑하는 마음가짐이다. 요즘처럼 정신없이 빠르게 돌아가는 경영 환경에서 성공하려면 구석구석에 도사리고 있는 불확실한 것들을 당당히 마주하는 수밖에 없기 때문이다. 그리고 저명한 경영자, 철학자, 과학자, 발명가, 예술가 같은 거인들의 어깨에 걸터앉아 우연의 원리를 파헤치는 과정에서 우리가 주목할 것은 인터넷을 등에 업고 초고속으로 발전하는 시장 따위가 아니다. 지금처럼 날로 빠르게 변하는 세상, 확실한 것만으로는 절대로 성공할 수 없는 세상에서는 행운이야말로 우리의 든든한 우군이다.

CHAPTER
2
첫 번째 기술
움직임

—

계속 걸어가다 보면 전혀 뜻밖의 순간에 무엇인가에 발이 걸린다.
하지만 가만히 앉아 있다가 발이 걸렸다는 사람은 없다.

인생에서 가장 중요한 것은 움직임, 변화다.
그것을 멈추면 죽은 것이나 다름없다.

— 트와일라 타프(Twyla Tharp)

Get Lucky

사람들에게 컴퓨터 그래픽 영화사 픽사(Pixar)가 〈토이 스토리〉, 〈인크
레더블〉, 〈니모를 찾아서〉 등 대작 애니메이션을 꾸준히 내놓으며 어마어
마한 성공을 거둔 이유가 무엇인지 물어보면 아마 남다른 창조력, 흥미진
진한 이야기 전개, 탁월한 컴퓨터 애니메이션 기술 등 다양한 답이 나올
것이다.

하지만 픽사를 설립하고 그와 같은 대작 애니메이션들이 나오는 데
가장 크게 이바지한 스티브 잡스에게 같은 질문을 했다면 전혀 다른 답이
나왔을지 모른다. 사옥 한가운데에 있는 중앙홀 덕분이라고 말이다.

왜일까? 픽사에 탄탄대로가 열리기 시작했던 2000년, 픽사를 세계적
인 영화사로 발돋움시키고자 하는 인재들이 나날이 늘어나자 잡스는 그
동안 동고동락한 에드윈 캣멀(Edwin Catmull), 존 래세터(John Lasseter)와 함께

새로운 업무 공간을 찾아 나섰다. 그들이 사들인 곳은 샌프란시스코 만에 있는 에머리빌이라는 작은 도시의 오래된 델몬트 공장이었다. 잡스는 그 공장을 세계적인 수준의 사옥으로 개조해서 날로 늘어만 가는 디자이너, 프로그래머, 애니메이터들이 마음껏 기량을 뽐낼 수 있는 공간으로 만들 계획이었다.

그는 픽사에서 가장 중요한 활동이 개개인의 업무가 아니라 날마다 직원들 사이에서 수도 없이 일어나는 교류라고 생각했다. 하긴, 2시간짜리 컴퓨터 애니메이션이 어디 혼자 힘으로 만들 수 있는 것인가. 잡스는 픽사라고 하면 떠오르는 창조력과 기술력을 유지하려면 그런 교류를 장려하는 업무 공간을 만들어야 한다고 여겼다.

과학 칼럼니스트 조나 레러(Jonah Lehrer)가 〈뉴요커The New Yorker〉에 기고한 글을 보면 잡스가 그런 목표를 달성하기 위해서 어떤 식으로 건물을 설계하려고 했는지가 잘 드러난다.

"잡스는 공간을 만들기만 해서는 안 되고[21] 사람들의 발길이 그곳으로 향하게 해야 한다는 것을 깨달았다. 그가 간파한 대로 픽사의 가장 큰 과제는 컴퓨터광과 만화가들이 문화적 차이를 극복하고 함께 일하도록 하는 것이었다. 잡스는 이질적인 분야의 사람들이 손을 맞잡고 서로 다른 세계관을 합쳐서 한 가지 문제에 집중할 때 최고의 창작물이 나온다고 굳게 믿었다."

잡스가 처음으로 받은 설계안은 그런 식으로 창의력을 북돋는 공간과 거리가 멀었다. 사옥을 세 동으로 나눠서 각각 컴퓨터 기술자, 간부, 디자이너의 업무 공간으로 쓰는 안이었는데 잡스는 이를 단칼에 거절했다. 서로 다른 직군이 떨어져서 일하면 오히려 교류에 걸림돌이 될 뿐이었다. 더 나은 설계안이 필요했다.

잡스가 직접 내놓은 개정안은 업무동을 세 개로 나누지 않고 오히려 널찍하고 개방된 건물 하나에 모두 집어넣는 것이었다. 그리고 직원들이 활발히 교류할 수 있게 하려고 특이하면서도 대단히 유익한 결정을 내렸다. 회사의 필수 편의 시설(직원들이 하루에도 몇 번씩 들락거리는 시설)을 중앙홀에 몰아넣어서 모든 직원이 자꾸 자리에서 일어나 움직이도록 한다는 것이었다. 그는 회의실, 식당, 카페, 우편함, 기념품점 등을 모두 사옥 한복판에 배치해버렸다. 듣자 하니 원래는 화장실까지 전부 중앙에 모아버리려고 했다고 한다(이 건은 현실적인 이유로 금방 폐기됐다).

새로운 설계안은 소기의 목적을 달성했다. 하루에도 몇 번씩 건물 중앙으로 갈 수밖에 없는 직원들은 직군과 직급을 막론하고 다양한 사람들과 마주쳤다. 그런 만남은 대부분 아무 소득 없이 끝났지만 어쩌다 한 번씩 결실이 있었다. 그래서 픽사의 직원이라면 누구나 우연한 만남으로 값진 결과를 거둔 경험이 적어도 하나쯤은 있다. 식당에서 줄을 서서 기다리거나 비품실에서 휴지를 꺼내다가 만난 사람한테서 문제 해결의 실마리를 얻었다든가, 다른 사람과 나누는 대화를 옆에 있던 동료가 우연히 듣고는 귀중한 정보를 줬다는 식이다. 픽사의 창작 집단을 진두지휘하는 존 래스터는 잡스의 전기 작가 월터 아이작슨(Walter Isaacson)에게 에머리빌 사옥 설계에 관해 이야기하면서 회사가 그 덕을 톡톡히 봤다고 전했다.

"스티브의 생각이 첫날부터 효력을 발휘했습니다.[22] 지난 몇 달 동안 얼굴 한 번 본 적 없는 사람들하고 자꾸만 마주치게 된 겁니다. 저는 지금껏 살면서 이곳처럼 협업과 창작을 북돋는 건물을 본 적이 없습니다."

물론 이런 일은 어떤 업무 환경에서나 일어난다. 누구나 세렌디피티라고 할 교류를 해 본 적이 한두 번은 있게 마련이다. 하지만 픽사는 얼핏 보면 그런 일이 어쩌다 보니 일어난 것 같지만 사실은 전혀 그렇지 않다는 점이 다르다. 알고 보면 모두 직원들이 예기치 못한 소중한 결과를 얻을 수 있도록, 다시 말해 세렌디피티가 일어나도록 건물을 설계한 결과였다.

창조적 충돌

세렌디피티는 우연과 창조가 만나서 빚어지는 긍정적인 결과다. 공식으로 나타내면 다음과 같다.

$$세렌디피티 = 우연 + 창조$$

여기에는 우리가 스스로 행운을 만들 수 있다는 신념이 담겨 있다. 다시 말해 우리가 인생에서 세렌디피티를 어마어마하게 늘릴 수 있다는 소리다. 이렇게 말하면 사람들은 흔히 자신이 위의 공식에서 창조 부분에만 영향을 끼칠 수 있다고 생각한다. 창조적인 사람이 되려고 부단히 노력해야만 행운을 늘릴 수 있다고 생각하는 것이다. 창조적인 사람이 되기라… 생각만 해도 힘이 쭉 빠진다.

인생에 세렌디피티를 불러오기 위해서 꼭 창조의 화신이 될 필요는 없다. 우리는 우연이란 요소도 공식에 똑같이 영향을 끼칠 수 있기 때문이다.

대부분의 사람이 평일을 어떻게 보내는지 생각해보자. 허구한 날 똑같다. 매일 같은 시간에 일어나서 아침 먹고 출근해서 일 좀 하고 회의도 좀

하고나서 귀가한다. 비가 오나 눈이 오나 똑같은 곳에서 똑같은 사람들과 똑같은 일을 하는 게 보통이다. 틀에 박힌 직장 생활. 그게 우리가 사는 방식이고 또 회사가 원하는 방식이다.

하지만 틀에 박힌 삶은 행운을 잡는 데 걸림돌이 된다. 아무 변화 없이 늘 똑같은 환경에 머물면서 똑같은 일만 하고 똑같은 사람들만 봐서는 새롭고 중요한 것을 우연히 마주치려야 마주칠 수가 없다. 현대식 전동기, 가연 가솔린, 냉장고, 에어컨 등 각종 발명품을 만든 찰스 케터링(Charles Kettering)은 이렇게 말했다.

"계속 걸어가다 보면 전혀 뜻밖의 순간에 무엇인가에 발이 걸린다. 하지만 가만히 앉아 있다가 발이 걸렸다는 사람은 한 번도 본 적 없다."

케터링이 말하는 '계속 걸어가기'란 바로 우리가 말하는 '움직임'이다. 움직임은 계획적 세렌디피티의 핵심 기술 중에서도 가장 기본이 되는 기술이다. 움직임은 행운의 원재료다. 그러니 세렌디피티를 일으키고 싶으면 움직이는 기술을 연마해야 한다. 우리가 말하는 움직임은 익숙한 환경에서 낯선 상황을 경험하는 것이다. 여기서 중요한 말은 '익숙한 환경'이다. 움직이라고 해서 아무 목적 없이 움직이면 안 된다. 마구잡이로 새로운 상황에 뛰어들면 곤란하고 자신의 일, 프로젝트, 관심사와 가깝지만 그동안 익숙하지 않았던 사람, 아이디어와 부딪혀야 한다. 움직인다는 것은 자신과 관련이 있는 새로운 경험, 기회, 정보를 접하고자 그런 것들이 '있을 만한' 새로운 상황에 적극적으로 뛰어드는 것이다.

이때 세렌디피티의 본질은 전혀 찾지 않았던 것을 찾는 것이라는 점을 명심하자. 이 점은 우리가 이 책에서 소개하는 모든 세렌디피티의 기술이 마찬가지다. 우리는 움직일 때 '특정한' 경험, 기회, 정보를 찾으려고 해서는 안 된다. 픽사에서 점심 때 어느 직원이 식당에서 줄을 서서 기다리다가 자기한테 도움이 되는 말을 해줄 사람을 찾았다고 하자. 그 직원은 그 사람을 만날 줄 알고 거기 있었던 게 아니다. 그냥 배가 고팠을 뿐이다! 움직임의 핵심은 자기한테 필요한 것을 언제, 어디서, 누구한테서 찾게 될지 모르고 있다가 찾는 것이다. 한술 더 떠서 애당초 자기한테 그런 게 필요하다는 사실조차 모를 때도 있다.

간단히 말해서 움직임이란 미지의 것을 찾으려고 일부러 틀에서 벗어나는 것이다. 자신과 관련은 있지만 일상적인 활동의 테두리 밖에 있는 새로운 사람, 장소, 경험을 찾으려고 한다면, 더 나아가 직장 생활에서 틈을 내서 날마다 새로운 방식으로 돌아다닌다면 그런 경험, 기회, 정보가 자신을 찾아올 기회를 마련하는 셈이다. 그런 것들 중에는 가치 있는 것도 있고 그렇지 않은 것도 있다. 여기서 중요한 것은 자신을 그런 것들에 노출해서 무엇이 유익하고 유익하지 않은지 직접 판단하는 것이다(이어지는 장들에서 설명할 테지만 여기에 필요한 판단력을 기르는 방법도 있다). 움직이면 우연히 좋은 것을 맞닥뜨릴 가능성이 커진다.

움직임의 가장 큰 효과는 뜻밖의 창조적 충돌이 자연스럽게 일어나는 것이다. 우리는 어딘가로 가거나 무엇을 성취하기 위해서 움직인다. 그리고 그 과정에서 우리가 찾으려고 하지는 않았지만 결국엔 우리에게 도움이 될 아이디어, 지침, 단서와 충돌하기를 바란다. 하지만 그러려면 그런 충돌이 일어날 만한 환경과 상황에 직접 뛰어들어야만 한다.

움직이자

움직이는 능력을 기르기 위한 첫 걸음을 떼기는 어렵지 않다. 아니, 어쩌면 당신은 이미 조금이나마 움직이고 있을지도 모른다. 흡연자라면 더더욱 그렇다.

흡연은 개인의 건강을 해치긴 하지만 알고 보면 조직의 건강에 굉장히 유익하다. 이유는 아주 간단하다. 실내 흡연을 금지하는 규정 때문에 한 건물 안에 있는 흡연자 중 대부분이 담뱃맛을 보려고 가깝고 편한 공간에 몰려들기 때문이다. 그곳은 주로 정문 바로 앞이다. 같은 장소에서 적어도 5분(담배를 피우는 시간)은 함께 있으니 다양한 부서와 계급의 사람들 사이에서 온갖 이야기가 오간다. 그래서 흡연자들은 하루에 두어 번 다른 흡연자들(매번 구성원들이 조금씩 달라진다)과 진심으로 교류할 기회가 생기고, 그런 만남이 소득 없이 끝나는 경우가 많긴 하지만 가끔은 그 덕에 새로운 아이디어, 새로운 구상, 새로운 방향이 모습을 드러내기도 한다. 고작 몇 걸음 걸어서 정문 밖으로 나갔을 뿐인데 말이다.

움직이기란 이렇게 쉽다. 적어도 처음엔 그렇다. 하지만 인생에 행운을 조금 더 들이려고 굳이 미래의 건강을 제물 삼을 필요까진 없다. 담배 피우러 가는 것 말고도 업무 환경 안에서 더 많이 움직일 방법도 얼마든지 있으니까. 다른 부서에서 주관하는 행사나 세미나에 참석하고, 다른 직원들이 참여하는 과외 활동에 합류하고, 하다못해 구내식당에서 새로운 사람들과 밥을 먹기만 해도 일과 중에 조금씩 움직이게 된다.

하지만 말이야 쉽지 꾸준히 그렇게 하기란 절대로 쉬운 일이 아니다. 우리도 경영계에 몸담은 사람들이라 업무 환경에서 계속 움직이기가 얼마나 어려운지 잘 안다. 익숙하고 편안한 일과의 유혹은 너무나 강렬하고, 직장에서 미지의 것을 경험할 시간과 공간을 낸다는 것은 생각만 해도 덜컥 겁이 난다. 익숙하지 않은 길을 걸어야 하는데, 다시 말해 잘 모르는 사람들과 어울리고 잘 안 가는 장소에 가야 하는데 그게 어디 쉬운 일인가. 더군다나 자기가 왜 그래야 하는지 목적조차 불분명하기까지 하다. 그런 행동이 어떤 식으로 이득이 될지, 또는 어떤 결과가 나올지 미리 알 수는 없는 법이지 않는가. 이렇게 무엇 하나 확실히 알 수 없으니 자연히 의욕도 생기지 않는다. 어디 그뿐인가. 날마다 처리해야 할 중요한(그리고 익숙한) 업무들은 또 어쩌고!

이게 다가 아니다. 개인적 차원에서도 움직일 의욕을 내기가 어렵지만 조직으로 눈길을 돌리면 픽사와 달리 대부분의 기업이 움직임을 장려하지 않는다. 안타깝게도 실상을 보면 무수히 많은 조직이 움직임이라는 개념이 들어설 자리가 없는 물리적 환경을 조성한다. 어떻게 알 수 있냐고? 어느 조직이든 간에 업무 공간에서 주위를 둘러보면 눈에 띄는 건 움직임을 가로막는 장애물뿐이다. 바로 '칸막이 사무실' 말이다.

칸막이 사무실![23] 이제는 어느 회사에 가든 그렇게 상자처럼 생긴 업무 공간을 볼 수 있다. 칸막이 사무실은 1960년대 말에 처음으로 등장한 이래 우리의 업무 공간을 분할하는 표준으로 자리 잡았다. 미국의 영향력 있는 사무가구회사인 스틸케이스(Steelcase)의 자료를 보면 이렇게 칸막이 세 개를 둘러쳐서 만든 공간에서 처리되는 업무량이 미국 전체 업무 처리량의 70퍼센트쯤 된다고 한다.

칸막이 사무실은 널리 보급되어 있지만 현대 직장 생활에서 가장 비판을 많이 받는 요소이기도 하다. 어디서나 찾아볼 수 있고 사람을 고립시키며 잿빛 일색인 칸막이 사무실은 언젠가부터 효율성과 순응성이 개성을 꺾고 프로세스가 인간 위에 군림하는 세태를 상징하는 것으로 여겨지기 시작했다. 마이크 저지(Mike Judge) 감독은 컬트영화가 된 〈뛰는 백수 나는 건달Office Space〉에서 등장인물이 시답잖은 업무의 폭압에서 벗어나는 모습을 보여주기 위해서 마치 탈옥이라도 하듯이 칸막이벽을 허물어버리는 장면을 집어넣었다(그는 움직일 준비가 된 남자였다!).

이런 점에서 보면 참으로 이해가 가지 않는 점이 있다. 믿기진 않겠지만 칸막이 사무실이 애초에는 움직임을 '장려'하기 위해서 만들어졌다는 사실이다. 칸막이 사무실을 만든 사람들은 그로써 회사원들이 고립과 단순 노동으로 점철된 생활에서 벗어날 수 있으리라고 믿었다. 그런데 왜 이 지경이 되었을까? 잠깐 그 역사를 살펴보면 왜 그렇게 많은 조직이 움직임에 극성스러운 알레르기 반응을 보이는지 알 수 있다.

칸막이 사무실을 처음으로 고안한 사람은 역시 미국의 영향력 있는 사무가구회사인 허먼 밀러(Herman Miller)의 중역 맥스 드 프리(Max De Pree)와 연구팀장 로버트 프롭스트(Robert Propst)였다. 두 사람이 1968년에 '액션 오피스'라는 이름으로 출시한 칸막이 사무실은 수십 년 동안 수많은 설계자, 디자이너, 경영 저술가들이 내놓은 업무 공간 관리 이론을 집대성한 결과물이었다. 많은 사람, 특히 드 프리는 이제 개방성, 효과성, 인간성이 증진된 새로운 업무 공간의 시대가 열렸다고 봤다.

드 프리와 프롭스트(그리고 당대의 많은 설계자와 디자이너)는 좁은 복도에 꽉 막힌 사무실들이 늘어선 기존의 업무 공간은 과거의 융통성 없고 관료주의적이었던 기업 환경의 유물로 미래에는 맞지 않는다고 생각했다. 대신 완전히 새롭게 설계된 사무실이 필요했다. 개인이 집중력을 발휘해서 업무를 완수하는 것은 물론이고, 그들이 믿는바 20세기 말 기업의 성패를 결정짓는 요인인 '자유로운 아이디어의 흐름'이 가능해야만 했다. 굳게 닫힌 사무실 문으로는 그런 아이디어들이 오갈 수 없었다.

지금이야 설마 싶겠지만 당시 드 프리와 프롭스트는 문을 없애고 야트막한 벽을 세워서 넓게 트인 사무 공간을 만들면 사람들이 서로를 볼 수 있으니 상호연결되리라 믿었다. 일어나서 아는 척이라도 하다 보면 자연스럽게 마음을 열고 교류하게 된다고 생각한 것이었다. 칸막이 사무실은 계급 간의 장벽도 없앨 터였다. 지위를 막론하고 똑같이 생긴 칸막이 사무실을 쓸 테니 중역을 위한 고급 사무실이란 게 있을 수 없었다. 칸막이 사무실은 근로자를 고립시키는 게 아니라 결속시키고, 의사소통을 방해하는 게 아니라 장려하고, 지식과 정보를 가로막는 게 아니라 말단에서 최상부까지 시원하게 흘러갈 길을 터줄 것이었다. 말하자면 개방과 원활한 정보의 흐름을 주축으로 하는 밝은 새 시대로 우리를 이끄는 역할을 한다고 할까.

그런데 현재 정보경제의 도래가 칸막이 사무실 덕분이라고 하는 사람은 아무도 없다. 칸막이 사무실은 사람들을 결속시키기는커녕 엉성한 벽이 서 있으면 겨우 몇십 센티미터 떨어진 사람들 사이에 얼마나 큰 거리감이 생기는지 보여주는 상징으로 자리 잡았다.

프롭스트는 초기의 의도와 완전히 동떨어진 현실에 크나큰 충격을 받고 공개석상에서 자기가 세상에 '획일적인 정신이상증'을 불러왔다며 한탄했다.

왜 드 프리와 프롭스트의 의도와 달리 일이 틀어진 것일까?

가장 많은 비난을 받아야 할 주범은 바로 돈이다. 그들이 처음 고안한

액션 오피스는 원래 조립형으로 설계됐다. 업무와 업무자의 성격에 따라 맞춤형 업무 환경을 만들 수 있어야 한다는 프롭스트의 바람 때문이었다. 엉뚱하게도 기업들은 조립형 설계의 장점이 맞춤의 가능성이 아니라 단순히 공간을 더 적게 차지하는 데 있다고 봤다. 조립형이기 때문에 개방된 공간에 이전보다 더 많은 근로자를 몰아넣을 수 있었다. 근로자 한 명에 대해 지불하는 공간 임대료가 줄어든다는 뜻이었다. 칸막이 콩나물시루의 탄생이었다.

기업들은 칸막이 사무실의 우수한 공간 효율성으로 절약할 수 있는 게 돈뿐만이 아니라고 생각했다. '효율성'만큼 중요한 혜택이 '시간 절약'이었다. 더 작은 공간에 더 많은 사람이 몰려 있으면 이동하느라 걸리는 시간이 줄어들기 때문이었다. 모든 것을 가까이에 모아놓으면 근로자들이 업무를 처리하기 위해서 오가야 하는 거리가 짧아지는 게 당연했다. 그러니 일어나서 동료를 찾아가거나 프린터로 걸어가는 시간이 줄어들었다. 적어도 이론상으로는 움직임이 줄어들면 실제 업무에 쓸 수 있는 시간이 늘어났다. 물론 이런 생각은 아주 협소한 관점에서 업무의 구성 요소를 정의할 때나 통하는 것이다.

무자비에 가까운 효율성과 지레짐작뿐인 시간절약 효과로 드 프리와 프롭스트의 웅대한 뜻은 큰 타격을 입었다. 그들이 고안한 칸막이 사무실은 근로자들을 결속시켜서 기존 사무실의 폐해를 바로잡기는커녕 오히려 교류를 방해해서 상황을 악화시킬 뿐이었다. 굳게 닫힌 사무실 문은 뜻하지 않게 근로자와 정보의 움직임을 막았을지 모르지만 콩나물시루처럼 배치된 칸막이 사무실은 아예 작정하고 움직임을 가로막기 위해 설계된 꼴이었다. 그런데 움직이지 않으면 우연한 만남이란 절대로 일어날 수 없는 법이다.

다 지나고 나서 되돌아보니까 할 수 있는 말이지만 드 프리와 프롭스트, 그리고 그들의 동시대인들은 현대 기업이 어디로 나아가야 하는지는 놀라울 정도로 정확하게 파악했다. 하지만 그리로 가는 가장 좋은 길을 판단하는 데서는 크나큰 실수를 저질렀다.

그들이 예상한 대로 자유로운 정보의 흐름은 기업의 성패를 가르는 핵심 요인이 됐다. 1960년대 말 이후로 업무의 효율성도 엄청나게 향상됐다. 하지만 다들 알다시피 그렇게 되기까지 일등공신은 컴퓨터 네트워크와 인터넷이다. 칸막이 사무실과는 비교도 되지 않을 만큼 크게 기여했다. 요즘 기업을 보면 다른 업무는 보지 않고 정보를 이쪽에서 저쪽으로 효과적으로 전달만 하는 직군도 있다. 올바른 정보를 필요한 때에 얻어서 필요한 곳에 쓸 줄 아는 개인과 기업이 떼돈을 긁어모은다. 이렇게 정보가 빛의 속도로 온 세상을 누비는데도 대부분의 사람은 여전히 감옥 같은 칸막이 사무실에 앉아서 꼼짝 않고 있는 실정이다.

전통적인 기업들은 움직이는 시간만 줄이면 근로자의 집중력이 커져서 생산성이 향상된다고 봤다. 기껏해야 지레짐작일 뿐인 그런 생각이 설사 사실이라고 치더라도 그런 효과는 고립과 타성이라는 폐단에 비하면 아무것도 아니다.

움직임의 기술, 그러니까 익숙한 환경에서 돌아다니면서 낯선 상황에 뛰어들어 우연한 충돌을 일으키는 기술은 개인에게 대단히 중요하다. 조직에서도 마찬가지다. 기업이 가장 좋은 성과를 내는 시기는 픽사처럼 움직임을 통해서 뜻밖의 만남이 일어나고 뜻밖의 기회가 생길 여지가 있을 때다. 직원 하나가 움직여서 행운을 잡는 정도로는 부족하다. 조직 전체가 꾸준히 움직여야 한다. 그러자면 그냥 개인이 의욕을 느끼는 정도로는 안 되고, 디 프리와 프롭스트는 물론 잡스도 깨달았듯이 조직이 이런저런 자원을 동원해서 집단적인 움직임이 일어나게 해야 한다. 개인을 넘어 우리 조직 전체가 행운을 잡으려면 모든 사람이 움직여야 한다.

칸막이 사무실을 발명했을 때 드 프리와 프롭스트도 이런 뜻을 전하려고 했다. 그러나 안타깝게도 일이 뜻대로 풀리지 않았다. 수십 년 후, 움직임과 아이디어 충돌이 계획적 세렌디피티의 필수 요인이란 사실을 깨달은 잡스가 그 일을 해냈다. 결과도 칸막이 사무실보다 좋았다. 잡스의 전략이 확실히 통한 덕분에 **픽사는 2011년에 〈카 2〉를 개봉해서 다시 한 번 어마어마한 흥행수익을 올릴 수 있었다.**[24]

레러는 〈뉴요커〉 기고문에서 잡스와 픽사에 관해 이야기하면서 픽사의 기법(일부러 움직임이 일어나도록 함으로써 이질적인 아이디어와 개념이 합쳐지도록 하는 것)이 일종의 통섭 기법이라고 했다. '통섭'은 '함께 뛰어넘는다'는 뜻으로, 서로 독립된 지식 및 탐구 분야들(혹은 그런 분야의 사람들) 사이에서 충돌이 일어나서 뜻밖에도 완전히 새로운 것이 발견되거나 발명되는 것을 가리킨다.

최근 연구 결과를 보면 왜 통섭이 더 좋은 결과를 내는지 알 수 있다. 미시간대학교의 정치학 및 경제학 교수인 스콧 E. 페이지(Scott E. Page)는 《차이: 더 나은 집단, 기업, 학교, 사회를 만드는 다양성의 힘The Difference: How the Power of Diversity Creates Better Groups, Firms, Schools, and Societies》에서 **아주 다양한**(하지만 반드시 연관성이 있는) **관점들을 모으는 게 문제 해결에 얼마나 도움이 되는지 보여주는 경험적 증거를 제시했다.**[25]

페이지는 남들보다 먼저 컴퓨터 계산 모형을 활용해서 다양성이 획일성보다 그냥 나은 정도가 아니라 복잡한 문제를 해결할 때 개인들의 순수한 능력을 훌쩍 뛰어넘는 결과를 낼 때가 많다는 것을 증명했다. 그는 "지적인 문제 해결자들을 무작위로 모은 조합이 우수한 문제 해결자들을 엄선한 조합보다 좋은 성과를 보일 수 있다"고 직설적으로 썼다.

페이지 박사는 〈뉴욕타임스〉와 한 인터뷰에서 그 이유를 밝혔다.

"우리가 세상에서 맞닥뜨리는 문제들은 굉장히 복잡하다.[26] 누구나 그 문제 앞에 발이 묶일 수 있다. 그런데 만약 조직의 구성원이 모두 똑같은 생각을 한다면 모두가 같은 지점에서 벽에 부딪히고 만다. 사람들이 만약 저마다 다른 도구를 갖고 있다면 저마다 다른 지점에서 발이 묶일 것이다."

문제를 해결할 때 구성원들 사이에 어느 정도 다양성이 있으면 개인의 노력이 더 큰 효과를 부른다는 말이다. 왜? 자기만의 관점에 다른 사람들의 관점과 합쳐서 더 많은 답을 얻을 수 있기 때문이다. 페이지 박사의 말을 빌리자면 이렇다.

"우리가 개인으로서 할 수 있는 일은 한계가 있다. 능력에 한계가 있기 때문이다. 하지만 힘을 합하면 그런 제약은 사라진다. 놀랍게도 완전히 다른 생각도 할 수 있다. 차이점이 혁신, 진보, 이해의 씨앗이 되는 셈이다."

아쉽게도 페이지 박사의 모형에서 알 수 있는 것은 딱 여기까지다. 혁신, 진보, 이해를 위해서 다양성을 '어떻게' 활용해야 하는지는 알 수 없다. 과연 어떻게 해야 하는가? 움직임이 하나의 답이 될 수 있다. 다시 말해 '판을 흔드는 것'이다. 잡스는 픽사에 그런 관점의 다양성이 존재하지만 사람들을 가르는 벽과 틀 때문에 그것이 힘을 발휘하지 못한다는 사실을 간파했다. 직원들의 아이디어와 경험이 서로 합쳐지면 혁신을 일으킬 만한 엄청난 힘을 낳는다. 무엇을 어떻게 조합해야 그런 결과를 빛을 수 있는지는 실제로 실행에 옮기고 나서야 알 수 있는 것이다. 사전에 아무리 계획을 많이 세운들 알 수는 없는 일이다. 업무에 쏠린 다양한 관점들이 하나로 뭉쳐져서 폭발력을 발휘하게 하려면 사람들의 지식과 본능이 계속해서 색다르게 조합돼 세렌디피티를 일으키게 유도해야 한다.

잡스의 설계는 배경도 부서도 각양각색이고 업무 처리 방식과 세계관도 제각각인 사람들이 모인 다양성의 판을 보란 듯이 흔들어버렸다. 그래서 우연한 충돌은 아예 일과의 한 부분으로 자리 잡았다.

프로세스와 틀이 경영에 필요한 요소이긴 하지만 그 정도로는 충분하지 않다. 픽사처럼 위대한 기업은 예상치 못한 것이 들어올 여지, 세렌디피티가 일어날 여지를 둬야 한다는 사실을 잘 안다. 물론 움직임과 우연한 충돌이 일어날 틈을 주지 않고도 잘 돌아가는 기업도 많지만 우리가 볼 때 일류라고 할 기업들은 픽사처럼 조직 내에 움직임이 스며들게 하는 방법, 모든 임직원이 날마다 자기도 모르게 움직이도록 하는 방법을 잘 알고 있다. 아이디어의 움직임을 일으키려고 노력하는 기업은 반드시 그 덕을 톡톡히 본다.

고의적인 움직임

혹시나 해서 하는 말인데, 일을 하면서 움직이는 시간을 늘리거나 조직원들이 움직이게 하기 위해서 꼭 건물을 때려 부수거나 중앙홀을 만들어야 하는 건 아니다. 업무 공간의 특성상 날마다 무심코 움직이기가 어렵다면 다른 방법을 찾아봐야 한다. 직위가 무엇이든 간에 누구나 판을 흔드는 방법은 익힐 수 있다.

날마다 일에 치여 사는 처지에서 조직의 지원도 없이 움직이기가 쉬운 일은 아니다. 그렇다고 움직임을 시작하기가 마냥 어렵지만도 않다. 책상을 재배치할 필요도 없는 것이다. 그냥 규칙적으로 사무실을 벗어나기만 하면 된다. 자기 분야의 콘퍼런스, 세미나, 인맥 형성 행사는 물론이고 그보다 규모가 작더라도 뜻이 비슷한 사람들이 모이는 자리라면 모두 익숙한 환경에서 낯선 상황에 들어가기에 안성맞춤이다. 다른 회사 사람의 프레젠테이션을 듣고 아이디어를 얻는 것이 됐든, 아니면 로비에서 처음 만난 사람과 이야기를 하다가 정보를 얻는 것이 됐든 간에 이런 활동을 통해 우리는 이전과 전혀 다른 방식으로 사물을 볼 계기를 마련할 수 있다. 시간이 되는대로 많은 행사에 참여하려고 하면, 특히 매번 똑같은 콘퍼런스가 아니라 다양한 행사에 참여하려고 하면 자기한테 필요한 줄도 몰랐던 세렌디피티가 일어날 가능성이 한층 더 커진다. 움직임과 관련된 요인이 다 그렇듯이 틀에 박힌 일과를 깨는 게 일과가 되면 더욱더 많은 행운을 누릴 수 있게 된다.

콘퍼런스 같은 행사에 참여하는 건 대부분의 회사에서 쉽게 받아들일 수 있다. 어느 기업이든 직원들의 경력 개발을 지원하기 때문이다. 웬만한 기업은 그런 움직임에 거부감을 느끼지 않는다. 오히려 장려하는 편이니 직원 입장에서도 마음 편히 움직일 수 있다. 기업이 여기서 한 걸음 더 나아가 그런 행사를 조직 내에서도 정기적으로 주최하면 세렌디피티가 일어날 수 있는 체계를 마련할 수 있다.

픽사도 그랬다. 기존의 직원 교육 프로그램을 초월하는 **전문성 증진 기관, 픽사대학**[27]을 설립한 것이다. 픽사대학의 프로그램을 보면 일반적인 직원 교육 세미나뿐만 아니라 즉흥극, 회화, 시나리오 작성은 물론이고 컴퓨터 영화 제작과 관련된 각종 강좌가 망라돼 있다. 임직원들은 직급과 상관 없이 원하는 강좌를 들을 수 있다. 어디 그뿐인가. 픽사대학에서는 구성원들이 자기 업무 외의 분야를 경험하고 배울 수 있을 뿐만 아니라 모든 직급과 직군의 사람들이 장벽 없이 교류할 수 있다. 픽사 직원들은 함께 즉흥극을 하고 조명 설계법 등을 배우면서 시간을 창의적으로 활용하는 법을 배운다. 자연스럽게 온갖 창의적 충돌이 일어난다.

픽사의 기업전략국장인 빌 폴슨(Bill Polson)은 이렇게 말했다.

"우리는 업무 면에서나 시간을 활용하는데 있어 90퍼센트 정도는 틀에 박혀 있습니다. 하지만 픽사대학에서는 모든 틀이 사라집니다. 보이지 않는 벽까지 허물어지죠. 이런 분위기에선 누구나 감독이 되어 자기만의 창조적인 생각을 살찌우고 발현할 수 있게 됩니다."

움직임을 거부하지 않고 받아들이는 기업은 업무 환경을 어떻게 조성해야 세렌디피티를 부르는 행동을 촉진할 수 있을까 고민한다. 움직임을 일으키는 구체적인 기법은 기업마다 다르지만 일반적으로 드러나는 세 가지 공통된 요소가 있다. 움직일 수 있게 하는 '구조', 움직일 수밖에 없게 하는 '의례', 움직이도록 권유하는 '문화'다. 이 중 하나만 갖춰도 기업이 움직일 확률이 높아지지만 세 가지를 고루 갖추면 움직임이 더욱더 잘 일어나고 따라서 세렌디피티도 굴러 들어온다.

픽사의 경우는 구조(사옥 설계), 의례(사옥 중앙에서 우편물을 찾거나 식사를 하는 일상적 활동), 문화(움직이라는 잡스의 엄명), 이렇게 세 가지가 뚜렷하게 드러난다. 이를 바탕으로 재능과 열정 있는 직원들이 움직이니 〈월-E〉라는 명작이 탄생했다. 시야를 좀 좁혀서 흡연자들만 봐도 구조(정문 앞의 편한 공간), 의례(담배에 불을 붙여서 5분 동안 뻐금거리며 서 있는 것), 문화(실내 흡연 금지!) 덕분에 다양한 사람들이 같은 장소에 무작위로 모여서 일정한 시간을 보내게 된다는 사실을 알 수 있다.

이렇게 보면 큰 변화가 일으키는 영향이 그만큼 큰 게 사실이지만 작은 변화라고 하더라도 영향은 분명히 있다. 세렌디피티는 그냥 작은 것 하나만 잘돼도 일어난다. 그런데 많은 기업이 이미 일상 활동에 구조, 의례, 문화를 갖췄으니 환경을 바꾸기만 하면 못해도 그 중 하나에는 영향을 끼칠 수 있다. 조금만 손쓰면 세렌디피티를 부르는 조직이 될 수 있다는 말이다. 트위터, 메시지 버스(Message Bus), 갱플랭크(Gangplank)가 그 예다.

■ 트위터: 구조 개선[28]

이제는 하나의 현상으로까지 자리 잡은 커뮤니케이션 매체 트위터. 조직의 성격이 평범하지 않은 만큼 운영하기도 쉽지 않다. 세상에서 가장 눈부신 성장과 성공을 누리고 있는 벤처기업이다 보니 조직 내에서도 쉴 새 없이 변화가 일어난다. 그 탓에 최고경영자인 딕 코스톨로(Dick Costolo)는 그런 변화에 대처할 전략을 끊임없이 수립해야만 한다. 업무 환경을 놓고 이야기하자면 그가 움직임을 일으키기 위해 세운 전략은 우리도 가구를 좀 옮길 정도의 용의만 있다면 가능하다. 그만큼 비교적 쉽게 실행할 수 있다. 그건 바로 개인 사무실 없이 '완전히 개방된' 공간을 만드는 것이다.

코스톨로는 업무 공간을 최대한 개방적으로 만들어야 한다고, 벽이란 벽은 다 없어서 한쪽 끝에 섰을 때 반대쪽 끝까지 눈에 걸리는 게 없어야 한다고 주장한다. 기존의 사무실은 모두 책상 두어 개만 놓은 방으로 바꾸되 그렇게 새로 만든 공간을 개인 사무실로 써서는 안 되고 회의실이면서 전화 통화 등 사적인 활동을 하는 공간으로 삼아야 한다는 게 그의 말이다. 그는 이렇게 하면 업무 환경에서 움직임이 일어날 수밖에 없는 이유가 세 가지 있다고 봤다. 트위터 같은 인터넷 벤처기업만 아니라 어느 기업에나 적용되는 사항이다.

첫째, 의사소통 속도가 빨라지면 실행 속도도 빨라진다. 복도가 있고 개인 사무실이 있을 때보다 그냥 사무실이 크고 탁 트여 있을 때 새로운 소식이 훨씬 빨리 전달된다. 모든 사람이 현재 일어나고 있는 일을 실시간으로 전해 들으면 모든 사람이 동시에 이리저리 움직이기가 한결 쉽다. 다시 말해 개인 사무실은 물론이고 칸막이까지 치워버리고 완전히 탁 트인 공간을 만들어버리면 우연한 충돌이 일어날 가능성이 극대화된다. 사람들 사이의 장벽이 줄어들면 아이디어 사이의 장벽도 줄어든다.

둘째, 마찰은 마찰을 낳고 투명성은 투명성을 낳는다. 개방된 업무 공간의 장점 중 하나는 조직 전체에 투명성이 생기는 것이다. 고객지원팀이 허구한 날 똑같은 항의 전화와 씨름하는 소리를 들으면 엔지니어링팀은 상품의 문제가 무엇인지 더 잘 알 수 있다. 우리 회사는 옆에서 전화통화를 들은 것만으로도 문제를 미연에 방지한 사례가 수두룩하다. 이와 반대로 공간을 개인 사무실로 쪼개면 세렌디피티가 아니라 마찰이 일어난다. 마찰을 해결하려면 공식적인 의사소통 프로세스가 훨씬 많이 필요한데 작은 기업에서는 프로세스가 많을수록 마찰이 줄어들기는커녕 오히려 더 늘어난다. 사내에서 빠른 속도로 정보가 흐르면 경쟁우위를 차지하는 데 큰 도움이 된다. 직원들이 많은 정보를 접하면 그만큼 빨리 결정을 내릴 수 있기 때문이다. 구태의연한 조직에서는 정보가 빨리 돌지 않기 때문에 직원들이 그렇게 신속하게 결정을 내릴 수가 없다.

셋째, 그냥 사무실을 벗어나고 싶은 마음이 든다. 크고 탁 트인 공간의 장점은 가만히 앉아 있을 수만은 없다는 것, 설사 그렇게 하더라도 모든 사람이 눈치챘다는 것이다. 영업팀장이 유난스러운 고객과 전화로 한바탕 하고 있는 걸 보면 그냥 앉아서 손가락이나 빨면 안 되고 자기 몫을 해서 회사에 보탬이 돼야 한다는 생각이 들게 마련이다.

마지막으로 코스톨로가 꼽는 이 전략의 장점이 하나 더 있다. 바로 전통적인 조직의 위계질서에서 비롯되는 거리감이 사라진다는 것이다. 그러면 아이디어가 훨씬 빠른 속도로 흐른다. 그는 "사실 우리가 개인 사무실이 있는 업무 환경을 만드는 까닭은 서열 때문"이라고 꼬집는다. 그러면서 그는 지위가 꼭 기업 경영에 좋게만 작용하지는 않는다고 덧붙였다.

"서열 제도의 폐단은 임직원이 좋은 결과를 내기 위해서가 아니라 더 높은 지위를 차지하기 위해서 일한다는 것이다."

■ 메시지 버스: 의례 도입[29]

어느 집단에서나 볼 수 있는 가장 흔한 의례는 식사일 것이다. 안 먹고 살 수 있는 사람은 없으니까. 요즘은 일에 치이다 보니 그냥 샌드위치와 다이어트 콜라를 사 와서 모니터에 코를 박고 먹는 사람이 점점 많아지고 있다. 그 정도까지는 아니어도 늘 같이 먹는 사람들과 먹으면서 늘 똑같은 얘기를 하는 게 다반사다. 우리가 하루도 거르지 않고 거의 익숙한 환경에서 식사를 한다는 점을 보면 식사야말로 움직임을 일으키기에 아주 이상적인 의례다.

실제로 그렇게 하고 있는 회사가 있다. 캘리포니아주 밀 밸리에 소재한 메시지 버스라는 벤처기업이다. 이 회사의 창업자 중 한 명인 너렌드러 로시롤(Narendra Rocherolle)은 외부의 생각을 접할 수 있는 업무 환경에 있을 때 가장 좋은 성과가 나온다는 사실을 경험으로 알아챘다. 때문에 자기 회사를 시작할 때 세렌디피티가 일어날 분위기를 적극 조성했다. 이름도 '세렌디피티 세션'이라고 붙인 월례 점심 행사를 도입한 것이다. 세렌디피티 세션은 점심을 주문하고 외부 인사를 초청해 15명의 직원이 식사를 하면서 강연을 듣도록 하는 행사다. 이 자리에는 직원 외에도 같은 건물 거주자, 아니 어디서든 참석하고 싶은 사람은 누구나 참석할 수 있다. 강연 주제는 크게 보면 대개 첨단기술과 관련된 것이긴 하지만 강연자가 누구이고 직원들의 관심사가 무엇이냐에 따라 세부적인 내용은 크게 달라진다. 로쉬롤이 말하는 이 행사의 목적은 직원들에게 어떤 정보를 주입하는 게 아니라 그들이 새로운 것을 배우고 영감을 받도록 하는 것이다.

"저는 직원들이 외부의 생각을 접하게 할 방안이 있으면 꼭 실행합니다. 돈과 자원을 쓰는 방법이야 많지만 그중에서 최고는 사람들이 다양한 생각을 접하게 하는 것이라고 봅니다. 많은 사람을 책임지는 위치에 있을 때 그 사람들에게 줄 수 있는 가장 좋은 선물은 온갖 외부의 아이디어를 접하게 해주는 것입니다."

몇십 명의 직원으로 구성된 회사에서 점심시간에 외부 인사를 초대하는 행사가 효력을 발휘하는 이유는 부담이 없기 때문이다. 행사는 기존 의례의 테두리 안에서 진행된다. 직원들은 여느 때처럼 정오가 되면 하던 일을 멈추고 음식을 먹으며 숨을 돌린다. 그렇게 자극을 받을 마음의 준비가 되는 것이다. 물리적 공간을 바꿀 필요는 없다. 기존 공간을 그대로 둔 상태에서 뜻밖의 요소와 만날 뿐이다. 그 뜻밖의 요소란 초청 강사일 수도 있고 집단활동일 수도 있고 심지어는 초청된 멕시코 밴드일 수도 있다. 하지만 이렇게 의례에 균열이 생기면 현실에 안주하려고 하는 사람들 사이에서 동요가 일어나는 효과가 있다.

이 기법이 큰 성공을 거두자 로쉬롤은 다른 방식으로 새로운 아이디어를 회사로 불러들일 방법을 찾기 시작했다. 예를 들면 이렇다.

"우리는 목요일마다 TED(다양한 분야의 명사들이 연사로 나서는 온라인 강연 프로그램)**를 하고 있습니다.**[30] 시간은 20분, 주제는 제한 없습니다. 개발자들이 거기서 영감을 얻어서 더 나은 프로그램을 만든다면 좋은 일입니다. 또 혹시라도 나중에 우리 중 한 사람이 세상의 골칫거리를 해결한다면 이 행사 덕분이라고 할 수도 있겠죠. 미래 일이야 알 수 없지만 확실한 건 우리가 그런 일이 일어날 만한 환경을 만들고 있다는 겁니다."

조직의 구성원들이 공동으로 행하는 의례는 식사 말고도 자판기 앞에서 커피 마시기, 분기영업회의 등 셀 수 없이 많다. 잘 모르는 사람들의 눈에는 이런 의례들이 아주 뻔하기 짝이 없어서 우연과 창의성을 쫓아버리는, 말하자면 세렌디피티의 적으로 보인다. 우리가 보기에는 오히려 우연과 창의성이 끼어들기에 아주 좋은 기회다.

■ 갱플랭크: 문화 확립[31]

지금까지 픽사, 트위터 같은 대기업과 메시지 버스처럼 직원 몇십 명 수준의 중소기업이 움직임을 일으키기 위해서 어떤 식으로 투자했는지 알아봤다. 어떤 면에서 보자면 움직임의 효과를 보기에 가장 좋은 쪽은 초소형 기업이다. 규모가 크고 위계질서가 있는 조직보다 빠르게 결정을 내릴 수 있기 때문이다. 사실 움직임에 깃든 세렌디피티의 가능성을 받아들여서 가장 큰 혁신을 보이고 있는 기업은 거대한 인터넷 기업이나 대형 프렌차이즈가 아니다. 애리조나주 피닉스 외곽의 템피라는 도시에서 몇 사람이 뜻을 모아 만든 갱플랭크라는 작은 회사다.

갱플랭크는 창업자들의 표현을 빌리자면 피닉스 인근 업계에서 '혁신과 창조의 경제를 만들기' 위한 '협업공간'이다. 다양한 종류와 규모의 기업들이 갱플랭크 건물 내의 공간을 함께 쓰면서 애리조나 외곽 도시의 중심가에서 경제를 성장시키기 위해 협력하고 있다. 그런 목표를 달성하기 위해 갱플랭크는 처음부터 세렌디피티를 장려하도록 만들어졌다.

창업자 중 한 명인 데릭 네이버즈(Derek Neighbors)의 말을 들어보면 갱플랭크는 그 지역에서 제대로 된 사업 기회를 찾기가 하늘의 별 따기라는 절망감에서 시작됐다.

"2007년에 저처럼 애리조나에서 작은 기술벤처기업을 하는 사람들이 모임을 시작했습니다. 만나 보니 다들 처지가 같더군요. 모두 기회만 생기면 회사나 집을 애리조나 밖으로 옮길 생각뿐이었습니다. 이유는 언제나 세 가지 중 하나였어요. 자본금을 끌어모으기 어렵다, 실력 있는 기술자를 데려오기 어렵다, 제대로 돌아가는 팀을 꾸리기가 어렵다."

그들은 터전을 옮기지 않고 상황을 타개할 방안을 궁리하다가 가장 큰 원인이 재정 문제라고 판단했다. 그래서 자기들의 돈을 끌어 모아 지역에 몇몇 벤처기업을 세우고 결과를 지켜보기로 했다. 그렇게 만들어진 기업들은 성장을 하긴 했지만 그 속도가 너무 느렸다.

"성공을 한다고 해도 고만고만한 정도였습니다. 왜냐? 다 따로 놀았으니까요. 정말로 성공하려면 제대로 된 네트워크가 형성되어야 하는데 우린 그게 안 됐습니다."

그래서 그들은 다시 처음으로 돌아갔다. 돈이 아니면 도대체 뭐가 문제인가? 결론은 문화였다. 그 지역에는 그들이 세우고자 하는 기업에 맞는 문화가 없었던 것이다.

"애리조나는 제대로 일을 벌일 여건이 안 된다는 생각이 들었습니다. 우리는 아이디어를 개발하고 움츠렸던 어깨를 활짝 펼 공간과 시간이 필요했습니다."

그의 생각에 따르면 직원들이 아이디어를 좀 더 쉽게 나눌 수 있게 해 아이디어 공유 문화를 자리 잡도록 해야 했다.

"우리는 사람들을 한데 모으면 아이디어들도 모이기 때문에 세렌디피티가 일어날 가능성이 커진다고 판단했습니다. 서로 아이디어를 나누면 다른 사람들이 무슨 생각을 하는지 들을 수 있고, 시간이 지나면서 자신의 아이디어도 발전하죠. 그렇게 되면 훌륭한 아이디어가 나오기까지 걸리는 시간이 줄어들어요. 바로 거기서 진정한 혁신이 탄생하는 겁니다."

그들은 그렇게 업무 환경을 보는 새로운 관점에 '혼돈'이라는 재미있는 이름을 붙였다. 적정 수준의 혼돈이 있으면 창조가 일어난다는 것이다.

"우리는 진정한 교류가 있으려면 어느 정도의 혼돈이 반드시 필요하다고 봅니다. 그래서 예술가, 기업가, 기술자, 이런 사람들을 한곳에 모아야 해요. 혼돈이 일으키는 작용은 우리가 전혀 예상하지 못한 방식으로 굴러가거든요. 아이디어가 여기저기로 흐르고 팅기는 거죠. 계획을 세운다고 꼭 운 좋은 결과가 나오는 건 아니지만, 그래도 좋은 일이 생길 법한 계획을 세우면 좋은 일이 생길 가능성이 커집니다. 갱플랭크는 우리가 이 가설을 모형으로 만들어서 효과를 알아보려고 만든 일종의 배양 접시라고 할 수 있죠."

그들은 벤처기업을 시작하려면 예전처럼 차고에서 두 사람이 머리를 맞대는 게 아니라 50명 정도가 어울리는 게 가장 좋다고 판단했다.

갱플랭크 팀은 이를 위해 조직의 모든 면을 살펴보고 움직임의 효과를 극대화할 방안을 궁리했다. 일단 최대한 개방적인 공간을 만들어서 예상한대로의 협업은 물론이고 전혀 예상치 못한 협업도 일어나게 해야 했다. 그래서 트위터의 코스톨로와 마찬가지로 혼자 쓰는 공간을 아예 없애버리기로 했다. 그리고 거기서 한 걸음 더 나아갔다. 공유를 필수 문화로 만들어버린 것이었다.

네이버즈의 말을 빌리자면 공간만 개방적으로 만든다고 다가 아니다. 갱플랭크는 구성원들이 아이디어, 지식, 장비를 공유하지 않을 수 없는 문화를 확립했고, 때로는 회사가 차지한 공간까지도 외부와 함께 나눈다. 갱플랭크를 구성하는 모든 것은 또 다른 목적으로 사용할 수 있기 때문에 직원들은 업무 환경을 마음껏 이용해서 자신의 필요를 채운다. 갱플랭크에서는 사람만 움직이는 게 아니라 가구를 포함해 모든 공간이 끊임없이 움직인다.

"우리는 사람들이 공간을 자유자재로 쓸 수 있게 합니다. 정문 쪽에 보면 움직일 수 있는 탁자가 여러 개 있고, 어떨 때는 탁자를 다 치워버리고 음악이나 예술 행사를 하기도 합니다. 그래서 모르는 사람은 어느 날 여기를 지나가면서 음악당이나 미술관이라고 생각했는데 다음 날 와서 보니까 무대랑 조명은 싹 사라지고 책상밖에 없으니까 누가 고약한 장난을 쳤나 싶겠죠. 이 공간은 누구나 얼마든지 바꿔 쓸 수 있습니다."

갱플랭크에서는 공간을 바꿔 쓰듯이 의사결정을 내릴 때 선택도 언제든지 바꿀 수 있도록 한다. 그들은 의사결정을 할 때 '최소한의 결정'만 내린다. 그리곤 변화를 일으킬 기회가 생길 때마다 이렇게 묻는 것이다.

"새로운 것을 배웠을 때 기존의 것에 그 정보를 접목할 수 있으려면 최소한으로 어떤 일을 해야 하나?"

네이버즈는 이런 예를 들었다.

"'이 방을 어떻게 구성해야 하는가?'하는 물음에 대답할 때 우리는 계획을 세우느라 몇 달을 허비하지 않고 그냥 말합니다. 일단 쓰면서 뭐가 좋고 나쁜지 보고 그때그때 맞춰가자고."

갱플랭크 팀은 공간과 시간을 모든 사람이 자유롭게 이용할 수 있는 자원으로 여긴다. 건물 전체에서 다양한 행사가 열릴 때가 한두 번이 아니다.

"여기서 수많은 행사가 열리지만 우리가 직접 주최하는 건 별로 없습니다. 우리는 그냥 이 공간을 가능성에 열어둡니다. 행사를 하고 싶으면 누구나 할 수 있습니다. 꼭 여기서 일하지 않아도 상관없습니다. 아무나 쓸 수 있어요! 이런 방침 덕분에 지금까지 각양각색의 행사가 열렸습니다."

갱플랭크의 문화는 픽사만큼이나 세렌디피티에 초점이 맞춰져 있다. 예상치 못한 값진 교류가 일어나도록 한다는 점에서 그렇다. 이들의 방식이 대성공을 거두자 지금은 애리조나를 비롯해 여러 주의 취약발전지역에서 자기들만의 갱플랭크를 만들겠다고 아우성이다.

네이버즈의 말을 옮긴다.

"지금 우리는 어떻게 하면 우리의 문화를 다른 곳에도 심을 수 있을까 고민 중입니다. 다른 곳에서도 똑같은 배양접시를 만들 수 있을까? 혼돈한 환경을 만들어서 총명하고 의욕 넘치는 사람들이 창의력을 발휘하고 그런 창의력과 아이디어를 나누게 할 수 있을까? 그렇게 하면 과연 어디서나 혁신을 배양할 수 있을까?"

위험과 보상

세렌디피티 기술 중에서 첫 번째이며 가장 기본이 되는 기술인 움직임은 받아들이기가 가장 겁이 나는 기술이기도 하다. 예상치 못한 것에 마음을 열고 그것이 시도 때도 없이 일어날 틈을 주기란 개인에게도 무서운 일이지만 지금껏 틀에 박힌 프로세스로 위험을 없애며 성공해 온 조직에는 더욱더 무서운 일이다. 갱플랭크 팀이 자기네 세렌디피티 기법에 '혼돈'이라는 이름을 괜히 붙인 게 아니다. 많은 기업이 움직임과 세렌디피티를 받아들이라고 하면 자기들이 감당할 수 없는 '혼돈'을 받아들이라고 하는 줄 안다.

움직임과 그에 따르는 우연한 충돌을 아무리 일과의 한 부분으로 받아들이려고 해도 우연의 핵심이 위험 감수라는 사실은 변하지 않는다. 우연한 기회를 만들려면 새롭고 불편하며 무엇보다 잘못될지도 모르는 행동이나 상황을 감수해야만 한다. 새롭고 좋은 일이 일어나게 하려면 자기가 원하는 것을 못 얻을 수도 있다는 가능성, 자기가 찾는 것을 못 찾을 수도 있다는 가능성을 열어둬야 한다.

행운을 잡으려면 때로는 엉망이 될 줄도 알아야 한다. 조금 엉망이고 불확실한 상태에서만 세렌디피티가 뿌리를 내릴 틈이 생기고 예상치 못한 훌륭한 것이 활짝 피어날 기회가 생기기 때문이다. 같은 말을 네이버즈는 이렇게 표현했다.

"공간, 개방성, 기회, 혼돈, 가능성이 재미, 탁월함과 만나면 혁신이 굴러들어옵니다."

3

두 번째 기술

준비

—

새로운 기회를 만들려면 반드시 그 전에
머리에 그런 기회가 발을 붙일 틈을 마련해야 한다.
안타깝게도 우리가 속한 사회체제는
우리 머리를 가득 채우는 데만 혈안이 되어 있다.

"상상은 진실의 어머니다."

— 셜록 홈즈

교수가 새하얀 토끼를 우리에서 *끄집어냈다.*

　토끼는 분홍색 코를 씰룩거렸다. 교수는 진지한 표정으로 자기를 둘러싸고 선 뉴욕대학교 의대 2학년생 여섯 명에게 토끼를 한번 살펴보라고 건네줬다. 루이스 토머스(Lewis Thomas) 박사. 특유의 매력을 뽐내며 새로이 병리학과장으로 부임한 그는 누가 봐도 우스꽝스러운 두툼한 안경알 너머로 학생들과 눈을 마주쳤다.

　"어젯밤에 이 작은 친구에게 파파인을 주입했지. 파파인은 파파야에서 추출한 효소다. 이 녀석과 파파인을 넣지 않은 토끼를 나란히 둬보자."

　그는 옆에 있던 우리에서 다른 흰색 토끼를 꺼내서 두 마리를 나란히 뒀다.

　"어때?"

학생들은 재미있다는 표정이었다. 몇몇은 빙그레 웃기도 했다.

"파파인을 주입한 토끼는 귀가 늘어져 있네요!"

정말 그랬다. 보통 토끼의 귀는 쫑긋 세워져 있었지만 파파인 토끼의 귀는 머리 아래로 축 늘어져 있었다.

토머스 박사는 이런 현상을 셀 수도 없이 많은 사람에게, 특히 동료들에게 자랑스레 보여줬다. 순전히 상대의 반응을 보기 위해서였다. 파파인만 주입했다 하면 이렇게 성형이라도 한 것 같은 변화가 생겼다. 그가 이 현상을 접한 것은 7년 전, 순전한 우연이었다. 당시 그는 류머티스성 열의 해결책을 찾기 위해서 토끼를 대상으로 다양한 효소의 효과를 실험하고 있었다. 파파인을 쓴 것은 특별한 이유가 있어서가 아니라 그냥 파파인이 연구실에 있었기 때문이었다. 다른 효소들처럼 파파인으로도 바라던 결과가 나오지 않았다. 그래서 낙담해 있는데 어느 순간 축 늘어진 토끼의 귀가 눈에 들어온 것이었다.

누군가 물었다.

"어떻게 된 거죠?"

"그게 수수께끼야. 벌써 몇 년째 답을 찾고 있어."

그는 온갖 수단을 써봤지만 실마리조차 찾지 못했다. 사실 지금 학생들에게 보여주는 이유도 언제부턴가 흥미를 느낀 이 풀리지 않는 문제를 마음에서 떨쳐버릴 수가 없기 때문이었다. 그는 다른 연구에 골몰하다가도 자꾸만 이 수수께끼로 돌아왔다.

그리고 이제 크나큰 변화가 일어나려 하고 있었다.

늘어진 토끼 귀의 진상[32]

때는 1955년. 토머스는 파파인이 토끼 귀에 끼치는 영향을 처음으로 목격했다. 거의 같은 시기에 또 다른 교수도 똑같은 현상을 맞닥뜨렸다. 코넬대학교 병리학과의 애런 켈너(Aaron Kellner) 박사였다.

특이한 일이었다. 차로 몇 시간이나 떨어진 곳에서 연구하던 두 학자가 전혀 예상치 못하게 마주한 결과가 똑같았다니 말이다. 하지만 두 사람 사이에는 아주 큰 차이가 있었다. 이후 토머스 박사는 그 현상의 원인을 밝혔지만 켈너 박사는 그런 기회를 놓치고 말았다는 점이다.

과학사에서 이렇게 세렌디피티의 통제 연구라고 할 만한 사례를 보기란 정말 어려운 일이다. 학력도 경험도 비슷한 두 박사가 어떻게 달랐기에 한쪽은 세렌디피티를 누리고 한쪽은 놓쳐버렸을까? 문제에 접근하는 방식이 달랐나? 보유한 자원에 차이가 났을까? 아니면 조직 문화에서 오는 선입견이 작용했나?

토머스 박사는 귀를 쫑긋 세운 학생들에게 자신이 그때까지 그 문제를 해결하기 위해 어떤 노력을 기울였는지 설명해줬다. 그는 특이한 게 있을까 싶어 귀를 여기저기 잘라봤었다. 결합조직은 아무 이상이 없었다. 염증도 없고 조직손상도 없었다. 활동이 거의 없는 조직으로 알려진 연골까지 확인해봤다. 역시 정상이었다.

학생들을 보고 있자니 문득 병리학자의 일상적인 기술을 보여줄 기회라는 생각이 들었다. 그래서 얼른 결정, 운명적인 결정을 내렸다.

"하지만 내 말을 곧이곧대로 듣지 말도록. 자, 어디 다 같이 한번 절개해보자."

평소 그는 홀로 실험실에서 늘어진 토끼 귀를 살펴보고 자기 머릿속에 있는 건강한 조직의 모습과 비교했다. 이번에는 학생들에게 기초 과학을 이해시켜주고 싶었다. 파파인을 주입한 토끼와 정상적인 토끼의 귀를 다 절개하도록 할 생각이었다.

학생들은 토끼들의 귀를 절개해서 살펴보기 시작했다. 그런데 그들을 돕는 중에 무언가가 토머스 박사의 눈길을 확 잡아끌었다.

학생들이 그의 지시에 따라 더 잘 볼 수 있도록 절개해 놓은 연골이었다. 그는 이쪽 표본에서 저쪽 표본으로 얼른 시선을 옮겼다. 숨이 턱 막혔다. 그 찰나의 순간, 그토록 오랫동안 그를 피해왔던 해답이 마침내 모습을 드러냈다. 바로 연골이었다.

"이럴 수가, 이거야!"

지금까지 답을 못 찾았던 이유는 파파인의 영향을 받은 토끼와 그렇지 않은 토끼의 귀를 나란히 놓고 절개하지 않았기 때문이었다. 안 그래도 모자라는 동물을 낭비하고 싶지 않았었다. 그런데 옆에 두고 보니까 파파인 주입 토끼의 연골 기질은 정상적인 연골 기질보다 밀도가 확연히 떨어졌다.

그제야 안 것이지만 그동안 토머스는 류마티스성 관절염 같은 질병에서 조직 파괴가 일어나는 근본 원인을 수도 없이 마주한 셈이었다. 많은 사람이 앓는 질병의 새로운 치료법이 갑작스레 손이 닿을 듯한 거리에 들어왔다. 전혀 의도하지 않은 순간에 뜻밖의 문제가 풀린 셈이었다. 알고 보니 해결책은 너무나 뻔해서 그동안 왜 고생을 했나 싶을 정도였다. 그런데 그렇게 뻔했다면 왜 켈너는 해결하지 못한 것일까?

차이점은 무엇인가?

가장 먼저 떠오르는 답은 루이 파스퇴르의 말이다.

"기회는 준비된 자를 편애한다."

하지만 이 말을 들으면 이런 질문이 생긴다. 준비된 자란 도대체 어떤 사람인가?

그 뜻을 한 줄로 요약하자면 서로 동떨어진 경험들에서 새로운 아이디어를 인지하거나 창조해낼 정신적 준비가 된 사람이라고 하겠다. 움직임이 우리로 하여금 세렌디피티의 원재료인 창조적인 충돌을 겪게 하는 기술이라면 준비는 우리가 정신적인 도약으로 그런 충돌에서 의미심장한 결과를 이끌어내게 하는 기술이다.

늘어진 토끼 귀의 사례를 보면 준비된 자에게는 우리가 흔히 생각하는 것 이상이 있음을 알 수 있다. 이 이야기를 잘 들여다보면 토머스 박사를 혁신으로 이끈 세 가지 행동이 뚜렷하게 드러난다. 바로 여기에 다른 사람들이 놓치는 양상을 포착하는 비결이 담겨 있다. 이 세 가지 행동이 합쳐지면 비로소 준비의 기술이 모습을 드러낸다. 그렇다면 그 세 가지를 알아보자.

1. 순전한 호기심에 이끌린다

토머스 박사는 자신의 연구 목표가 아닌 줄 알면서도 토끼 귀가 늘어지는 이유에 대한 궁금증을 떨쳐버릴 수가 없었다. 왜 그랬냐고 묻자 그는 이렇게 대답했다.

"재미있어서 그랬다는 말밖엔 할 수 없겠군요."

그에게는 공식적인 연구 목표보다 개인적인 동기, 다시 말해 순전한 호기심과 재미가 더 중요했다. 반면에 **켈너는 그 문제가 연구 대상으로 삼기에는 너무 시시하다고 생각했다.**[33] 그는 심혈관 질환에 온 정신이 쏠려 있다. 심장이 그의 전공이었을 뿐만 아니라 연구실과 그 구성원들도 오로지 그 분야만 연구하기로 되어 있었기 때문이었다. 그는 토끼 귀가 늘어지는 현상은 얼른 뒷전으로 치워버리고 전공과 더 관련 있는 일에 집중했다.

2. 예외를 체포할 수 있다

토머스 박사는 토끼에게 처음으로 파파인을 주입했을 때 귀가 늘어지는 우스운 현상에 바로 눈길이 갔지만 켈너 박사는 그런 실험을 30~40번 하고 나서야 토끼 귀에 일어나는 변화를 눈치챘다. 또한 토머스는 그런 현상이 실험할 때마다 꼬박꼬박 나타난다는 규칙성에 주목했다. 과학 연구에서는 좀처럼 일어나지 않는 일이었다. 그래서 토끼 귀가 변하는 데는 무언가 강력한 요인이 있으리라 추론했다. 수년 동안 의학지를 읽고 전공 분야에서 활동해 온 그였기에 신기하다고 할 정도의 규칙성이 대단히 중요하다고 확신했다. 그래서 몇 년 동안 자꾸만 그 문제로 돌아왔다.

역사에 큰 발자취를 남긴 과학자들을 보면 토머스 박사처럼 비범한 것에 온 정신을 집중하는 능력이 있었다. 예를 들어 찰스 다윈은 아들의 말을 빌리자면 다음과 같이 엄청난 능력이 있었다.

"아버지는 특별하면서도 굉장히 유익한 정신적 특질이 있었기에 그런 발견을 할 수 있었다. 예외를 절대로 지나치지 않는 능력이었다. 누구나 예외적인 상황이 깜짝 놀랄 만하거나 자주 일어나면 그것을 알아보지만 아버지는 본능적으로 '**예외를 체포하는**[34]' 특수한 능력이 있었다."

다시 말해서 그는 예외적인 현상을 그냥 알아보는 게 아니라 꽉 붙잡을 줄 알았다.

'예외를 체포하는' 능력이란 문제, 특이한 딜레마, 현상에 온 정신을 집중하고 그것을 마음으로 사로잡는 능력을 절묘하게 표현한 말이다. 다시 말해 이른바 용의자를 체포해서 구금해 놓고 언제까지고 필요한 만큼 수사할 수 있는 능력이 있다는 뜻이다.

3. 자신이 진실이라고 아는 것을 잊어버린다

준비된 자를 얘기할 때 흔히 빠지지 않는 것이 자기 분야에서 터득한 노하우다. 물론 노하우는 준비된 자의 필수 요건이다. 관찰 대상을 확실하게 알지 못하면 거기서 어떤 가능성도 발견할 수 없기 때문이다. 하지만 두 박사는 그때껏 터득한 것이 연구를 한 단계 끌어올리는 데 가장 큰 장애물로 작용하기도 했다. 최초의 발견 이후 '노하우'가 돌파구를 마련하기는커녕 구속복 노릇을 한 것이다.

처음에 두 박사는 똑같은 기준에 얽매였다. 둘 다 관련 논문을 읽고 연골이 문제일 리가 없다고 생각했다. 그래서 토머스 박사도 아무리 노력을 한들 진전이 없었다. 〈사랑의 블랙홀Groundhog Day, 자고 일어나면 똑같은 날이 반복되는 남자의 이야기를 그린 영화—옮긴이〉에 나오는 주인공과 같은 처지였다. 계속 비슷한 행동을 반복해서 똑같은 결과만 나오니 실망만 쌓여갔다. 하지만 영화에서 날마다 반복되는 행동이 조금씩 변하다 보니 결국엔 돌파구가 생겼듯이 토머스 박사의 연구도 어느 날 학생들을 가르치다가 순식간에 상황이 역전됐다. 관점을 바꾸니 그동안 지겹도록 씨름했던 문제를 마치 문외한과 같은 눈으로 볼 수 있었다. 그제야 해답이 보였다.

이를 보면 준비된 자에게는 머리에 집어넣는 것만큼 그 속의 것을 끄집어내는 게 중요하다고 할 수 있다. 이례적인 것을 간파하려면 그만큼 수련이 필요하지만 거기서 한 단계 도약하려면 그런 수련의 결과에서 벗어나야만 한다니 참 고약한 역설이다. 물론 우리가 진실이라고 '아는' 것을 잊어버리기란 쉽지 않다. 그런 지식을 얻으려고 얼마나 많은 돈을 썼는데 쉽게 내놓을 수 있을까!

세렌디피티에 준비된 정신

이 세 가지 행동을 연결하면 한 가지 진실이 나온다. 새로운 기회를 만들려면 반드시 그 전에 머리에 그런 기회가 발을 붙일 틈을 마련해야 한다는 것이다. 안타깝게도 기업, 학교, 정부 등 우리가 속한 사회체제는 우리 머리를 가득 채우는 데만 혈안이 되어 있다. 학교에서 과목을 가르고 직장에서 업무를 나누는 양상을 보면 우리가 질서, 체계, 구분을 대단히 중시한다는 것을 알 수 있다. 그러다 보니 서로 다른 아이디어와 경험을 합하는 게 세렌디피티의 밑바탕인데도 실상은 그럴 여유가 없다. 우리의 인지 공간을 열어두려면 바로 준비의 기술이 필요하다. 준비야말로 계획적 세렌디피티의 필수 성분이다.

준비의 기술이 어떻게 작용하는지 보고 또 활용하는 방법을 터득하려면 그 방면에 통달한 사람들과 어울리는 게 가장 좋다. 바로 별종들이다. 상대가 어느 분야에 미쳐 있느냐는 중요하지 않다. 컴퓨터광, 경제광, 디자인광, 야구통계광, 댄스광 등 누구라도 괜찮다. 사실 별종은 다들 관심사가 제각각이지만 진정한 별종이라면 '어떤 지식 분야에 집착에 가까운 호기심이 있어서 자기 자신도 잊고 거기에 빠져든다'는 공통점이 있다. 그래서 난다 긴다 하는 사람 중 많은 이가 별종을 자처한다.

별종인 사람과 한나절을 보내면서 그가 어떤 작업을 하고 있고 어떤 문제와 씨름하고 있는지 이야기를 나눠 보면 준비의 기술에 대해서 큰 깨달음을 주는 몇 가지 특징을 눈치챌 수 있을 것이다. 속에 있는 이야기를 쉽게 털어놓지 않는 사람도 있겠지만 좀 지지고 볶아서 일단 입을 열게 하면 자기가 집착하는 대상에 관해 시간이 가는 줄 모르고 떠들어댈 게 분명하다.

별종들은 일 때문이 아니라 거부할 수 없는 힘 때문에 자신의 관심사에 몰두한다. 신경을 끄고 싶어도 끌 수가 없다. 그래서 어떨 때는 상사에게 골칫거리로 보이기도 한다. 내적 동기(심미적 탐닉, 정의감, 정서적 연결감, 신경증, 장난기)가 워낙 강하다 보니 돈이나 직함처럼 전통적인 유인책이 아예 먹혀들지 않는 경우도 있다.

어떤 사람들은 별종을 외계인 취급한다. 타인에게 굴욕감을 주려고 괴상한 문헌이나 용어를 들먹이는 성가신 존재로 보는 사람도 있다. 또는 그들의 지칠 줄 모르는 열정에 감탄하고 자극을 받아서 자주 어울리는 경우도 있다. 어쩌면 이 글을 읽는 당신도 그런 별종일지 모른다! 만일 그렇다면 우리가 지금 무슨 말을 하는지 잘 알리라.

우리는 일부러 '별종'이라는 말을 썼다. 관점에 따라 긍정적인 인상을 주기도 하고 부정적인 인상을 주기도 하기 때문이다. 우리네 기업들은 전문가를 떠받들어 모시면서도 한편으로는 예측을 불허하고 서열을 존중하지 않는 사람을 눈엣가시처럼 여기기도 한다. 그래서 별종들은 흔히 아웃사이더가 된다. 그런데 앞으로 살펴볼 테지만 세렌디피티를 준비할 때 이런 아웃사이더 상태는 황금알을 낳는 거위와 같다.

그렇다고 별종들이 낙오자는 아니다. 비록 주류에게 푸대접받을 때가 있다 하더라도 그들이야말로 과감하게 현재 상태를 거스르는 도전을 할 수 있는 족속이다.

그들은 열정적이고, 소신이 있으며, 똑똑하고, 다른 사람들이 입 밖으로 꺼내지 않으려고 하는 진실을 주저 없이 말한다.

별종에 관한 편견에서 한걸음 물러나면 그들에게서 어딘가 어린아이 같은 면을 볼 수 있다.

네 살배기 아이가 다다다다 쏟아내는 말을 듣고 있으면 녀석이 지금 어디에 빠져 있고(〈스타워즈〉, 나비, 고양이, 엄마 등) 그게 세상 만물과 어떻게 연결되는지 알게 된다. 아이들은 자기 마음을 사로잡은 대상과 머리가 어지러울 정도로 복잡한 세상 사이에 아무런 경계가 없다. 그런 호기심은 지극히 자연스러운 것이다. 우리도 예전에 그랬듯이.

우리는 이 책에서 뜻밖의 성공을 거둔 기업가를 비롯해 경영계의 이단아, 놀이공원 디자이너, 스포츠 영웅 등 수많은 별종을 소개할 것이다. 별종이라고 다 눈에 확 띄는 건 아니다. 경영계에는 마크 주커버그(Mark Zuckerberg)부터 마사 스튜어트(Martha Stewart)까지 칭송받는 별종이 많다. 하지만 대부분의 별종은 우리 눈에 잘 띄지 않는다. 일부는 알고 보면 무릎을 탁 치면서 별종이구나 할 정도인데 그냥 봐서는 잘 안 보인다. 왜냐하면 직업이 흔히 생각하는 별종과 어울리지 않기 때문이다. 하지만 두뇌 구조만큼은 분명히 별종이다. 딱 그런 사람이 있다. 전설적인 농구 감독 필 잭슨(Phil Jackson)이다.

선사(禪師)

별종들은 무언가를 성취하고, 새로운 장을 열고, 세상에 이름을 떨치고 싶은 열망을 주체하지 못하고 물불을 가리지 않는 면이 있다. 그래서 위험 앞에서도 겁을 먹지 않고 공격적이라고 할 만큼 경쟁심을 드러내기도 한다. 또 한편으로는 거의 집착에 가까운 집중력 덕분에 어떤 활동을 하면서도 또는 혼돈 속에 있으면서도 깊이 생각할 수 있다. 이렇게 상호보완적인 두 가지 특질(물불 가리지 않는 호기심, 쓸데없이 한눈팔지 않는 능력)이 준비의 기술에 바탕이 되는 기본 요소다.

불같은 충동과 현재 순간을 초월하는 능력을 누구보다 잘 보여주는 사람이 시카고 불스와 LA 레이커스를 11번이나 우승으로 이끈 명감독 필 잭슨이다. 그는 2미터의 장신이지만 그의 정신이 드리우는 그림자는 그보다 훨씬 더 크다. 그는 전형적인 별종의 두뇌 구조를 보여주는 훌륭한 본보기다.

농구는 계획적 세렌디피티를 실험하기에 제격인 영역이다. 잭슨의 말을 빌리자면 "전속력을 다하면서 생각과 동작을 일치시키는 선수들이 어우러져 벌이는 스포츠"다. 불시의 순간, 코트 위에 절호의 기회가 모습을 드러내면 짜릿한 플레이가 펼쳐진다. 그리고 코트를 달구는 선수들의 즉흥극이 펼쳐질 무대를 마련하는 것은 감독의 계획과 준비다.

2001년 5월, 잭슨이 진두지휘하는 LA 레이커스와 샌안토니오 스퍼스의 플레이오프 2차전 3쿼터가 막바지로 치닫고 있을 때였다. 샤킬 오닐과 코비 브라이언트라는 두 스타가 전력을 다하는데도 레이커스는 7점차로 지고 있었다. 17연승 행진이 졸지에 멈춰버릴 판이었다. 바로 그때였다. 평소에는 어지간한 일에 흔들리는 법이 없던 잭슨이 전혀 그답지 않은 일을 벌였다. 심판과 말다툼을 하고 테크니컬 파울을 받은 것이었다.

심판은 잭슨에게 벤치로 물러나라고 명령했다. 하지만 잭슨이 맞받아치자 두 번째 파울을 선언했다. 그러면 퇴장이라는 걸 잭슨도 잘 알았다. 그래서 뒤돌아 경기장 밖으로 나갔다.

갑작스레 감독을 잃은 선수들은 작전 회의에 들어갔고, 이후 남은 경기 동안 스퍼스를 압박하면서 가볍게 승리를 거두는 이변이 일어났다. 어떻게 그런 일이?

경기가 끝난 후 레이커스의 센터 샤킬 오닐은 말했다.

"전환점은 감독님의 퇴장이었습니다. 제가 선수들을 모아서 말했어요. '어차피 이판사판이야. 그냥 되는 대로 플레이하자.' 그리고 젖 먹던 힘까지 다 쏟아부었습니다."

레이커스의 막판 역전극을 이끈 주역은 전설적인 선수, 코비 브라이언트였다. 그런데 그날 그의 플레이는 여느 때와 달랐다. 평소 원맨쇼가 특기였던 그가 그 경기에서는 팀이 협동으로 난국을 타개할 수 있도록 자신의 영광을 어느 정도 양보하는 모습을 보였다.

잭슨의 퇴장은 우연이 아니었다. 그다운 전략이었다. 그는 팀이 열세에 있을 때 타임아웃을 부르지 않고 선수들이 알아서 해법을 찾아내도록 하는 감독으로 잘 알려져 있었다. 잭슨은 선수들의 심리를 능수능란하게 다뤘고 팀이 잠재력을 이끌어내도록 온갖 심리 작전을 펼칠 줄 알았다. 그런 그였기에 코비 브라이언트, 마이클 조던처럼 기량은 최고지만 말은 어지간히도 듣지 않는 선수들을 중심으로 승승장구하는 팀을 만들 수 있었다.

잭슨의 비밀 병기는 그가 감독 철학의 기틀로 삼은 선불교였다. 그는 선불교에 별종다운 집착을 보였고, 거기에 다양한 뉴에이지와 영성 사상을 접목했다. 선불교는 그가 지겹도록 역효과를 목격한 권위주의적 채찍질과 정반대였다. 잭슨은 "무아(無我)가 팀워크의 핵심"이라는 말을 마치 주문처럼 여기고 따랐다. 이런 철학은 전통적인 감독 지침과 정면으로 배치된 것으로, 오로지 자기가 몸담은 스포츠에 깊이 탐닉한 나머지 수완을 키울 수만 있다면 전통과 비전통을 따지지 않고 어디서든 영감을 얻고자 하는 사람만이 품을 수 있는 사상이었다. 잭슨의 감독 기법에는 동양 철학과 그가 자란 오순절파 기독교 가정의 엄격한 규율이라는 상반된 요소가 어우러져 있었다. 여기에 전통적인 사회적 압박에 무릎 꿇지 않는 강인한 성격까지 더해졌으니 그는 그야말로 스포츠계의 별종이 어떤 사람인지 보여주는 훌륭한 본보기였다.

그런데 이게 다가 아니다. 잭슨은 자신의 열정을 선수들에게 전염시키는 능력까지 있었다. 그는 팀의 문화를 바꾸기 위해서 선수들이 낯익은 홈 경기장에서 마음을 돌리도록 하는 상황을 만들었다. 그는 선수들을 원 모양으로 모으고는 향초를 태우며 아메리카 인디언의 설화를 들려줬다. 또 선수들이 이건 이렇고 저건 저렇고 하며 판단하는 생각을 하지 않도록 하기 위해서 명상을 인도하며 '열린 집중력'을 기르게 했다.

"마음을 비우고, 듣고, 관찰하고, 느껴라."

그가 즐겨 한 말이다. 이런 특이한 의식들이 효과를 발휘해서 선수들은 안전지대를 벗어났고, 또 한편으로는 마음속에 코트 위의 가능성을 받아들일 수 있는 공간이 생겨서 준비의 기술을 기를 수 있었다. 잭슨은 직감에서 비롯된 기행을 통해서 선수들이 자신의 역량을 완전히 깨닫게 함으로써 팀 세렌디피티가 일어날 조건, 다시 말해서 전혀 예측 불가능하며 얼핏 보기에 실현 불가능해 보이는 일들이 거듭 일어날 조건을 마련한 것이었다.

그는 "스타 선수만 아니라 팀의 모든 구성원에게 힘을 실어주는 체계, 선수들이 팀워크를 위해 자신을 버리면서도 오히려 성장하도록 하는 체계를 찾는 것이 나의 목표"라고 말했다. 그의 뜨거운 신념 덕에 선수들도 그와 뜻을 같이하면서 신념체계를 받아들이게 됐다. **선사라는 별명이 붙은 잭슨 감독.**[35] 그는 자신의 별종 두뇌를 선수들에게 아낌없이 주입했다. 그리하여 농구 역사상 전무후무한 우승 기록을 세울 수 있었다.

괴짜 늘리기

역시 별종 두뇌의 소유자였던 토머스 박사[36]도 잭슨처럼 익숙하지 않은 곳에서도 자신의 관심사에 관한 영감을 찾고자 했다. 그는 대단히 유능한 과학자였지만 강렬한 관심의 대상이 다른 영역에 있었다. 재즈 시대(1920년대에 재즈가 크게 유행하던 시절―옮긴이)에 젊은 날을 보낸 그는 금주법을 어겨가며 몰래 술을 마시고 재기 발랄한 글을 써왔다. 경박, 기발, 불손으로 대표되는 그 시대의 정신을 온몸으로 표현하면서 시와 문학을 향한 평생 식지 않을 사랑을 키웠다. 바로 그랬기에 과학자로 연구 활동을 하면서 한편으로는 과학 저술가로서 유례가 없을 만큼 큰 사랑을 받았다. 그의 저서를 보면 그가 문학의 렌즈로 본 세상이 잘 드러나는데, 이제는 고전의 반열에 오른 《세포라는 대우주Lives of a Cell》는 전미도서상(National Book Award)을 받기도 했다.

이런 열정 덕분에 그는 연구 과정에서 남들이 무심코 지나친 사건들을 볼 수 있는 능력이 생겼다. 토머스 스스로도 1974년에 그런 자신의 장기를 알아차렸다. 짓궂게도 자기와 같은 사람을 돌연변이라고 했다.

"우리의 두 눈을 번쩍 뜨이게 하는 진정으로 놀라운 존재는 모두 돌연변이라고 본다. 그런 존재는 다른 사람들에게서 흘러나오는 정보를 수용하고 처리하는 방식이 좀 다르다. **아마 세상에는 그런 존재가 우리의 생각보다 많을 것이다.**[37] "

현시대의 저명한 마케터이자 베스트셀러 작가인 세스 고딘(Seth Godin)은 이 개념을 한층 더 발전시켰다. 그는 오늘날 경영계에서 의미심장한 성공을 거두려면 반드시 별종 두뇌를 받아들여야 한다고 믿는다. 그래서 그런 신념을 이렇게 간결하게 표현한다.

"우리의 생산성과 성장률을 획기적으로 향상하려면 **괴짜를 늘리는 데 전력을 기울여야 한다.**[38] "

고딘이 그의 저서에서 지적했듯이 예전에는 별종이 욕구를 채우려면 엄청난 노력이 필요했다. 지식과 전문 기술을 습득하기가 어려웠기 때문이다. 특히 관심사가 유별난 경우에는 더더욱 그랬다. 더군다나 흥미로운 발견은 우리가 잘 모르는 곳에 숨어있게 마련인데 거기까지 들어가기란 예삿일이 아니었다. 하지만 인터넷 덕분에 하늘 아래 어떤 주제에 관해서든 폭넓은 정보를 얻을 수 있게 되면서 상황이 완전히 바뀌었다. 이제 관심사가 제아무리 특이해도 호기심을 채울 수 있게 되었으니 별종 문화의 영향력이 폭발적으로 증가한 게 당연한 일이다.

하지만 대부분 기업에서는 이게 아직 딴 세상 얘기니까 문제다.

이렇게 된 이유는 일반적으로 기업(산업화 시대의 산물로서, 그 관리 대상인 공이 기계의 논리를 숭상하고 위계구조 속에 확립된 역할과 직위로 개인의 자율성을 제약하기 때문이다. 조직도가 모든 사람의 노동 위에 군림하는 현상은 이런 산업화 시대의 프로세스가 낳은 결과다. 이렇게 경직된 환경에서는 진정한 준비의 기술, 즉 별종 두뇌가 잘 보여주듯이 열정을 바탕으로 집중력을 발휘해서 아무 상관이 없어 보이는 대상들 사이에서 연결 고리를 찾는 기술이 푸대접을 받을 수밖에 없다.

흔히 우리는 준비라고 하면 논리적인 사고력만 떠올린다. 논리가 일상에서 '병원에 가야 하나?', '여기 식은 음식을 먹어도 탈이 나지 않을까?' 같은 문제를 해결하는 수단이라고 보면 그럴 만도 하다. 하지만 차근차근 원칙을 따르는 방식으로 수많은 문제를 풀 수 있는 게 사실이긴 해도 지금처럼 날로 복잡해지는 세상에서 우리를 가장 애먹이는 문제들, 곧 우리의 성공과 실패에 직결될 확률이 가장 높은 문제들은 항상 그렇게 간단히 풀리지만은 않는다. 우리가 직장에서 하는 일도 대부분이 그렇다. 상품에 새로 넣을 기능을 결정하든, 시장의 끊임없는 변화에 대처하든, 복잡한 고객 문제와 씨름하든 간에 논리만으로 문제를 해결할 수 없는 경우가 비일비재하다.

냉철한 논리가 학교생활과 직장생활의 근간이기는 하지만 예측 불허의 변화를 극복할 아이디어나 가설을 내는 데는 아무런 도움이 안 된다. 실용주의 철학자 찰스 샌더스 퍼스(Charles Sanders Peirce)는 이 문제를 간파했다. 그는 새로운 아이디어가 탄생하려면 언제나 '정신의 논리적 도약'이 필요하다는 점을 알아차렸다. 그리고는 그것이 분명히 다른 방식의 추론법이지만 아직 명쾌하게 밝혀진 적이 없다는 생각에 이르러서 직접 거기에 '귀추법'이라는 이름을 붙였다. 귀추법의 목적은 관찰이 아니라 궁리다. 전통적인 추론법은 선택 사항들 사이에서 무엇을 고를지 결정할 때는 도움이 되지만 새로운 선택 사항을 만들어내는 데는 전혀 도움이 안 된다. 반면에 귀추법은 새로운 가설을 만들어내는 게 핵심이다. 새로운 아이디어를 만들어낼 수 있는 추론법, 우리가 창의적이어야만 하는 추론법은 귀추법이 유일하다.

이를 가장 잘 표현한 아인슈타인의 말이 있다.

"논리는 우리를 A에서 B로 데리고 가지만 상상은 우리를 어디로든 데리고 간다."

웬만한 기업의 사전에는 상상이란 말이 없다. 오로지 돈과 지위를 걸고 직원들이 업무에 집중하게 하고, 혹시라도 호기심이 업무 영역 밖으로 빠져나가면 당장 거둬들이게 한다. 남들이 딴짓한다고 보든 말든 간에 자기 하고 싶은 대로 하려는 사람은 승진 경쟁에서 비롯되는 사내 정치 때문에 발붙일 곳이 없다. 더군다나 토머스 박사가 획기적인 발견을 위해서 그동안 진실로 알고 있었던 '지식'을 내버린 것처럼 업무의 '정석'을 내버리면 절대로 좋은 소리를 못 듣는다. 업무에 차질을 빚고 영순위 해고대상자가 되기 일쑤다. 그래서일까. 블룸버그 통신의 설립자이자 현 뉴욕 시장인 마이클 블룸버그(Michael Bloomberg)는 "**대기업이 혁신을 하지 못하는 이유**[39]는 아주 그럴싸한 관료제를 확립해놓았기 때문"이라고 꼬집었다.

우리 시대의 난제는 우리의 조직에 가장 필요한 사람들이 바로 우리가 어떤 규율로 멍석을 깔아줘야 할지 모르는 사람들이란 것이다. 무시무시한 이중구속의 그림자가 새카맣게 드리우니 우리는 이렇게 직무 설명을 적어버리고 만다.

창의적인 사고를 할 줄 아는 사람. 본사가 정한 직무 기대에 부응해야 함. 별난 사람은 지원 불가.

거리 두기

준비의 기술을 제대로 활용하려면 조직이 직원들을 도와서 더욱 효과적으로 자기 안의 별종을 찾을 수 있게 할 방법을 찾아야 한다. 그런데 그러자면 우선 준비의 기술이 효력을 발휘하도록 하는 게 무엇인지 알아야 한다. 다시 말해 어떻게 해야 사람들이 서로 동떨어진 경험들을 보고 거기서 새로운 아이디어를 도출할 수 있는지 파악해야 한다.

여기서 가장 중요한 것은 자신이 해결해야 하는 문제를 완전히 새로운 각도에서 관찰할 수 있도록 그 문제와 정신적으로 거리를 두는 능력, 그러니까 자신과 당면 과제 사이에 심리적 공간을 만드는 능력이다. 토머스 박사의 경우를 보면 토끼 귀가 늘어지는 문제를 파고든 지 수년이 지나고 나서도 그 문제를 아주 새로운 눈으로 볼 수 있었기 때문에 해답이 눈앞에 나타났을 때 그것을 제대로 알아볼 수 있었다.

우리는 사람들이 당면 문제와 거리를 둘 때 정신적인 도약을 하기가 쉬워지는 경우를 심심찮게 봤다. 그런 일이 일어나는 까닭은 인디애나주 블루밍턴대학교의 최근 연구에서 잘 드러난다. 이 연구는 참가 학생들에게 교통수단을 생각나는 대로 쓸 것을 요구했다(예: 오토바이, 롤러스케이트, 제트팩). 시간은 무제한. 정답도 오답도 없고, 평범한 답이든 공상에 가까운 답이든 상관없다는 안내도 덧붙였다.

흥미로운 대목은 이제부터다. 학생 중 절반은 그 연구의 개발진이 같은 인디애나주의 학생들이라는 진실을 들었다. 나머지 절반은 그리스 사람들이 연구를 기획했다는 거짓말을 들었다(실험 대상자들에게 거짓말을 하는 것은 실험 심리학의 필수 요소다).

설마 그렇게 사소한 정보가 영향을 끼칠까 싶겠지만 실제로 영향을 끼쳤다. 연구의 개발진이 같은 주에 있다고 믿은 참가자들보다 그리스에 있다고 믿은 참가자들이 더 많은 대답을 내놓았을 뿐만 아니라 답의 독창성도 더 컸다. 거리를 '인식'하기만 했을 뿐인데도 더욱 창의적인 답이 나온 것이었다! 가깝고 친숙한 게 꼭 나쁘다고 할 수는 없지만 창의성을 떨어뜨린다는 점은 분명한 것 같다.

후속 실험에서 연구진은 혹시 외국 지명 때문이 아니라 공간상의 거리 때문에 차이가 빚어지는 것은 아닌지 확인하고자 했다. 그래서 한 집단에는 연구를 개발한 연구소가 여기서 3킬로미터 떨어진 곳에 있다고 하고, 다른 한 집단에는 3000킬로미터 떨어진 캘리포니아주에 있다고 했다. 그리고 또 다른 집단(통제집단)에는 연구소의 위치를 알려주지 않았다.

참가 학생들은 문제 세 가지를 받아 각각 2분 동안 풀어야 했다. 모든 문제는 일반인의 지능으로 풀 수는 있지만 단번에 명쾌한 해결책이 떠오르지는 않는 난이도였다. 그러니 제대로 풀려면 무릎을 탁 치며 '그렇지!' 하는 경험을 해야만 했다. 예를 들어 첫 번째 문제는 다음과 같았다.

탑에 갇힌 죄수가 탈옥을 하려고 했다.[40] 감방에서 찾은 밧줄은 땅으로 안전하게 내려가기 위해서 필요한 길이의 절반 정도밖에 되지 않는다. 그런데 그는 밧줄을 반으로 잘라 묶더니 탈옥에 성공했다. 어떻게 한 것일까?

결과는 선행 실험과 똑같았다. 연구가 멀리 떨어진 곳에서 개발됐다고 생각하는 학생들이 문제를 더 잘 풀었다. 사소한 정보 하나가 커다란 차이를 빚은 것이다.

이 연구는 '해석수준이론(CLT)[41]'이라는 심리학 개념을 탐구한 것으로, 사실 이 같은 연구는 이전부터 있었다. 해석수준이론은 우리의 정신이 심리적으로 인식하는 거리에 따라서 대상(사물, 사건, 장소, 사람)을 다르게 받아들인다고 전제한다. 교통수단을 생각하도록 한 실험에서 학생들을 보면 상황이 자신에게 가깝거나 같은 지역에서 만들어졌다고 느낄 때는 미시적으로 생각했다. 반면에 상황이 벌어지는 곳이 멀다고 느끼면 좀 더 거시적으로 생각했다. 추상적이면서 거시적인 사고는 곧 새로운 아이디어를 낼 수 있도록 하는 고차원적인 방식이다.

해석수준이론은 우리가 이렇게 거시적으로 사고를 하면 개념들을 더 자유롭게 다룰 수 있고 서로 관련이 없는 아이디어들을 더 잘 연결할 수 있다는 것을 보여준다. 구체적으로 생각할 때 주의를 산만하게 하는 사소한 것들에 신경을 끄게 되는 이유에서다. 그렇게 불필요한 것들이 머릿속에서 사라지면 정말로 중요한 핵심 개념들에만 집중할 수 있고 그 개념들을 간소화하여 모형으로 만들 수 있다. 그러면 아이디어를 우리 정신 속에 떠다니는 온갖 개념과 연결하기가 한결 쉬워져서 본래의 아이디어에 새로운 의미를 부여할 수 있다.

비유로 설명해보겠다. 차를 몰고 시내를 돌아다닐 때 우리는 거리, 교차로, 주차장, 주변 건물들과 연관 지어 자신의 움직임을 생각해야만 한다. 그런데 비행기에서 도시를 내려본다면? 언덕, 고층건물, 주택가는 물론이고 도시 속으로 파고든 만(灣)을 비롯해 인근의 산, 숲, 고속도로도 다

볼 수 있다. 하늘에서 보면 도시를 완전히 다르게 인식하게 된다. 시야가 넓어진 덕에 다음에 나오는 도로 같은 작은 부분에 집중하지 않고 전체를 관망해 파악할 수 있기 때문이다. 이게 바로 장거리 사고와 단거리 사고의 차이점이다.

앞의 연구에서는 공간상의 거리가 인식에 끼치는 영향만 드러났는데 시간상의 거리와 사회적 거리도 비슷한 영향을 끼친다. 다른 실험에서 피실험자들에게 1년 후 '공부'가 자신에게 어떤 의미일지 설명해보라고 하자 '학교에서 좋은 성적을 받는 것' 같은 거시적인 대답이 돌아왔다. 똑같은 질문을 기간만 다음 주로 바꿨을 때는 '교과서를 보는 것' 같은 미시적인 대답이 나왔다. 어떤 활동이 먼 미래에 일어난다고 하면 우리는 목적, 곧 '왜' 그 활동을 해야 하는지를 생각한다. 반대로 활동이 이른 시일 내에 일어난다고 하면 수단, 곧 '어떻게' 그 활동을 할 것인지에 집중한다.

이와 마찬가지로 우리는 어떤 사회 집단이 자신과 연관이 적을 때 그 집단의 특징을 보다 잘 찾아낸다. 또 그 안에서 일어나는 온갖 세세한 상호작용에 얽매이지 않고 전체를 넓은 시각으로 볼 수 있다. 유별난 관심사를 지닌 별종들에게 이런 가능성을 대입해보면 흥미로운 사실이 드러난다. 왕따라는 느낌이 사회 문제를 한결 창의적으로 해결하는 열쇠가 된다는 것이다. 심리적 거리감은 사회 문제에 남들보다 거시적이면서 추상적으로 접근할 수 있게 한다. 이렇게 보면 페이스북의 설립자이자 푸대접받는 별종의 전형이었던 마크 주커버그(Mark Zuckerberg)의 성공 비결이 드러난다. 그의 인생은 보통의 사회 경험과 어느 정도 거리가 있었기에 새로운 것을 만들어내기에 적격이었다. 운동도 잘하고 인기도 많았던 쌍둥이 윙클보스 형제도 주커버그와 똑같은 시기에 비슷한 웹사이트를 구상했다고 주장하지만 그런들 어차피 주커버그 쪽이 그 분야에서 혁신을 일으킬 가능성이 훨씬 더 컸다. 교내에서 지위와 업적으로 봤을 때 윙클보스 형제는 아웃사이더와 거리가 멀었으니 페이스북의 근간이 된 추상적 사회 모형을 만들기가 훨씬 어려웠을 것이다.

사실 주커버그와 같은 별종들의 두뇌는 온갖 종류의 심리적 거리를 만드는 데 탁월한 능력을 자랑한다. 집착에 가까운 집중력 때문에 시야가 좁아질 것 같지만 오히려 정반대다. 그들은 종종 평범한 사람들이 지나칠 수 있는 정보조차 새롭고 놀라운 발견으로 여긴다. 일상적인 경험도 별종의 열정이라는 렌즈로 보면 덜 친숙한 것으로 바뀐다. 그렇기에 혁신을 위한 틈을 발견하기가 쉽다.

리더로 성공한 별종들을 보면 그들은 자기뿐만 아니라 주변 사람들에게도 좋은 영향을 끼친다. 전설의 농구감독, 필 잭슨은 선 명상과 농구에 집착한 인물이다. 그래서 선수들이 익숙한 상황을 다른 시각으로 보게 하는 각종 활동들을 도입할 수 있었다. 잭슨이 준비한 의식들은 보통의 프로 선수들에게 이상하고 낯설게 보였다. 하지만 바로 그렇기 때문에 선수들은 이전에까지 틀에 박혔던 프로 농구의 이런저런 요소들에 심리적으로 거리를 둘 수 있었다. 그래서 상대가 못 보는 기회들을 보고 활용하는 게 가능했던 것이다.

모든 프로젝트를 부 프로젝트로

해석수준이론은 서로 동떨어진 아이디어들을 연결해서 세렌디피티를 활용하고 문제를 해결하는 방법을 이해하는 데 아주 유용한 도구다. 이 이론을 보면 우리가 당면 문제에 너무 가까울 때는 그런 능력을 제대로 활용할 수 없다는 사실과 세상을 인식하는 방식이 아주 조금만 바뀌어도 커다란 차이가 빚어진다는 점을 알 수 있다. 그런데 이렇게 우리 안에서 꾸준히 거리를 만들려면 어떻게 해야 할까?

창조를 위한 정신적 준비에 가장 큰 걸림돌은 실패를 두려워하는 문화다. 많은 사람이 실패하거나 잃어버릴까 무서워서 쉽게 마음을 접는다. 많은 조직이 실패를 크나큰 오점으로 여기기에 누구나 무엇을 하든 실패의 그림자가 두렵다. 우리는 그래서 업무 패턴을 고집하고 거기에서 조금이라도 벗어나는 것은 생각만 해도 겁을 낸다. 사물을 새롭게 연결하거나 업무를 다른 방식으로 처리하려고 하지 않으면 실패할 일도 없다. 그래서 그토록 많은 조직이 창조를 위한 첫걸음부터 적대적이다.

하지만 어떤 사안을 거시적으로 보는 일은 가능하다. 타고나지 않았더라도 노력하면 얼마든지 기를 수 있는 능력이다. 자기가 하고 있는 일을 다른 태도로 대하기만 해도, 그러니까 그것을 골칫거리가 아니라 오락거리로, 주요 업무가 아니라 부수적인 일로, 필수 요소가 아니라 기분 전환 요소로 여기면 우리에게 필요한 정신적 여유가 생긴다. 심심풀이로 생각, 제작, 공상, 게임을 할 때 그 결과에 대해 큰 기대를 가지고 있지는 않다. 하지만 적어도 실패의 가능성 때문에 걸음을 멈추는 일은 없다. 심리적 거리로 실패의 가능성을 담담하게 받아들이는 것이다. 실패가 못마땅한 결과와는 아무 상관도 없는 추상적인 것으로 여겨지기 때문이다. 조금만 정신적 여유가 생겨도 성공할 때까지 계속해서 앞으로 나아갈 힘이 생긴다.

매독약을 발견한 파울 에를리히(Paul Ehrlich)가 좋은 예다. 그는 약을 찾아내기까지 605번이나 합성에 실패했다. 이를 두고 제임스 오스틴 박사는 이렇게 말했다.

"무언가를 찾기 위해서 605번을 실패했다면 그 다음번에 성공적인 결과가 나올 확률은 0에 가깝다. 탐험의 출발점에서 그렇게까지 멀어지고 나면 논리적으로 볼 때 해법이 나오길 기대하는 건 어불성설이다."

그야말로 무아지경으로 일에 빠져들지 않고서는 불가능한 일이다!

그와 마찬가지로 루이스 토머스도 자기 이름을 날리기 위해 늘어진 토끼 귀 문제에 관심을 보인 게 아니었다. 난제와 씨름하면서 자꾸만 실망이란 벽에 부닥쳤지만 그렇다고 그만둘 생각은 하지 않았다. 중요한 프로젝트가 아니었기 때문에 해답을 못 찾아도 괴로워하지 않고 몇 년씩이나 연구를 할 수 있었다. 그러면서 토머스 에디슨의 말을 주문처럼 읊지 않았을까 싶다.

"나는 한 번도 실패한 적 없다. 효과 없는 방법을 만 가지나 찾아냈을 뿐이다."

우리가 만든 겟새티스팩션도 사실은 그냥 재미삼아 시작한 부업에서 비롯됐다. 처음에만 해도 본격적으로 사업을 하는 게 아니라 그냥 엉뚱하면서도 재미있는 아이디어를 찾아 발전시키는 게 목적이었다. 혹시나 하는 마음으로 시작한 이런 일이 세렌디피티로 이어진 덕에 '소셜 사업'이라는 용어가 탄생하기 4년 전에 이미 사업을 시작할 수 있었다. 그 과정을 설명하자면 이렇다.

잘 알려졌다시피 첨단기술기업, 특히 실리콘밸리의 벤처기업들은 홍보용 기념품을 많이 뿌린다. 업계 콘퍼런스에 갔다 하면 기업 로고가 박힌 티셔츠, 스티커, 접착식 문신, 펜, 머그컵은 물론이고 어떨 때는 포춘쿠키나 콘돔 같은 이색적인 물건까지 온갖 기념품이 쏟아진다. 2005년에 이르자 기념품의 품질이 소셜 네트워크의 증가폭만큼이나 폭발적으로 향상됐다. 이전 시대의 싸구려 기념품들은 허섭스레기로 보일 만큼이었다. 슬라이드(Slide), 오데이오(Odeo), 독스터(Dogster) 같은 웹 2.0 신생 업체들은 사람들이 입고 싶을만한 셔츠를 누가 더 잘 만드나 경쟁을 할 정도였다.

이에 따라 기념품을 손에 넣고 싶어 하는 사람들도 많아졌다. 이를 간파한 우리는 당시 운영하던 컨설팅사업의 동업자들과 함께 밸리쉬왝(Valleyschwag)이라는 기념품 클럽을 만들기로 했다. 월 14.95달러만 내면 '실리콘밸리의 심장부'에서 나온, 누구나 탐낼 만한 벤처기업들의 기념품을 모아서 보내주는 사업이었다. 기업에서 공짜로 나눠주는 기념품을 모아서 가입형 상품으로 재포장한다니 좀 터무니없는 생각이었지만(하긴 수돗물을 병에 담아서 비싸게 파는 사람들도 있는데!) 우리는 순전히 재미로 사업을 시작했다. 사업을 주도했으며 이 책의 저자 중 한 명인 소어는 누가 물으면 "돈을 버는 게 아니라 행위예술로서 전자상거래를 실험하는 것이 목적"이라고 했다.

소어의 팀은 장난기를 살짝 발동해서 웹사이트를 하루 만에 뚝딱 만들어버렸다. 처음에는 업계 종사자들의 관심 속에서 시작했지만 **대중의 관심이 그런 인터넷 벤처의 새 바람에 쏠리던 때**[42]라 시기가 절묘했다. 〈테크크런치〉와 〈비즈니스위크〉 등에서 기사가 쏟아져 나온 덕에 밸리슈왁은 8주 만에 전 세계에서 2000명이 넘는 가입자를 유치했다. 무슨 마법이라도 부린 것처럼 별안간 은행 계좌에 다달이 꼬박꼬박 4만 달러가 들어오게 된 것이었다.

모두가 놀라서 할 말을 잊을 만큼 대성공이었다. 그리고 그와 함께 어려운 과제들도 굴러 들어왔다. 그냥 재미로 공짜 티셔츠와 스티커를 포장해서 친구 두어 명에게 보내는 일과 2000명에게 보내는 것은 차원이 다른 일이었다. 소어의 팀은 전혀 예상치 못한 대규모 고객 집단을 지원할 시스템을 만들기 위해서 눈코 뜰 새 없이 바쁘게 일했다. 얼마 안 있어 기존의 컨설팅 업무는 뒷전이고 기념품을 받아서 포장하고 발송하는 게 주 업무가 돼 버렸다.

졸지에 엄청난 상거래 사이트를 운영하게 된 소프트웨어 개발자들에게 상품 공급, 주문 처리, 온갖 고객 서비스와 같은 활동은 낯설기 짝이 없었다.

"지금 물건이 어디쯤 왔나요?", "티셔츠가 잘못 왔어요.", "우리 지역에도 배송되나요?" 같은 빗발치는 고객의 질문과 항의 메일은 날이 갈수록 쌓여갔다. 그럼에도 팀원들은 메일 하나하나에 직접 답장을 했다. 가능하면 메일을 받고 몇 분 안에 처리했다. 동시에 날마다 새로운 아이디어를 궁리해야 했다.

다들 태어나서 처음으로 자기 업무에 관해 아는 게 없다는 생각이 들었지만 한편으로는 새로운 과제들 때문에 의욕이 샘솟았다. 의도했던 것은 아니지만 우리는 어느새 소셜 네트워크의 성격을 띤 전자상거래 사이트를 운영하게 됐다. 그 둘의 조합에 깃든 힘을 세상이 알아본 것은 몇 년 후의 일이었다.

소셜 네트워크와 전자상거래의 충돌은 마치 거세게 달리는 물소떼처럼 우리를 강타했다. 우린 소셜 네트워크에 관해서야 잘 알았지만 전자상거래 쪽으로는 문외한이나 다름없었다. 어느 날 마치 봇물이 터진 것처럼 깨달음이 찾아왔고, 이후 5년 동안 인생의 향방을 결정지었다. 이 사업의 특징은 크게 두 가지였다.

첫째, 사적인 성격이 대단히 강했다.

고객은 응대하는 직원이 자신에게 준 인상대로 기업에 대해 생각하기에 모두들 메일에 답장할 때 심혈을 기울였다. 항상 실명을 밝혔고, 어떨 때는 자필로 쓴 편지를 보내기도 했다. 그래서 고객들에게서 언제나 호평이 쏟아졌다.

둘째, 소어의 팀은 밸리쉬왝 블로그를 통해서 상품과 관련된 최신 소식을 전하고, 고객의 생각을 묻고, 향후 계획을 논의했다.

블로그의 댓글난은 곧 사업에 관해 열띤 토론이 벌어지는 장이 됐다. 흥미롭게도 고객들이 웹사이트의 메일 보내기 기능을 통해서 하는 질문 중 많은 수가 댓글난에서도 보였다. 블로그에서 공개적으로 대답을 하면 한꺼번에 많은 고객에게 대답을 하는 셈이었다. 블로그를 잘 활용하자 고객의 질문 메일이 대폭 줄어들었다. 고객과의 공개적인 교류는 고객 서비스의 질 향상으로 이어졌다. 고객과 관계도 더욱 두터워졌다.

이런 경험들이 쌓이자 어느 날 소어의 머릿속에 번쩍하면서 다음과 같은 깨달음이 들었다.

- 사람들은 인터넷 덕분에 직접 기업과 의견을 주고받을 수 있게 돼 그 덕을 톡톡히 보고 있다.
- 공개 블로그는 고객 서비스에 안성맞춤이면서 대단히 효과적인 커뮤니케이션 도구다.
- 고객과 공개적으로 대화할 때는 일상적이고 인간미 있는 말투를 써야 하고, 이를 직접 익혀야 한다.

이렇게 사업을 하면 회사의 직원들이 고객과 친구가 된다! 순간 소어는 이것이 혁명이라는 생각이 들었다. 밸리쉬왝 팀이 날마다 하는 공개적인 고객 대화는 고객 서비스의 미래를 보여줬다. 이 새로운 기법은 고객들이 직원을 끌어들이지 않고 자기들끼리 문제를 해결할 수 있다는 점에서도 기업과 고객 양쪽에 이득이었다. 이런 아이디어들을 연결한 게 바로 겟새티스팩션의 시작이었다.

재미로 조그맣게 시작한 부업인 밸리쉬왝이 우리를 이런 방향으로 이끌 줄은 꿈에도 몰랐다. 만약에 우리가 밸리쉬왝을 큰 사업으로 발전시킬 작정이었다면 아마도 거기에 필요한 온갖 업무에 치여서 아이디어들을 아우르지 못하고 결과적으로 겟새티스팩션이라는 큰 그림을 보지도 못했을 것이다. 밸리쉬왝을 그냥 재미있는 부 프로젝트로 취급했기에 심리적인 거리가 생겨서 나중에 돈이 굴러 들어오기 시작했을 때도 흔들리지 않고 깨달음의 고갱이를 찾는 데만 집중해서 그것을 토대로 세상을 바꾸는 기업을 세울 수 있었다.

그리고 5년이 지난 지금, 소어가 그린 미래는 확고한 현실이 됐다. 그 아이디어들로 만든 상품이 수백만 명에게 영향을 끼쳤고, 크고 작은 기업들이 겟새티스팩션을 비롯해 트위터와 페이스북 같은 도구를 통해 날마다 고객과 교류하고 있다.

물론 세렌디피티란 게 다 그렇듯이 이 일 또한 지나고 났으니까 이렇게 단순해 보이지 그 당시엔 그렇지 않았다. 2007년만 해도 우리 말고는 고객 서비스의 미래가 공개 대화에 있다고 확신한 사람은 거의 없었다. 벤처 투자자들을 찾아다니며 사업 아이디어를 설명하면 다들 무슨 뚱딴지 같은 소리냐는 반응이었다. 그러면서 우리가 실패할 수밖에 없는 이유를 줄줄 늘어놓았다. 어떤 회사가 공개적으로 치부를 드러내려고 하겠느냐. 온라인 고객 커뮤니티는 세계적인 대기업과 초유명 브랜드에나 통할 텐데 그런 데서 너희 같이 조그만 벤처기업의 커뮤니티 서비스를 이용할 리 없다. 고객 서비스는 이미 성장할 만큼 성장한 분야이기 때문에 어지간해서는 변화가 일어나지 않는다. 많은 수의 소규모 기업들을 끌어들인다니 수지타산이 안 맞을 거다. 세상물정을 잘 안다고 하는 사람들은 우리가 안 되는 이유를 지칠 줄 모르고 내놓았다.

그래도 우리는 밀어붙였다. 우리가 옳다고 확신했기 때문이기도 하지만 무엇보다 세상 물정을 잘 모르기 때문이었다. 마이크로소프트를 세운 빌 게이츠는 **"현실을 뛰어넘는 무언가를 만들려면 현실을 잘 알아야 한다**[43]**"**고 했다. 틀린 말이다. 때로는 오히려 모르는 게 약이 되어서 전문가들이 말도 안 된다고 하는 연결고리들을 만들어낼 수 있다. 때로는 아웃사이더로서 현상을 처음으로 경험해야만 예외를 체포할 수 있는 법이다.

뭉치면 산다

준비는 개인이 쓰는 기술이지만 적합한 유형의 사람을 충분히 모으면 이 개인적인 기술이 집단적인 현상이 된다. 잭슨 감독의 사례에서 봤듯이 수완 좋은 별종은 짜임새 있는 활동을 통해서 주변 사람들에게 준비의 기술을 전수할 수 있다. 이런 활동은 사람들이 아이디어나 상황에 적당한 거리를 둬서 그것을 명쾌하게 볼 수 있게 해준다. 마찬가지로 업무 환경과 활동도 짜임새 있게 구성하면 정신적 거리를 만들어 특별한 깨달음이 찾아오게 할 수 있다.

1997년에 소어는 세계 최대 컴퓨터 칩 제조업체에서 컨설팅을 하고 있었다. 많은 선배가 그랬듯이 그도 직장 생활 최악의 골칫거리를 경험했다. 바로 회의 지옥이었다. 당시의 회의들이 본질적으로 쓸모없었다거나 사람들이 애당초 나쁜 마음을 먹고 참석했다는 것은 아니다. 본래 회의의 취지대로라면 프로젝트에 도움이 되는 아이디어를 찾아 사람들의 저력을 이끌어낼 수 있어야 했다. 하지만 어떻게 된 영문인지 팀원들이 아이디어를 나누려고만 하면 꼬박꼬박 말다툼이 일어났다. 하루가 멀다고 고성이 오갔다.

논의 주제가 뭐든 마찬가지였다. 한 번은 디자이너, 마케터, 상품 관리자로 구성된 7인 팀이 준비 기간만 18개월이었던 신상품의 출시 아이디어를 나누기 위해서 모였다. 대견스럽게도 다들 만반의 준비가 되어 있었다. 저마다 수첩에 이전 상품의 출시 과정을 분석해서 얻은 아이디어와 자료가 빽빽하게 적혀 있었다. 안건도 사전에 신중하게 목록을 작성해서 전달된 상태였다. 거기에는 이런 구호도 적혀 있었다.

"한번 실력 발휘해봅시다!"

회의는 활기차게 시작됐다. 데릭이라는 참가자가 헛기침을 하고는 곧 있을 여름 블록버스터 영화의 개봉에 맞춰서 할리우드 영화사와 손을 잡자는 아이디어를 꺼냈다. 그는 심혈을 기울여 준비한 회심의 아이디어로 열변을 토했다.

그런데 마케팅 팀장이 말허리를 자르고 들었다. "그러면 우리 일정에 차질이 빚어질 것 같은데요." 데릭이 대답을 한다고 미처 다섯 마디도 꺼내기 전에 부사장 롭이 치고 들어왔다. "그쪽 사람들이 이런 걸 해본 적 있나? 내가 그 바닥을 좀 아는데 이런 일에 공을 들일 사람들이 아니야."

데릭은 알맞은 답을 찾아 머리를 굴렸지만 대화는 이미 다른 쪽으로 흘러가버린 후였다. 벌써 디자이너 한 명이 다른 아이디어를 제시하고 있었다. 하지만 그 역시 빗발치는 반문 공세를 받았다. 그렇게 한 사람 한 사람 팔짱을 끼고 입을 굳게 다문 채로 다른 사람들의 시선을 피하며 마음의 문을 굳게 걸어 잠갔다.

이후 30분 동안 회의가 진행됐지만 상황은 계속 나빠지기만 했다. 소어가 그 회사와 계약을 하고 숱하게 본 광경이었다. 그는 그 자리에서 유일한 외부인이었으나 위험을 무릅쓰고 말을 꺼냈다.

"이렇게 해보면 어떨까요? 앞으로 30분 동안 수첩에 적어온 아이디어만 말하는 겁니다. 단점도 들추지 말고, 분석도 지지도 비판도 하지 않고요. 그냥 아이디어만 나누는 거죠. 장단점은 나중에 얘기하기로 합시다."

정적. 다들 어떻게 대답해야 할지 모르겠다는 표정이었다.

"괜찮지요?"

그가 묻자 마침내 부사장이 어깨를 으쓱하며 입을 열었다.

"좋습니다. 어디 한번 해봅시다."

소어는 의자에서 일어나서 화이트보드의 마커를 집어 들고는 벽에다 지금까지 나온 아이디어들을 적었다. 사람들이 수첩에 적어온 아이디어를 슬슬 내놓기 시작했고, 그럴 때마다 벽에 적힌 목록이 늘어났다. 그러던 중에 디자이너 한 명이 아이디어 두 개를 갖고 시시한 말장난을 했다. 순간, 분위기가 얼어붙는 듯하더니 여기저기서 웃음이 터져나왔다. 그리고는 새로운 아이디어가 쏟아져나왔다. 그중 많은 수가 지금까지 나온 아이디어들을 결합하거나 변형한 것이었다.

이들은 이 회의에서 나온 아이디어들을 잘 조합해서 사용자 수백만 명에게 무사히 신제품을 선보일 수 있었다(물론 그중에는 영화사와 손을 잡는 아이디어도 포함되어 있었다).

이러저러해서 회의가 제대로 돌아가지 않는다고 꼬집기는 쉽다. 37시그널즈(37Signals)의 설립자이자 유명한 프로젝트 관리 소프트웨어 베이스캠프(Basecamp)의 제작자인 제이슨 프라이드(Jason Fried)는 회의가 업무의 걸림돌이라고 본다.

"관리자들과 회의가 진짜 골칫거리다. 관리자들은 사람들을 방해하는 게 주 업무고… 허구한 날 회의를 하자는데 회의는 정말로 백해무익하다. **업무의 독이다.**[44] "

우리의 생각은 다르다. 소어의 사례에서 봤듯이 회의는 제대로 이끌기만 하면 집단이 창의성을 발휘하는 기적이 일어난다. 그러니 회의가 걸림돌만 된다면 방법이 잘못됐기 때문이다. 프라이드의 분노가 향하는 대상은 문제의 증상이지 뿌리가 아니다.

왜 회의가 제대로 돌아가지 않는가? 위에서 이야기한 회의는 구제의 손길이 뻗기 전까지만 해도 적대감과 경계심의 먹이가 돼 있었다. 팀원들은 미리 아이디어를 준비해왔지만 다치기 싫어서 마음을 닫아버렸다. 창의성을 억누르는 건 비판과 논쟁이 아니라 자기 말이 무시당한다는 기분이다. 그런 상태에서는 추상적으로 생각하기가 어렵다.

아이디어 회의는 세렌디피티를 활용하는 초석이 될 수 있다. 단, **구성을 잘해서 참석자들이 주제와 심리적 거리를 둘 수 있게 해야 한다.**[45] 소어가 했듯이 일단 아이디어를 다 나눈 후에 비판을 하도록 하면 아이디어들의 융합이 폭발적으로 일어나고 토의하는 동안 거시적인 사고가 유지된다. 사람들이 상상력을 발휘할 수 있을 만한 인지적 거리를 확보하면, 다시 말해 준비가 제대로 되면 집단에서 세렌디피티가 일어나기 시작한다.

실천

흔히 별종은 날 때부터 별종인 줄 알지만 사실은 자라면서 그렇게 된다. 누구든지 준비의 기술을 기르면 자신에게 세렌디피티가 일어날 여건을 마련하는 것은 물론이고 다른 사람에게도 그런 여건을 마련해줄 수 있다. 그러자면 스스로에게 관심 분야에 마음껏 빠져들 수 있는 여유를 주면 된다. 특정한 분야의 집착 자체가 정신적 준비에 보탬이 되는 것은 아니다. 중요한 것은 정신을 쏟아 사고방식을 바꾸는 것이다. 이를 위해 몇 가지 실용적인 조언을 하고자 한다.

■ 집착의 대상을 찾는다

무엇에 깊이 빠져 있는가? 어떤 것에 열정을 느끼는가? 무엇을 생각할 때 힘이 나고 세상을 보는 눈이 긍정적으로 바뀌는가? 열정의 대상을 밝히고 그것을 일상으로 가져오면 심리적 거리가 나타나 익숙한 것들을 새로운 눈으로 볼 수 있다.

자기가 좋아하는 일을 할 때는 고생스럽다는 생각이 들지 않지만 그런 일을 찾는 것은 고생스러울 수 있다. 자기가 무엇에 *끈끈*한 연결감을 느끼는지 파악하려면 노력이 필요하다. 이때 도움이 되는 활동 몇 가지를 소개한다.

- 그 자체로 보상이 되는 활동, 돈이 안 되더라도 즐겁게 할 만한 활동의 목록을 만들어보자. 구체적일수록 좋다. 자신의 배경에 남다른 부분이 있다면 거기에 좀 더 주의를 기울이자(주로 거기서 마법이 일어난다). 자기를 신나게 하는 구체적인 관심사를 찾는 거다. '장난감 단두대 수집', '고기 절이기', '공룡 사냥'처럼 이상하게 보이는 것도 상관없다. 단, '승리', '밥벌이', '자기계발', '프로그래밍' 등 자신의 목표나 업무 사항은 목록에 넣으면 안 된다.
- 자신의 상상력을 자극하는 주제를 찾아보자. 무엇에 관한 글을 즐겨 읽는가? 다른 사람들이 왜 관심을 보이지 않는지 이해가 되지 않는 지식 분야가 있는가? 대학교에서 좀 더 공부하고 싶었지만 시간만 낭비하는 게 아닌가 싶어서 그러지 못한 것은 무엇인가?

■ 부 프로젝트를 시작한다

이렇게 대답할 사람도 있을 것이다.

"관심 가는 건 있는데 열정을 느낄 건 없어."

그래도 괜찮다. 그것을 출발점으로 삼으면 된다. 사람들을 보면 다들 어떤 것에 친숙해지면서 깊은 애정이 생기지, 처음부터 애정이 있어서 파고드는 경우는 잘 없다. 피아노를 배우는 학생들만 봐도 연주 실력이 늘어나면서 피아노 음악을 사랑하게 되는 게 대부분이다.

자신의 관심이 더욱 커질 가능성이 있는 분야에서 벌일 만한 작은 프로젝트를 찾아보자. 예를 들면 그 분야를 더 잘 이해하기 위해서 심도 있게 조사하기, 주제를 더 폭넓게 탐색하기 위해서 블로그에 연재 글 올리기, 시야를 넓히기 위해서 관련 강의 듣기 등이다. 부 프로젝트를 통해서 우리는 열정의 대상이 될지도 모르는 관심 분야를 탐색할 수 있다. 부 프로젝트를 해야 하는 이유야 꾸준한 업무 능력 향상 등 대단히 많지만 가장 중요한 것은 호기심을 따라가서 그 너머에 무엇이 있는지 살펴보는 것이다.

■ 자기와 똑같은 부류를 찾는다[46]

열정의 대상을 찾았으면 똑같이 거기에 열정을 느끼는 사람들과 어울리는 게 건전한 집착성을 기르는 데 가장 효과적인 방법이다. 인터넷 덕분에 아무리 관심사가 특이하다고 하더라도 자기와 같은 사람을 찾기가 그 어느 때보다도 쉬워졌다. 설사 그런 사람들이 전 세계에 뿔뿔이 흩어져 있다고 하더라도 얼마든지 어울릴 수 있다. 평소 자신의 사회 활동 영역에 포함되지 않는 커뮤니티에 들어가서 적극적으로 활동해보자. 오프라인에서든 온라인에서든 프로젝트를 함께할 사람을 찾아보자.

자기와 똑같은 부류를 찾으면 계속 피드백과 지원을 받기 때문에 관심사를 유지하는 데 도움이 된다. 어디 그뿐인가. 관련 있는 아이디어들을 더욱 폭넓게 접할 수 있고, 집착을 일상에 접목한 사람들의 본보기를 보고 따를 수 있게 되기까지 한다.

■ 신성한 시간과 장소를 마련한다

바쁜 일상에서 집착의 대상을 찾고, 부 프로젝트를 시작하고, 똑같은 부류와 어울리기란 절대로 쉬운 일이 아니다. 준비의 기술을 익히고 준비가 효력을 발휘하는 데 필요한 심리적 거리를 확보하려면 그것을 위해 마음껏 빠져들 시간과 공간을 따로 마련해야 한다. 하지만 빠르게 돌아가는 세상에서 시간과 공간을 내기가 어디 쉬운가. 그러니 어지간한 사람은 요령이 좀 필요하다.

우선 정기적으로 집착에 빠질 시간을 어떻게든 내보자. 달력에 반복되는 일정으로 기록하고 꼬박꼬박 지키자. 어길 때마다 받아야 할 벌칙을 정해 놓으면 도움이 될 것이다.

그리고 나서 꼭 지키자. 뻔한 소리를 왜 하나 싶겠지만 사실은 정말로 어려운 일이다. 우리는 주변에 주의를 산만하게 하는 것투성이다 보니 자칫하면 연예계 소식, 온라인 게임, 라디오 방송, 페이스북, 반값 쇼핑 같은 '얄팍한 것'에 시간을 쏟아붓기 쉽다. 그럴수록 우리의 마음속에 중요한 것들을 위한 시간과 공간을 마련하는 게 중요하다.

$\cdots$

자칫하면 주의가 산만해지기 십상인 세상에서 집중의 대상을 찾아 매달리면 세렌디피티를 일으키는 연결고리에 확실하게 마음을 열 수 있다. 거리, 집중, 집착, 이 세 가지만 있으면 날마다 세상을 새롭게 볼 수 있고, 그러면 여기저기서 가능성의 씨앗들이 시야에 들어온다. 이를 위해선 몸과 마음을 다 바쳐야 한다. 거기에는 그럴 만한 가치가 있다. 세렌디피티가 눈앞에 있을 때 그것을 알아볼 줄 아는 사람만이 세렌디피티가 일어나도록 계획을 세울 수 있기 때문이다.

세 번째 기술

일탈

—

파괴적 혁신으로 새로운 시장을 여는 데 집중하는 초창기에는
현금이야 좀 부족할지 몰라도 새로운 경로를 탐색할 태세는 잘 되어 있다.
하지만 일단 성장하고 나면 자원은 넘쳐날지라도 변화를 일으키는 능력은
현저히 떨어진다

"우리는 실수하지 않는다. 변형할 뿐이다."
– 오슬로 오페라하우스 현판

Get Lucky

그레그 페리(Greg Perry)와 다이노 피어런(Dino Pierone)은 로스앤젤레스 중심
가에서 리얼 도어(Real Door)라는 꽤 잘 나가는 맞춤형 목공업체를 운영하
고 있다. 이 회사는 최상품 목재로 어디 내놔도 손색없는 문짝과 창틀을
만들기 때문에 초고급주택 건설업체 사이에서 평판이 아주 좋다. 이 회사
가 내세우는 혁신은 두 사람이 발명한 '네버우드'라는 목공 프로세스다.
네버우드로 만든 합판은 눈이 부실 만큼 아름다우면서 복잡한 물결무늬
가 특징이다.

　물론 이런 아름다움은 그냥 나온 게 아니다. 이들이 초창기에 가장 골
치를 앓은 문제는 주문을 받아서 상품을 제작할 때마다 폐기물이 늘어난
다는 것이었다. 작업장에는 언제나 티크, 마호가니, 체리, 웬지, 부빙가, 월
넛 등 값비싼 목재 조각들이 산처럼 쌓여 있었다. 그렇게 품질 좋은 자재

가 그냥 버려진다니 정말 아까워서 눈물이 날 지경이었다.

2008년에 피어런의 딸이 열한 살 생일을 앞두고 스케이트보드를 새로 사달라고 했다. 아이가 원하는 것은 기존의 스케이트보다 더 길고 달리는 느낌도 더 좋아서 당시 폭발적으로 인기를 끌고 있던 롱보드였다. 피어런은 좋은 생각이 떠올랐다. 그는 딸아이만을 위한 특별한 롱보드를 만들 조건을 다 갖추고 있었다. 그래서 네버우드 기술, 문짝을 만들고 남은 목재, 랜들(Randal)의 고급 스케이트보드 트럭을 이용해서 어디 하나 흠잡을 데 없는 근사한 롱보드를 뚝딱 만들었다.

그런데 롱보드는 모양도 모양이지만 타는 맛도 중요했다. 마침 이웃에 스케이트보드광이 있어서 피어런은 그에게 시험 삼아 타보라고 했다. 얼마 후 이웃은 입이 쩍 벌어져서 돌아왔다. 목재의 품질이 품질인 만큼 타는 맛이 일품이었던 것이다. "이런 보드는 내 생애 처음이에요." 그러자 다른 사람들도 하나씩 갖고 싶다고 아우성이었다. 다들 "내놓기만 하면 불티나게 팔릴 것"이라며 그를 설득했다. 딸아이도 직접 타보더니 그 말에 동의했다.

피어런과 페리는 작은 회사를 하는 사람들이 다 그렇듯이 회사 운영에 대단히 많은 시간을 들였다. 롱보드에 호평이 쏟아졌지만 하루 동안 쓸 수 있는 시간은 정해져 있었고 그중 대부분이 리얼 도어의 주문을 처리하는 데 투입되는 실정이었다. 그러니 주의를 산만하게 하는 뜻밖의 것(세렌디피티적 발견)에 신경을 끄고 주력 사업에만 집중할 법했다.

하지만 두 사람은 새로운 길을 탐험할 기회를 알아봤다. 그래서 리얼 도어는 리얼 도어대로 돌아가게 하고 롱보드만 전문으로 제작하는 로열 딘(Loyal Dean)이라는 브랜드를 새로 만들었다. 같은 작업소에서 기존 사업의 목재 폐기물을 활용해서 새로운 기회의 문을 연 것이었다. 사실 두 사람이었으니까 할 수 있는 일이었다. 이미 수익성 있는 사업을 하고 있는데다 마침 거기서 목재 폐기물이 나오고 있었기 때문에 실험을 할 수 있었고 또 품질 좋은 목재로 만든 초기 롱보드를 적당한 가격에 내놓을 수 있었다. 롱보드를 만들기 위해서 목재를 구입해야 했다면 어지간한 사람은 꿈도 꿀 수 없을 만큼 판매가격이 비싸졌을 것이다.

페리와 피어런의 로열 딘은 아직 초기 단계이기 때문에 앞으로도 많은 일이 일어날 수 있다. 두 사람은 똑같은 방법으로 상품 계열을 추가할 수도 있고, 거꾸로 상품 수를 줄여서 효율을 향상할 수도 있으며, 어쩌면 사업 하나를 완전히 접는 게 낫다고 판단할 수도 있다. 뭐가 어떻게 되든 간에 그 과정에서 분명히 세렌디피티가 영향을 끼칠 것이다. 우리가 확실하게 말할 수 있는 게 있다. 이후 세렌디피티가 갑자기 모습을 드러냈을 때 두 사람이 새로운 기회를 제대로 활용한다면 그 이유는 바로 그들이 **일탈이라는 어려운 기술을 습득**[47]했기 때문이라고.

진로 이탈

대부분의 조직에서는 아주 기본적인 심리적 장애물들이 우리를 새로운 방향으로 나아가지 못하게 가로막는다. 우리는 자신과 지도자가 결단력 있고 냉철한 자세로 한 가지에 철저히 매진해야 한다고 생각하고, 한 가지 목표에 시선을 고정하고 한눈을 팔지 않아야만 좋은 결과가 나온다고 믿는다. 그런데 언제든 실험을 하고 진로를 바꿀 수 있는 자세는 이런 믿음을 정면으로 거스른다.

이렇게 결단성과 불변성을 편애하는 경향은 어디서나 드러난다. 정치인이 노선을 바꾸면 변절자 소리를 듣는다. 경영자가 그렇게 하면 줏대가 없다며 시장이 벌을 내린다. 과학자가 그렇게 하면 신뢰할 수 없다는 딱지가 붙는다. 특히 불확실성 앞에서는 확고한 방향성이 절실해진다. 빌 클린턴 대통령의 말을 옮긴다.

"확신이 없을 때 사람들은 **약하고 옳은 사람보다 강하고 틀린 사람을 더 원한다.**[48]"

오해하지 말기 바란다. 매진도 중요한 기술이며 우리도 다음 장에서 자세히 다룰 것이다. 하지만 변화를 주저하지 않고 언제 얼마나 변화해야 할지 아는 것도 그만큼 중요한 기술이다. 흔히 '변덕'이라고 하면 끈기없고 충동적이고 줏대 없다는 뜻으로 쓰이지만 때로는 변덕이 약점이 아니라 강점이 되기도 한다. 기업에서 일하는 사람들이라면 다들 공감할 텐데 우리의 가장 큰 문제는 기회를 있는 대로 잡아서 수시로 방향을 전환하는 게 아니라 오히려 기회를 너무 적게 잡는 것이다. 그러니 이젠 변덕을 '변화 능력'으로 여기자. 이를 우리가 좋아하는 표현으로 옮기자면 '창조적 일탈'이라고 하겠다.

창조적 일탈은 우연한 만남으로 생긴 또 다른 길을 살펴보고 때로는 아예 그 길로 옮겨가는 것이다. 그런 길은 대부분 기존의 생각을 흔들어놓는다. 일탈의 핵심은 지금 이곳을 떠나서 우리의 시선이 꽂힌 '저 너머'로 가는 것이다. 변화에 대응하는 방법을 설명하는 책은 많지만 우리가 말하는 것은 그와 다르다. 일탈이란 행운에서 비롯된 크고 작은 사건 덕분에 우리의 목적지로 가는 새로운 길, 처음에 출발할 때만 해도 전혀 예상치 못했던 길이 열리는 것이다. 준비의 기술이 우연한 기회를 알아보게 한다면, 다시 말해 예외를 체포하고 눈앞에 있는 가능성의 씨앗들을 연결하게 한다면 일탈의 기술은 거기서 실제로 어떤 결과가 나오게 한다고 하겠다.

개인적 차원, 또는 페리와 피어런 같은 동업자 차원에서 세렌디피티에 반응하기는 비교적 쉽다. 준비가 되어 있으면 새로운 길이 드러났을 때 쉽사리 그 길로 들어설 수 있다. 이거다 싶은 마음이 들면 바로 진로를 바꿀 수 있는 것이다. 예를 들어 우리가 아는 요리사는 무심코 오이즙이 들어 있던 통으로 마르가리타를 만들었다. 그러자 아주 맛있는 오이 마르가리타가 탄생했다. 요즘 그녀는 모든 요리에 그 마르가리타를 함께 내놓는다(맛이 일품이다!). 이 요리사는 언제나 새롭고 흥미로운 조리법을 찾고 있었기 때문에 그런 행운의 사건이 일어났을 때 그것을 알아보고 활용할 준비가 되어 있었다. 그냥 가능성만 엿본 게 아니라 그것을 절묘하게 일과에 집어넣어 버렸다고 할까.

하지만 집단의 규모가 그보다 커지면 일탈의 기술을 쓰기가 어려워진다. 신경 써야 할 사람이 많고 그들이 모두 현재 상태에 몰두하고 있을 때도 진로를 바꾸기가 어렵지만, 그보다 더 어려운 것은 시장 상황, 이직률 같은 요인들 때문에 우리가 이미 걷고 있는 길이 옳은 길인지 틀린 길인지 확신할 수 없을 때다. 불황이나 치열한 경쟁 등으로 위기의식이나 불안을 느낄 때 가장 중요한 기술이 바로 창조적 일탈이다. 그것은 우리가 어떤 방향으로 나아가야 더 밝은 미래를 맞을 수 있는지 알려주기 때문이다. 하지만 우리는 불안한 마음 때문에 이미 알고 있는 편하고 뻔한 길을 포기하기가 더 어려워지기도 한다. 이전에 다른 길에 들어섰다가 별 재미를 못 봤다면 더더욱 그렇다.

괜히 방향을 바꿨다가 막다른 골목에 부닥쳐서 결과적으로 시간만 낭비할 수도 있다는 점을 생각해보면 기업들이 '진로 유지'에 악착같이 매달리는 것도 이해가 간다. 하지만 그렇다고 해서 그게 항상 옳다고는 할 수 없다. 현재 상황에서 세렌디피티의 두 번째 조건인 창의성을 발휘함으로써 더 나은 길을 찾을 수 있는지 없는지 판단하려면 일탈의 기술을 쓸 줄 알아야만 한다.

창의성을 수용하지 못하는 경향

로열 딘의 페리와 피어런처럼 노련한 사업가들과 얘기를 해보면 흔히 새로운 기회가 보일 때 당장 방향을 바꾸는 습관이 몸에 뱄다고들 한다. 경험 많은 사업가들은 방향을 바꾼다고 무조건 좋은 결과가 나오지는 않는다는 사실을 잘 알지만 그래도 좀처럼 방향 전환을 그만두지 않는다. 사실 이렇게 물불 가리지 않고 새로운 것을 찾는 습성이야말로 사업가들의 마음을 설레게 하고 피를 끓게 하는 것이다.

하지만 방향 전환이라는 생각만 해도 겁이 나는 사람도 걱정할 것 없다. 이 방면으로 보자면 대부분의 사업가는 경계성 성격장애자다. 우리가 어지간해서는 방향을 바꾸려고 하지 않는 이유가 있다. 인간이란 불확실성에 알레르기 반응을 일으키는 존재이기 때문이다. 그런 반응을 피하려고 우리는 스스로에게 이런저런 핑계를 대며 현상 유지를 옹호한다. 이래서 변화가 일어나면 안 되고 저래서 대안이 옳지 않다고 온갖 이유를 가져다 붙이는 것이다.

더군다나 조직 생활을 하다 보면 성공적으로 일탈을 할 수 있는데도 지독한 이중구속 때문에 그러지 못하는 경우가 비일비재하다. 2010년에 코넬대학교의 제니퍼 뮬러(Jeniffer Mueller), 시물 멜워니(Shimul Melwani), 잭 곤 캘로(Jack Goncalo)가 〈창의성을 거부하는 경향: 사람들이 창의적 아이디어를 원하면서도 거부하는 이유The Bias Against Creativity: Why People Desire But Reject Creative Ideas〉[49]라는 논문을 발표했다. 이들은 피실험자 수백 명을 대상으로 실시한 두 번의 연구를 통해서 사람들이 확신을 하지 못할 때 창의성을 거부하는 경향이 있음을 밝혔다. 더욱더 놀라운 점은 이런 편향된 태도 때문에 창의적인 아이디어를 알아보는 것도 어려워진다는 사실이었다.

첫 번째 실험에서는 피실험자들을 무작위로 '기준' 집단과 '불확실' 집단으로 나눴다. 두 집단 모두 창의성과 현실성에 대한 태도를 평가하는 똑같은 질문들을 받았는데 차이가 있다면 불확실 집단은 질문에 답을 하면 추첨을 통해서 금품을 제공받는다는 말을 들었다는 것이었다. 기준 집단에 있는 사람들은 창의성을 '선호'하는 경향을 보인 반면 추첨의 존재를 알고 불확실성에 노출된 불확실 집단의 사람들은 창의성을 강하게 '거부'하는 경향을 보였다. 이렇게 작은 불안정 요소(추첨)를 넣었을 뿐인데도 새로운 아이디어에 대한 시각이 눈에 띄게 부정적으로 변했다. 그렇다고 사람들이 받은 질문과 추첨 사이에 뚜렷한 연관 관계가 있는 것도 아니었다.

두 번째 실험은 창의성을 억누르는 조직의 행태에 관해 훨씬 더 놀라운 사실을 알려준다. 연구진은 피실험자들을 세 집단으로 나누고 두 집단에게 글을 쓸 것을 요구했다. 각각 '모든 문제에는 정답이 둘 이상이다'와 '모든 문제에는 정답이 하나뿐이다'라는 문장을 옹호하는 글을 써야 했다. 나머지 한 집단은 아무것도 쓸 필요가 없었다.

두 집단이 글쓰기를 마친 후 세 집단 모두 다양한 아이디어의 창의성을 1~7점으로 평가했다. 그중에는 '나노기술로 천의 두께가 발에 저절로 맞춰지게 해서 통풍이 잘되고 물집이 잡히지 않게 하는 운동화'처럼 파격적인 아이디어도 있었다. 모든 문제에는 정답이 하나뿐이라는 문장을 옹호한 집단은 이 아이디어의 창의성에 아주 박한 점수를 준 반면에 나머지 두 집단은 매우 후한 점수를 줬다. 전자의 경우는 앞서 대안이란 있을 수 없다는 신념을 옹호하면서 자기도 모르는 새에 창의성을 거부하는 태도가 형성된 것이었다.

이 결과를 보면 일탈에 적대적인 환경이 얼마나 쉽게 조성되는지 알수 있다. 일탈은 본질적으로 창조적 활동이다. 미지의 길을 걸으려면 반드시 상상력을 동원해서 그 길이 어떻게 펼쳐질지 그려봐야 한다. 그런데 위의 연구를 보면 조직 내에서 창의성을 높이 평가하는 것만으로는 부족한 것 같다. 창조적 행위를 전적으로 지지하는 사람들조차도 상황이나 관습 때문에 알게 모르게 창의성을 적대시하는 분위기가 조성되면 창의성을 제대로 평가하지 못한다. 그러면 일탈의 기술을 효과적으로 발휘하기가 거의 불가능해진다.

이제 기업의 일상적인 모습을 살펴보자. 대부분이 창의적인 환경을 조성하는 것은 뒷전이고 인적자원 관리, 공급사슬 조정, 분기 목표액 달성에만 급급하다. 한술 더 떠서 달성 가능성을 향상하겠다고 일관성에 보상을 주고 일탈을 처벌하는 제도까지 만든다. 그야말로 위의 실험에서 드러나는 대로 '창의성을 알아보고 받아들이는' 능력을 갉아먹는 환경이다.

조직 내에서 창의성을 발휘하라는 요구, 다시 말해 기존의 것을 개선할 새롭고 더 나은 방법을 찾아보라는 요구를 받으면 우리는 오히려 기존의 틀에 갇혀서 창의성을 가로막고 따라서 상상력을 발휘하고 새로운 방향으로 나아갈 여지를 없애버리는 경우가 수도 없이 많다. 우리가 요구받는 것과 허용받는 것이 서로 다르기 때문이다. 전형적인 이중구속 상황이다.

자신감의 표현

코넬대학교 연구에서 드러나는 희망적인 사실은 사람들이 자신감과 안정감을 느끼면 창의성이 꽃핀다는 것이다. 우리는 이미 그 증거를 봤다. 로열 딘의 피어런과 페리는 롱보드 사업을 시작하기 전에 이미 성공을 경험했고, 거기서 비롯된 자신감 덕분에 새로운 기회를 잡을 수 있었다. 이렇게 과거의 성공에서 오는 자신감이 창의성을 발휘하는 열쇠라고 한다면 잘 나가는 대기업은 일탈의 기술을 쓰기에 가장 이상적인 조건에 있다고 하겠다. 물론 우리는 그런 사례를 잘 알고 있다. 세상을 깜짝 놀라게 하는 혁신은 주로 애플, 픽사, 스틸케이스, 구글, 페이스북처럼 대성공을 거둔 기업들에서 나오지 않는가. 하지만 자신감만으로는 이들 기업이 더 큰 성공으로 이어지는 새로운 길에 들어서는 이유를 설명할 수 없다. 업계를 선도하는 지위에 오르면 좀처럼 움직이지 않으려고 하는 기업이 부지기수이기 때문이다. 시장을 지배하는 기업이라고 다 일탈을 능수능란하게 하지는 않는다. 왜 그럴까?

1997년에 하버드 경영대학원의 클레이튼 크리스텐슨(Clayton Christensen) 교수가 성공을 거둔 첨단기술기업의 발목을 잡는 '혁신자의 딜레마'를 소개했다. 첨단기술기업은 하나같이 시장을 지배하기 위해서 '파괴적 혁신'에 열을 올린다. 하긴, 굴러 온 돌이 박힌 돌을 빼려면 똑같은 행동을 더 많이 해봤자 아무 소용이 없다. 판도를 바꾸려면 새로운 시장을 정의하는 상품을 내놓아야만 하는 법이다. 그런데 그렇게 해서 성공을 하고 나면 굴러 온 돌은 박힌 돌이 되고, 누가 시키지 않아도 성공을 유지하기 위해서 점진적인 개선, 크리스텐슨의 말을 빌리자면 '지속적인 혁신'에만 관심을 기울이는 것은 물론이고 거기에 수많은 자원까지 집중적으로 투입한다. 그래서 고객과 친밀한 관계를 유지하면서 그들의 필요에 반응하고 다른 거대 경쟁자들과 차별화를 하니 언뜻 보기에는 다 잘하고 있는 것처럼 보인다. 박힌 돌의 눈에는 자기네가 예전처럼 계속 혁신을 일으키고 있는 것으로 보이지만 사실 호시탐탐 그 자리를 노리는 도전자들은 같은 문제를 새로운 각도에서 접근한다. 그래서 한때는 뽑는 쪽이었던 기업이 거꾸로 뽑히는 쪽이 되고 만다. 이런 식으로 새로운 기업의 물결이 들이닥치면서 세대가 바뀌고 **혁신과 소멸이 되풀이된다.**[50]

간단히 말하면 이렇다. 파괴적 혁신으로 새로운 시장을 여는 데 집중하는 초창기에는 현금이야 좀 부족할지 몰라도 새로운 경로를 탐색할 태세는 잘 되어 있다. 하지만 일단 성장하고 나면 자원은 넘쳐날지라도 변화를 일으키는 능력은 그런 자원으로 대변되는 성공 때문에, 또 분기 내에 달성해야 하는 성가신 목표액 때문에 지장을 받는다. 안정적인 수익을 내세우면서 일탈 능력을 뿌리 뽑아버리는 것이다.

기술기업만 그런 게 아니다. 오락 산업의 중심지인 할리우드도 이런 현상을 아주 잘 보여준다. 100년 전만 해도 서부의 척박한 오지에 지나지 않았던 할리우드는 이제 창작의 세계 수도를 자처하고 있다. 주민 6명 중 1명은 영화, 방송, 상업 사진, 비디오게임 등 창작 분야에 종사한다고 한다. 어느 모로 보나 할리우드는 세상에서 가장 활기찬 창조 생태계다.

한 가지만 빼면 말이다. 그렇게 예술성이 집약되고 유구한 발명의 역사가 있는 곳이건만 정작 독창적인 생각을 하는 사람들은 견디기가 어렵다는 의외의 사실 말이다.

닐슨(Nielsen)의 텔레비전 조사국장인 마이클 램비(Michael Lambie)의 설명을 들어보면 텔레비전 산업이 그런 상태에 빠진 이유를 알 수 있다. 새로운 프로그램을 편성하기 전에 파일럿 방송(프로그램이 편성할 가치가 있는지 알아보기 위해서 내보내는 첫회 방송)을 내보내려면 300~1000만 달러가 든다. 방송국으로서는 위험이 매우 큰 일이다. 사실 방송국들은 위험한 프로그램은 가차 없이 내쳐버린다. 방송국에서 파일럿 방송을 10개 만들면 그중에서 정규 방송으로 승인되는 것은 기껏해야 두세 개 정도다. 램비가 하는 일은 이런 파일럿 방송의 시청률을 조사해서 어떤 사람들이 좋은 반응을 보이는지 상세한 보고서를 작성하는 것이다. 이 시청률 자료를 참고해서 방송국은 해당 프로그램을 승인할지 변경할지 결정한다.

"방송국마다 말로는 신선한 아이디어, 정말로 차별화된 프로그램을 원한다고 합니다. 하지만 알고 보면 항상 거기서 거기인 것만 찾아요. 그렇게 큰돈이 걸렸으니 위험을 감수하려고 하지 않는 거죠."

램비의 말이다.

할리우드 오락 산업이 선 위에 있다고 생각해보자. 선의 한쪽 끝은 관습, 다른 쪽 끝은 혁신이다. 할리우드에서 속속 나오는 작품들은 모두 이 둘 사이 어딘가에 자리 잡는다. 시트콤, 경찰 드라마, 리얼리티쇼는 관습 쪽에 아주 가까이 있고(뒷이야기를 어느 정도 예측 가능하다) 반대로 〈트윈 픽스Twin Peaks〉, 〈소프라노스The Sopranos〉, 〈더 와이어The Wire〉 같은 기막힌 프로그램들은 새로운 아이디어와 이야기 장치로 시청자를 자극하면서 오락 예술의 지평을 넓힌다. 업계에서는 통상적으로 이야기가 너무 관습적이면 시청자가 따분해하고 너무 혁신적이면 혼란스러워한다고 본다. 그래서 항상 선 위에서 딱 좋은 위치가 어디인지 고민한다.

대박이 터지는 지점을 찾는 방법 중 하나는 '〈내가 그녀를 만났을 때 How I Met Your Mother〉와 〈로 앤 오더Law and Order〉의 만남!'처럼 인기작들의 콘셉트들을 버무려서 신선한 프로그램을 만드는 것이다. 이미 통했던 것들을 이종교배하는 것만큼 독창성에서 오는 위험을 없애는 데 효과적인 방법도 없다. 이제 이런 기법은 할리우드에서 아주 흔해서 삼척동자도 다 알 정도가 됐고, 다른 산업 분야에도 많이 전파되어서 실리콘밸리에서 벤처기업이 '〈팜빌Farmville〉과 〈터보택스TurboTax〉의 만남!'이라는 식으로 홍보 활동을 펼치는 것도 어렵지 않게 볼 수 있다. CBS를 보면 황금시간대의 절반 정도를 〈CSI〉 세 버전, 〈NCIS〉 두 버전을 포함한 범죄 드라마에 할애한다. 검증된 것과 검증되지 않은 새로운 것 사이에서 방송국은 주로 전자를 선택한다.

하지만 또 항상 그런 것만은 아니다. 때로는 검증되지 않은 새롭고 창의적인 길에 대한 믿음이 그와 반대로 이미 효력을 발휘해서 성공한 것에 대한 자신감을 이길 때도 있다. 2009년에 폭스는 〈닙 턱Nip Tuck〉의 제작자인 라이언 머피Ryan Murphy가 만드는 새 프로그램의 파일럿 방송을 내보내는 것을 두고 고민에 빠졌다. 그 프로그램은 배꼽 빠지게 웃기는 비호감 고등학생들로 냉철하게 사회를 풍자하는 뮤지컬 코미디라는 위험한 발상에서 비롯된 것이었다. 문제는 황금시간대의 시청자들이 〈버라이어티Variety〉의 표현을 빌리자면 "꼴통 그 자체"인 주인공들이 펼치는 뮤지컬 코미디를 보고 싶어할 것이냐였다. 빠져들기보다는 아예 채널을 돌려버릴 사람이 더 많을 것 같았다.

낯선 콘셉트 말고도 문제는 또 있었다. 방송국 관계자와 제작자들은

〈캅 락Cop Rock〉과 〈비바 라플린Viva Laughlin〉 등 뮤지컬 코미디를 표방한 작품들이 죄다 쫄딱 망해서 까맣게 잊혀버리고 말았다는 사실을 잘 알았다. 새 작품도 뭐라고 딱 규정할 수가 없으니 야심만만하게 시작했다가 보란 듯이 추락할 위험이 있었다. 더군다나 스타들을 특별출연시키고 다양한 볼거리를 넣어서 진정한 앙상블을 보여준다는 대담한 목표까지 있었다. 매주 삽입되는 곡들의 사용 허가를 받고 녹음 작업을 하는 데 들어가는 비용과 수고까지 생각하면 실패는 곧 대재앙이었다.

이렇게 위험이 뚜렷한 상황이니 폭스의 엔터테인먼트 사장인 케빈 라일리(Kevin Reilly)가 할리우드에서 통용되는 의미로 신중한 사람이었다면 그런 프로그램을 일찌감치 멀리했을 것이다. 그러나 라일리는 그 프로그램을 사서 그 해 폭스에서 최고의 시청률을 기록한 〈아메리칸 아이돌〉 시즌 마지막회 바로 뒤에 편성해버렸다. **무엇보다 놀라운 점은 정규 시즌을 시작하기도 전에 넉 달 동안이나 꼬박꼬박 방송을 한 것이었다.**[51] 라일리는 초기 팬들을 발굴해서 입소문을 낸다는 전략에 모든 것을 걸었다. 일단 입소문이 나면 마케팅팀이 여름 내내 그 불길에 부채질을 해서 시즌이 시작되는 가을까지 이어갈 것이었다.

그 해 폭스는 좋은 실적을 올리고 있었다. 여러 장르를 주름 잡는 지위에서 자신감이 있었기 때문에 그런 위험한 도박을 창조적 기회로 볼 수 있었다. 시청자들이 처음에는 아니라도 시간이 지나면 그 프로그램에 빠져들리라고 예상했다. 그리고 잘만 하면 그냥 인기를 끄는 정도에 그치지 않을 것 같았다. 성공하기만 하면 음반, 공연, 각종 관련 상품으로 수익을 낼 수 있었다. 그야말로 괴물 같은 프랜차이즈의 탄생이었다.

이런 도박이 통했다. 문제의 프로그램은 바로 2009년과 2010년에 최고의 인기를 끈 〈글리(Glee)〉다. 이 멀티미디어 제국 같은 프로그램은 계획대로 순조롭게 영역을 넓혀갔다. 이 글을 쓰는 현시점에서는 과연 앞으로도 계속 지금과 같은 힘을 유지할 수 있을까 하는 의구심도 어느 정도 일고 있긴 하지만 그래도 **이 프로그램은 할리우드에 만연한 위험 회피 경향을 보란 듯이 뒤집어엎은 사례다.**[52]

일탈의 기술을 쓰려면 세렌디피티를 일으킬 만한 대안이 모습을 드러냈을 때 주저하지 않고 도전하듯 그것을 받아들이는 패기가 필요하다. 그런데 그런 기회를 잡는 게 쉬운 일은 아니다. 창조라는 과정 자체가 부서지기 쉬운 유리와 같아서 창의성보다 일관성을 중시하는 조직 문화에 짓밟혀서 깨지기 쉽기 때문이다. 하지만 〈글리〉의 사례에서 보다시피 어떤 규모의 기업이든 간에 자신감으로 똘똘 뭉쳐 있어서 모든 직원이 그런 자신감을 거리낌 없이 발산할 수 있다면 조직 전체와 각 구성원이 현 상태에서 일탈하기가 훨씬 쉬워진다. 이렇게 보면 기업이 일탈의 기술을 올바르게 쓸 수 있느냐 없느냐는 전적으로 그 기업의 손에 달려 있다.

그런데 대부분의 사람과 조직이 불확실성에 알레르기 반응을 보일 때가 더 많다는 점을 생각하면 이제 우리가 해야 할 질문은 이렇다. 사업에서 어떤 종류의 일탈을 추구해야 하는가, 또 어떻게 하면 그런 일탈을 잘할 수 있는가?

가지 내밀기

다들 자기는 〈글리〉 같은 프로그램을 만들거나 작업소에 남아도는 목재로 기막힌 롱보드를 만드는 등 훌륭한 아이디어가 뇌리를 스치면 당장 그것을 붙잡을 줄 알지만 정말로 그렇게 하는 사람이나 기업은 거의 없다. 그런 착각 때문에 사람들은 아이디어를 값싼 것으로 여긴다. 사실 훌륭한 아이디어는 값을 매길 수가 없지만 어떤 아이디어가 훌륭하다는 것은 시간이 흐르고 나서야, 그러니까 누군가 위험한 길을 성공적으로 걷고 나서야 알 수 있을 뿐이다. 그밖에 시행 과정에서 버려진 아이디어는 좀처럼 우리 귀에까지 들어오지 않는다. 어떤 방향이 결실을 맺을지 미리 알기란 아주 불가능하진 않아도 대단히 어려우므로 만약 조직이 일탈의 길에 발을 들여놓는 분위기가 아니라면 불확실성과 타성 때문에 무지한 상태를 쉽사리 벗어나지 못한다.

일탈의 길에 발을 들여놓는 분위기를 조성한 기업은 얼마 되지 않는다. 대부분의 기업은 '하나의 화살에 모든 나무를 동원해야 한다'는 속설을 따른다. 하나의 목표나 우선순위에 모든 자원을 쏟아붓는 것이다. 이런 태도는 본질적으로 제약이 심하다는 문제가 있다. 이 은유를 확장하자면, 그 화살은 과녁의 급소를 꿰뚫을 수 있도록 완벽하게 조준되어야 한다. 모든 게 활 쏘는 사람의 실력에 달려 있다. 올바른 표적을 선택하고 바람 등 환경 요인을 정확히 판단해야 하며 각도와 힘이 완벽해야 한다. 화살 하나, 사업 하나에 엄청난 부담을 지우는 셈이다.

물론 현대 기업은 구성원들의 활동이 다각화되어 있고 경제 환경이 대단히 복잡하기 때문에 사냥과 비슷한 구석은 찾아보려야 찾아볼 수 없다. 우리가 씨름하는 시장에서는 정확성이란 게 찰나에 결정된다. 10년 전만 해도 기술업계의 공룡이었던 썬마이크로시스템즈와 마이크로소프트가 저 속설에 따라 펼친 전략이 결국엔 패착으로 밝혀진 이유도 그 때문이다.

서점업계를 호령하던 보더스(Borders)도 화살 하나에 모든 나무를 동원하는 바람에 쓴맛을 본 비운의 기업이다. 1971년에 미시간주 앤아버에서 독립 서점으로 시작한 보더스는 성장에 성장을 거듭해서 2010년에는 미국 전역에 500개 매장을 두고 2만 명에 가까운 직원을 거느리는 대기업이 됐다. 그 과정에서 시장 선도 기업이라는 지위를 활용해 경쟁우위를 공고히 하기 위해서 실시간으로 구매 행동을 최적화하고 예측하는 정교한 판매체계를 구축하고 도서뿐만 아니라 CD와 DVD 등도 함께 판매하는 대형 멀티미디어 판매업체로 거듭났다.

1990년대 말, 온라인 전자상거래가 주류로 편입하기 시작하면서 서점과 미디어 업계의 불확실성이 커졌다. 거센 불확실성의 파도에 맞서서 보더스는 그때까지 성공의 근간이 된 화살에 모든 나무를 동원하기로 했다. 즉, 웹 기반 상거래라는 찬란한 신세계에 홀려서 그 새로운 매개체를 어떻게 활용할까 고민한 게 아니라 오프라인 매장에 더욱더 역량을 투입하기로 결정하고 수십억 달러를 들여 매장을 재단장 하고 CD와 DVD 판매에 한층 더 열을 올린 것이다. 웹에서 영향력을 키우는 데는 별로 관심이 없었기 때문에 온라인 매장의 운영은 신흥 경쟁자였던 아마존에 맡겨버렸다.

보더스는 자사의 최대 강점으로 여긴 오프라인 매장 판매에 집중하기로 하면서 다른 기업들은 보기 좋게 신기술의 늪에 빠져버리리라고 예상했을지도 모른다. 그렇게 현재 상태에 모든 것을 걸고 화살을 조준했으나 안타깝게도 화살은 표적을 1킬로미터나 빗나가버렸다. 기껏 매장을 리모델링했건만 그런다고 사람들이 책, CD, DVD를 더 많이 사는 것은 아니었다. 오히려 소비자들은 온라인 구매와 디지털 다운로드 쪽으로 옮겨갔고, 결과적으로 경쟁자였던 반즈 앤 노블(Barnes & Noble)과 아마존의 영향력만 키워준 꼴이 됐다. 보더스는 사업이 무너져내렸지만 새로운 길을 찾기에는 시간도 돈도 부족했다.

보더스의 사례를 보면 현대 조직이 끊임없이 제 갈 길을 찾아야 한다는 사실을 알 수 있다. 경영 환경이 쉴 새 없이 변하고 세상 모든 게 얽히고설켜 있으니 그럴 수밖에 없다. 기업이 장수하려면 새로운 시장을 찾거나 만들면서 동시에 기존 시장에도 발을 걸친 채로 아슬아슬한 균형을 유지해야 한다. 일탈을 할 줄 알아야만, 곧 다른 길을 탐색할 줄 알아야만 새로운 조건이 드러났을 때 거기에 적응할 수 있다.

화살의 문제는 이미 죽은 나무라는 것이다. 화살은 자라거나 변하지 못한다. 오로지 활에서 튕겨나가 한 방향으로만 날아가도록 만들어졌다. 세상에 수두룩한 세렌디피티의 기회를 잡는 방법을 이야기하고 있는 지금은 살아있는 나무의 비유가 더 좋겠다. 그러니 식물의 세계로 눈을 돌리자. 식물도 기업만큼 일탈의 기술이 중요하다.

식물의 일탈법? 바로 가지 내밀기다. 식물은 가지를 내밂으로써 덩굴손을 뻗고 잎을 펴고 꽃을 피운다. 어떤 가지는 쑥쑥 자라서 새싹을 틔우고, 어떤 가지는 식물이 자랄 수 있는 데까지 자라고는 더 자라지 못한다. 가지는 식물이 정원의 다른 땅에 씨앗을 퍼트릴 수 있게 도와주고, 그렇게 퍼진 씨앗은 뿌리를 내리기도 하고 못 내리기도 한다. 가지 내밀기는 거의 모든 식물에 필수적인 활동이다. 가지를 내밀어야만 자라고 변하고 퍼질 수 있기 때문이다.

가지 내밀기라는 비유는 식물만 아니라 인간에게도 자연스럽게 적용된다. 가지 내밀기는 일상에서 새로운 길을 탐색해서 세렌디피티적 충돌을 찾는 기법으로 사실 우리에게 생소한 것이 전혀 아니다. 프로젝트를 하다 보면 계획과 다른 방향으로 나아가거나 새롭게 배운 것을 접목할 기회를 얼마나 많이 접하는가? 기존의 방법을 고수할지 아니면 별안간 눈앞에 나타난 갈림길로 접어들지 고민하는 순간, 우리는 가지를 내밀 기회에 직면한 것이다.

하지만 우리는 혼자일 때와 달리 집단으로 모이면 가지 내밀기를 잘하지 않는다. 혼자일 때는 그냥 호기심만으로도 남들과 다른 방향으로 갈수 있다. 그런데 함께 있으면 변화가 팀원들에게 끼칠 부정적인 영향을 무시할 수 없다. 그러다 보니 우리와 조직이 짊어진 제약 사항을 살펴보고타파하려고 애쓰기보다는 싫어도 그냥 타성에 끌려가기 일쑤다.

집단 속에서 가장 흔하게 부닥치는 제약 사항은 기존의 가지에서만가지를 내밀 수 있다는 것이다. 보더스와 같은 대형 서점 체인의 경우, 하루아침에 가전제품회사로 탈바꿈할 수는 없는 노릇이다. 방향을 전환하려면 시간과 노력이 필요하고, 식물처럼 이미 뻗어나온 가지에서만 가지를 내밀 수 있다.

이게 '가지 내밀기 범위'[53], 즉 현재 위치에서 사업이 밟을 수 있는 경로의 범위다. 여기에는 우리가 만드는 상품만 아니라 우리가 품은 신념, 우리가 맺는 관계도 영향을 끼친다. 이 모든 게 어떻게 작용하느냐에 따라우리 앞에 놓인 세렌디피티의 기회를 잡을 수 있느냐 없느냐가 결정된다.

보더스는 주변에서 빠른 속도로 변화가 일어나는데도 아주 좁은 가지 내밀기 범위 안에 갇혀 있었다. 기존의 행동(매장을 통한 책, CD, DVD 판매)에 더 많은 자원을 투입하기만 했지 온라인 판매라는 바깥세상으로 가지를 내밀지 않은 탓에 환경이 변하는데도 가뜩이나 좁은 선택의 범위를 더욱 좁혀버린 꼴이었다. 설사 사내에서 전자장치를 이용한 도서 전송이라는 기발한 아이디어가 나왔다고 하더라도 당시 상황에서는 그것을 이른 시일 내에 상품화할 길이 없었다.

반면에 보더스와 마찬가지로 오프라인에 뿌리를 둔 경쟁업체였던 반즈 앤 노블은 같은 시기에 가지 내밀기에 투자를 해서 적극적으로 온라인 매장을 만들어 홍보했고, 그것이 결국에는 누크(Nook)라는 전자책 리더 개발로 이어져 아마존의 킨들(Kindle)과 경쟁하게 됐다. 반즈 앤 노블은 가지를 내밀 때마다 또다시 가지를 내밀 기회가 생겼다. 기존의 오프라인 중심 체계를 벗어나는 게 쉽지는 않았지만 보더스가 도산한 것과 달리 반즈 앤 노블은 아직도 건재하다. 쉬지 않고 가지 내밀기 범위를 확장했기 때문이다. 서점에서 시작한 반즈 앤 노블은 훌륭한 가지 내밀기 전략을 도입함으로써 누크를 탄생시키고 가전제품회사로 거듭날 수 있었다.

따라서 일탈의 기술을 개발하는 방법 중 하나는 반즈 앤 노블처럼 가지 내밀기 범위를 끊임없이 적극적으로 확장하는 것이다.

성장 전략

보더스가 아니라 반즈 앤 노블을 닮으려면 어떻게 해야 할까? 또 어떻게 해야 조직이 가지 내밀기 범위를 확장해서 일탈 능력을 극대화할 수 있을까?

간단히 말해서 가지 내밀기를 계획된 정례 활동으로 만들면 된다.

이런 말이 모순처럼 들릴 수도 있다. 일탈이라고 하면 주저하지 않고 미지의 세계로 들어가는 것이라서 계획과는 전혀 어울리지 않는 것처럼 느껴지기 때문이다. 더군다나 새로운 방향에는 불확실성이 따르게 마련이라 조직으로서는 매력을 느끼기가 어렵다. 따라서 우리는 가지 내밀기를 우리 손으로 좌우할 수 있는 일상적이고 당연한 활동으로 만듦으로써 익숙하게 느껴지도록 해야 한다.

정식으로 가지 내밀기 전략을 수립하면 두 가지 이점이 있다. 첫째, 페리와 피어런이 롱보드의 가능성을 보았을 때 회사의 규모를 생각하지 않고 바로 그 일에 뛰어들었듯이 세렌디피티의 기회가 나타났을 때 바로 그것을 붙잡을 수 있게 된다. 둘째, 반즈 앤 노블처럼 계속해서 가지 내밀기 범위를 확장할 수 있게 된다. 그러면 점점 더 많은 기회가 생긴다. 그런 기회 중 많은 수는 이전에 내민 가지가 없었다면 절대로 생겨나지 않았을 것들이다.

이를 확실하게 보여주는 사례가 지난 10년간 도서판매업계의 변화상이다.

반즈 앤 노블의 핵심 사업이 도서 판매업이라는 데는 의심의 여지가 없다. 투자, 조직 구조, 상품 계열이 모두 이 10억 달러 규모의 사업을 중심으로 맞춰져 있다. 반즈 앤 노블이 나무라면 도서판매는 그 나무의 몸통이다.

그런데 디지털 세계로 침투한 데서 보듯이 반즈 앤 노블은 이 몸통에서 신중하게 가지를 내밀어서 사업의 건전성을 유지했다. 그것은 온라인 사업을 시작하기 전부터 오랫동안 계속된 활동이었다. 예를 들면 저작권이 말소된 작품(세익스피어, 프로이트, 스콧 피츠제럴드 등의 작품)을 자체적으로 출판하는 사업을 시작했고, 직접 온라인 판매의 기반을 닦았으며, 고객의 편의를 위해 스타벅스와 제휴하여 매장 안에 카페를 여는 한편, 전자책이 거스를 수 없는 시대의 흐름이 되자 일찍부터 누크에 대대적인 투자를 했다.

지금껏 반즈 앤 노블은 나무의 몸통에 의지해서 가지를 내밀었다. 1년이나 10년 후에 사업 환경이 어떻게 변할지는 몰랐지만 사람들이 계속해서 책을 읽으리란 사실만큼은 분명했다. 그래서 도서 구매자의 습관 변화에 맞춰서 가지를 내밀며 사업을 확장했다. 자사의 핵심 사업이 도서 판매임을 알았기 때문에, 자사의 몸통에 자신이 있었기 때문에 올바르게 환경을 평가하고 가지를 내밀 수 있었다. 반즈 앤 노블은 일탈을 두려워하지 않았다. 그리고 그런 일탈에서 나오는 새로운 접근법은 항상 회사의 핵심 전략과 뚜렷하게, 또 의미심장하게 연결되어 있었다.

반즈 앤 노블의 가지 내밀기에서 주목할 점은 전략과 함께 군건한 몸통에 힘입어 예측이 어려운 위험한 시장을 요리조리 잘 헤쳐나갔다는 사실이다. 그렇게 자기 분야에서 대대적인 성공을 거둔 덕분에 시장의 큰 부분을 차지할 수 있었고, 앞으로 새로운 가지들이 쑥쑥 자라날 가능성 또한 커졌다. 반즈 앤 노블은 몸통에 의지해서 가지를 내미는 일탈 기법을 아주 잘 보여주는 사례다.

그런데 이런 방식에는 문제의 소지가 있다. 가지가 튼튼하다는 것은 장점이지만 반대로 몸통이 너무 굵어서 움직이기는커녕 잘 구부러지지도 않는다는 단점도 있다. 몸통에 의지해 가지를 내미는 기업은 시장의 변화가 시야(가지 내밀기 범위)를 벗어나면 제대로 적응을 하지 못할 수도 있다. 그럴 때는 너무 늦기 전에 하루빨리 범위를 넓혀야 한다.

반면에 아마존의 가지 내밀기 방식은 전혀 다르다. 표면상으로는 반즈 앤 노블과 똑같은 사업에 종사하는 듯하지만 사실 아마존은 차츰차츰 3M, GE처럼 다각화된 대기업과 같은 모양새로 발전했다. 이런 기업들은 수십, 수백 개의 사업부가 있고, 사업부 사이에 연관성이 별로 없는 경우도 있다. 그래서 전형적인 나무가 아니라 풀이 무성한 식물과 같다. 형체를 알아볼 수 없는 뭉치들이 온갖 방향으로 뻗어 나가는 것이다.

아마존은 초창기만 해도 '세계 최대 서점'을 자처했지만 지금은 가정용품에서 의류에 이르기까지 수십 가지 상품을 판매한다. 이렇게 변화하는 과정에서 전자상거래와 관련해 남다른 능력이 드러났다. 그래서 보더스와 토이자러스(Toys-R-Us) 같은 경쟁업체의 온라인 매장을 운영하는 새로운 가지를 내밀었다. 실패한 경매 사이트(이베이의 대항마로 시작된 사이트)도 나중에 아마존 마켓플레이스라는 가지로 새롭게 태어나서 다른 업체들이 중고 상품을 아마존 상품과 나란히 판매하는 공간이 되었다. 지난 몇 년 동안 아마존은 미디어 스트리밍, TV 방송 제작, 출판, 그리고 엄청난 성공을 거둔 킨들 사업으로 가지를 내밀면서 날로 더욱 무성해졌다.

큰 몸통에 여러 가지가 달린 반즈 앤 노블과 달리 아마존과 같은 기업의 사업부는 독자적으로 움직이는 줄기와 같다. 하지만 그 줄기들은 모두 하나의 뿌리와 이어져 있다. 아마존의 뿌리는 무엇인가? 바로 수십 가지 방법으로 전자상거래 서비스를 제공할 수 있게 해주는 기술 인프라다. 그리고 여기에는 '세계 최대 소비자 중심 기업'이 되기 위해 끊임없이 노력하는 조직 문화가 결합되어 있다.

현재 아마존의 수많은 줄기는 반즈 앤 노블의 몸통만큼이나 조직 구조에 없어서는 안 될 요소다. 이런 가지 내밀기 전략의 장점은 명백하다. 분할된 구조 덕분에 새로운 성격의 사업에 훨씬 쉽게 도전할 수 있고 때로는 실패가 별로 큰 문제가 되지 않는다는 점이다. 그래서 아마존은 핵심 플랫폼에 힘입어 문어발식으로 가지를 내밀 수 있다. 가지 내밀기를 정례적인 활동으로 만들어야 한다는 점에서 보자면 아마존은 그야말로 기계적으로 가지 내밀기를 한다고 볼 수 있다.

그런데 아마존처럼 사업을 확장하려면 끊임없이 어마어마한 자원을 투입할 수 있어야 하고, 또 각 부분이 전체의 일부로서 유기적으로 움직이도록 할 인력과 체계가 갖춰져야 한다. 이 중에서 하나라도 빠졌다가는 각 사업이 아무리 튼튼하다고 하더라도 기업 전체가 모래 위에 지은 집처럼 순식간에 무너져내릴 수 있다. 콜먼(Coleman) 그릴, 오스터라이저(Osterizer) 블랜더 등 내구성 좋은 야외용품과 가정용품을 만들어온 선빔(Sunbeam Corporation)이 1997년에 바로 그런 불상사를 겪었다. 최고경영자 앨버트 던랩(Albert Dunlap)이 사업을 확장하면서 분식 회계로 수익을 무려 6천만 달러나 부풀렸다는 사실이 드러나면서였다. 가뜩이나 경영이 방만한 상태에서 이런 불미스러운 사건까지 겹치자 회사가 파산으로 폐업 직전까지 몰렸다.

하지만 우수한 상품들 덕분에 선빔은 2004년에 자든(Jarden Corporation)에 인수되어 지금은 다시금 좋은 실적을 보이고 있다. 풀이 무성한 식물처럼 사업을 할 때는 회복 탄력성에 기업의 사활이 달렸다.

일탈의 거장

일탈은 계획적 세렌디피티에 꼭 필요한 기술이다. 사람들을 움직이게 해서 세렌디피티로 가는 길을 걷게 하고 준비의 기술로 세렌디피티가 빚어내는 기회를 알아본다고 하더라도 일탈적인 행동을 할 줄 모르면 세렌디피티가 금방 자취를 감춰버리고 말기 때문이다. 일탈을 할 줄 알아야만 기회가 왔을 때 창의성을 발휘해서 그때껏 들인 노력에 효과를 볼 수가 있는 법이다.

제대로 일탈을 하면 놀라운 결과가 빚어진다. 때때로 기업이 아주 희한한 움직임을 보여서 설마 저게 저 기업의 가지 내밀기 범위 안에 들어갈까 싶은 경우가 있다. 이때의 일탈적인 행동은 아주 대담하고 전혀 뜻밖이기 때문에 어지간한 사람들에게는 지금껏 그 기업의 주요 사업에서 나온 것들과 전혀 연관성이 없는 것처럼 보인다. 하지만 실제로는 그게 꾸준한 일탈 활동에서 나온 자연스러운 결과일 수 있다. 일탈의 법칙을 멀리해서 나온 게 아니라 오히려 사업의 핵심 활동에서 일탈을 추구하는 과정에서 당연히 나올만한 게 나온 것이라고 봐야 한다는 말이다. 계속해서 가지 내밀기 범위를 확장하면서 때때로 아주 특이한 방향으로까지 나아가다 보면 누구도 생각하지 못한 가능성의 영역에 발을 들이밀게 되는 것이다.

아마존이 좋은 예다. 아마존의 최고경영자 제프 베이조스(Jeff Bezos)는 일탈의 거장이라고 할 만하다. 2004년, 아마존은 아마존 웹 서비스(AWS)라는 혁명적인 상품을 출시하면서 업계를 깜짝 놀라게 했다. 이 AWS의 탄생 과정에 배울 점이 있다. 앞에서 봤듯이 아마존은 동시에 많은 가지에 투자할 줄 아는 기업이었다. 그런데 사업군마다 사용하는 기술이 달라서 중앙에서 일일이 관리해야만 했다. 그러다 보니 너무 많은 시간이 들어서 기업 전체에서 업무 처리 속도가 느려졌다. 그래서 **베이조스는 단번에 회사를 바꿔버릴 명령을 내렸다.**[54]

그 명령이란 이후로 어떤 팀이든 간에 소프트웨어를 만들 때는 반드시 아마존 내의 다른 소프트웨어와 연동이 되도록 해야 한다는 것이었다. 이는 중앙에서 따로 손을 쓰지 않고도 모든 프로그램이 네트워크를 통해

서로 접근할 수 있게 한다는 점만 봐도 대단한 변화였다. 이제 모든 서비스와 소프트웨어가 매끄럽게 상호작용할 수 있으니 처음의 문제는 해결된 셈이었다. 하지만 베이조스의 명령에는 또 다른 요구 사항이 있었고, 사실은 그게 훨씬 큰 효력을 발휘했다. 그 요구 사항이란 바로 모든 소프트웨어를 외부의 개발자들도 접근할 수 있게 만들어야 한다는 것이었다.

쉽게 말해서 아마존이 탁월하게 관리하는 인프라의 모든 부분, 이를테면 산더미 같은 데이터를 처리하는 컴퓨터, 무한대로 용량을 증설할 수 있는 하드드라이브, 간결한 결제 시스템 등을 외부에 서비스로 제공한다는 것이었다. 단기간에 끝날 일은 아니었지만 베이조스는 아마존의 서비스를 하나씩 외부의 소프트웨어 개발자들에게 유료로 제공하기 시작했다.

AWS는 그때까지 아마존이 내놓은 상품과 전혀 달랐다. 기존 상품이 전자상거래 상품이거나 다른 사업의 온라인 매출을 늘리기 위한 서비스였던 것과 달리 AWS는 인터넷에서 서비스를 시작하고자 하는 기업들을 겨냥한 순수 기술 상품이었다. 그뿐만 아니라 그때껏 시장에 한 번도 없었던 상품이기도 했다. AWS가 나오기 전에는 기업이 웹 사업을 시작하려면 어마어마한 돈을 들여서 기술 플랫폼을 구축해야 했다. 말하자면 서버를 구입하거나 임대해서 적당한 곳에 두고, 온라인으로 상업 사이트를 운영하는 데 들어가는 고액의 회선 이용료를 내야 했다. 그런데 이제 아마존이 이를 서비스화해서 기업이 사용하는 만큼만 비용을 지불하고 언제든 사용량을 늘리거나 줄일 수 있게 한 것이었다. 더군다나 AWS는 시장의 어떤 상품보다도 가격이 저렴했다. 그럴 수 있었던 까닭은 아마존이 자체 인프라를 구축하면서 규모의 경제를 이룩했고 또 성장 과정에서 기술과 관련해 현명한 의사결정을 해서 그 인프라를 누구에게나 제공할 수 있게 했기 때문이었다.

하지만 계획적 세렌디피티라는 측면에서 보자면 여기에는 또 다른 요인이 있다.

베이조스는 문제(아마존의 각종 사업에 기술 서비스를 제공하기가 대단히 어렵다는 문제)에 봉착해서 창의적 도약을 함으로써 마음속에 전혀 새로운 길을 떠올렸고, 그 길을 통해서 그 서비스들을 세상 모든 기업이 사용할 수 있게 했다. 그 길이란 그냥 새로운 길이 아니라 기술 서비스의 판매 방식에 관한 업계의 통념을 바꿔놓는 길이었다.

외부인의 눈에는 이 새로운 사업이 아마존의 핵심 사업인 전자상거래와 전혀 상관이 없는 것처럼 보이지만 베이조스는 아마존의 핵심 사업을 다르게 생각했다(그리고 별종 두뇌 덕분에 적당한 심리적 거리를 유지해서 그런 생각을 온전히 간직할 수 있었다). 그는 아마존의 우수한 플랫폼이 훨씬 많은 곳에 쓰일 수 있음을 알았고, 또 그런 새로운 방향에서 드러나는 가능성을 철석같이 믿었기 때문에 그렇게 혁신적인 가지를 내밀 수 있었다.

대부분의 기업은 이 같은 능력을 기르지 못했다. 이렇게 파격적인 움직임을 보이려면 주저 없이 전대미문의 것을 상상하는 대담함이 필요하기 때문이다. 그러자면 세 가지 면에서 불확실성을 마주해야 한다. 그 세 가지란 시장(고객이 이것을 원하는가?), 기술(이것이 제대로 작동할 것인가?), 시기(시장이 이것을 받아들일 준비가 되어 있는가?)다. 불확실한 요소가 하나만 있어도 의욕이 꺾이게 마련이니 **그런 게 셋씩이나 되면 숨이 턱턱 막힐 법도 하다.**[55]

하지만 베이조스처럼 제대로만 하면 아주 큰 변화를 일으킬 수 있다. 위에서 살펴본 것과 같은 불연속적인 도약으로 아마존은 이전까지 발도 들이지 않았던 정보기술시장에서 새로운 분야(클라우드 컴퓨팅)에 자리를 잡왔다. 그 결과는 입이 떡 벌어질 정도였다. 2010년을 기준으로 아마존은 5년 전만 해도 눈곱만큼도 관심을 못 받았던 이 새로운 분야에서 시장 점유율이 약 75퍼센트(7억 달러 상당)에 이르는 것으로 추정됐다.

자사의 플랫폼을 다른 기업에 서비스로 제공한다는 베이조스의 획기적인 아이디어를 실현하자면 조직이 거대한 일탈을 감행해야만 했는데 아마존은 이미 그럴 준비가 되어 있었다. 아닌 게 아니라 베이조스는 그전부터 해마다 가지를 내밀며 일탈의 범위를 늘려오고 있었다.

이것이 바로 아마존의 사례에서 얻을 수 있는 가장 큰 교훈이다. 일탈은 그냥 어쩌다 보니 때와 장소가 맞아서 일어나는 현상이 아니다. 천재가 조직을 운영한다고 해도 일어나지 않는다(물론 그런 게 도움이 되기는 하겠지만). 세렌디피티를 일으키는 도약을 하려면 계획에서 벗어나는 일탈을 계획해야 한다. 그리고 꾸준히 일탈하면서 마치 수익을 늘릴 때처럼 신중하게 잠재적인 경로의 범위를 넓혀야 한다. 거기에 우리의 미래가 달려 있다.

네 번째 기술
매진

매진이란 주변 환경을 변화시킬 만큼 강력한 관점을 갖고
그 관점을 표현하는 것을 뜻한다.
우리가 매진하면 함께 일하는 사람들도
마음속에 숨어있던 욕망과 의도가 깨어나서 그것에 따라 행동하게 된다.

"초심자의 마음속에는 가능성의 씨앗이 많지만
전문가의 마음속에는 거의 없다."
— 스즈키 선사

Get Lucky

1971년, 콜롬비아는 다른 남미 국가와 크게 다르지 않아서 정치적으로
불안정하고, 모기가 들끓고, 내전의 상흔이 남아 있고, 찢어지게 가난했
다. 그런 문제들이 쌓여 있었지만, 아니, 어쩌면 그런 문제들 때문에, 활동
가와 사상가들이 개발도상에 있는 조국의 굵직굵직한 문제를 해결하자며
흥미진진하고 무척이나 이지적인 국가 개혁 운동을 벌였다.

파올로 루가리(Paolo Lugari)도 그런 사람 중 하나였다. 개혁에 거의 집착
하듯 매달리는 선각자였던 그는 당시 유럽과 미국에서 기초 인프라(전기,
수도, 위생) 문제의 해결책이 나오고 있는데도 남미에는 널리 도입되지 않고
있음을 깨달았다. 그래서 혁신 프로젝트를 고안했다. 너무나 건조해서 사
람이 거의 살기 어려운 사막지대, 로스 야노스(Los llanos)에 연구 지구를 조
성해서 그곳을 토대로 어려운 경제 환경에 딱 맞는 기술을 개발하는 데

매진하는 것이었다. 그는 이 마을을 그 지역에 서식하는 강갈매기의 이름을 따서 가비오따스(Gaviotas)라고 불렀다.

루가리는 안데스대학교 공학 교수 호르헤 새쁘(Jorge Zapp)를 영입하면서 이렇게 말했다.

"생각해보십시오. 가비오따스가 살아있는 실험실이 되어서 우리만의 열대 문명을 만들 수 있을지도 모릅니다."

그 말을 듣고 마음속으로 이런저런 그림을 그린 새쁘는 "풀, 태양, 물로 문명의 미래를 건설하는 방법을 밝히자"는 말로 유능한 학생들을 끌어모았다.

루가리는 프로젝트에 합류한 과학자 수십 명, 그리고 그들의 가족과 함께 사실상 나무 한 그루 없는 벌판으로 거처를 옮겼다. 그야말로 황무지나 다름없는 곳이었다. 이를 두고 루가리는 이렇게 말했다.

"사회적 실험을 하는 곳을 보면 모두가 가장 비옥하고 살기 좋은 곳입니다. 하지만 우리는 가장 모진 곳을 택했습니다. 여기서 할 수 있다면 세상 어디서든 할 수 있다고 생각한 겁니다."

이후 연구 지구의 거주자는 연구자 수백 명과 그들의 가족으로 늘어났고 모두의 노력으로 대중의 이목을 사로잡을 만큼 놀라운 기술들이 탄생했다. 이 지역의 독특한 기후에 맞춘 각종 태양열 발명품은 물론이고 아이들이 타고 놀면 지하 깊은 곳에서 물을 끌어올리는 시소, 해바라기에서 영감을 받은 풍차, 톱밥으로 운영되는 수경식물정원 등이 등장했다. 이런 혁신적인 발명품들은 가격도 저렴하고 남미 대륙에서 흔하게 볼 수 있는 재활용품들로 쉽게 만들 수 있었으며 하나같이 연구 지구를 창설한 이들의 이상이 담겨 있었다. 그리고 이젠 놀랍지도 않은 말이지만 대부분이 가비오따스의 개방적이고 세렌디피티 친화적인 환경에서 나온 우연한 발견에서 비롯된 것이었다.

이 프로젝트는 많은 콜롬비아인이 경탄할 만큼 큰 성공을 거뒀지만 20년 후 만신창이가 됐다. 90년대 초반에 콜롬비아의 정세가 어지러워지고 세계적으로 태양열보다 값싼 석유를 선호하는 경향이 짙어지면서 가비오따스의 자금원이 고갈된 탓이었다. 많은 엔지니어와 가족이 더 벌이 좋은 일자리를 찾아 떠났다. 루가리로서는 더 참신하고 더 수익성 있으며 결과도 빨리 나오는 활동에 집중하는 수밖에 없었다.

우수한 두뇌 집단의 힘으로 수많은 혁신을 이룬 가비오따스 팀은 자신들을 태양전지판생산회사, 엔지니어링서비스업체, 특허보유기업, 놀이공원디자인회사 등 여러 가지 이름으로 알릴 수 있었다. 하지만 그런 것들은 더 나은 미래, 더욱 지속 가능한 미래를 만드는 데 매진한다는 본래의 취지에 맞지 않았다. 그래서 누군가 컨설턴트업체로 홍보하자는 말을 꺼냈을 때도 루가리는 흔들리지 않고 이렇게 대답했다.

"우리는 기업이 아니라 재단입니다. 그런 식으로 했다가는 비영리조직이라는 명칭은 물론이고 신뢰까지 잃어버릴 겁니다. 가비오따스의 기술도 새로운 생활방식이 아니라 그냥 또 하나의 소비상품으로 취급될 테고요."

어떻게 할까 고심하던 중에 어느 날 루가리는 우연한 기회에 합성수지의 원재료인 천연 고무풀 수지의 공급이 갑자기 부족해졌다는 신문기사를 접하게 됐다. 천연 고무풀 수지는 인건비도 많이 들어가고 석유로 만드는 대체물도 있어서 서양에서 생산량이 줄어들었으나 이제는 페인트, 풀, 의료품 등 온갖 상품에 합성수지가 사용되면서 수요가 폭발적으로 늘어나고 있다는 것이었다.

유레카! 번쩍하고 해법이 떠올랐다. 지난 20년 동안 가비오따스에서는 그늘을 드리우기 위해서, 또 척박한 로스 야노스를 녹화할 수 있다는 것을 증명하기 위해서 카리브해 소나무라는 강인한 나무를 재배해왔다. 그런데 이 나무는 합성수지의 천연재료이기도 했다. 그렇다면 혹시 카리브해 소나무를 더욱 실용적으로 활용할 방안을 찾은 게 아닐까? 그는 황급히 팀원들에게 달려가서 연구를 개시했다.

몇 주 만에 밝혀진 사실은 카리브해 소나무를 합성수지의 '재생가능한' 원료로 쓸 수 있을 뿐만 아니라 그 나무가 일반적인 기후보다 로스 야노스의 기후에서 20퍼센트나 빨리 성장한다는 것이었다. 루가리는 떨 듯이 기뻐하며 선언했다.

"가비오따스는 앞으로도 계속 태양열 사업을 할 겁니다. 거기에 사용하는 게 태양열 집열기가 됐든 나무가 됐든 간에 어쨌든 우리의 미래는 햇빛을 에너지로 바꾸는 겁니다."

수백만 달러 규모의 콜롬비아 수입 합성수지 시장이 이제 그들의 차지였다.

가비오따스의 기사회생은 거의 기적에 가까운 일처럼 보인다. 하지만 진짜 기적이라고 할 만한 것은 소나무들이 쑥쑥 자라면서 로스 야노스에 끼친 영향이었다. 일반적으로 숲을 관리할 때는 덤불을 치고 제초제를 사용해서 경쟁식물을 제거하지만 가비오따스 팀은 궁금하기도 하고 비용 문제도 있고 해서 숲을 그대로 내버려뒀다. 그랬더니 소나무들을 중심으로 저절로 열대우림이 형성되기 시작했다. 이전에는 몇몇 자연초들만 있었던 땅이 어느새 자카란다나무, 무화과나무, 붉은꽃떨기나무, 튜노 블랑

코 같은 식물과 사슴, 개미핥기, 독수리 같은 동물이 어우러져 살아가는 곳이 되었다. 그렇게 된 이유가 땅 밑에 있던 휴면종자들 때문인지 아니면 새들이 다른 지역에서 가져온 종자들 때문인지는 정확히 알 수 없지만 어쨌든 그렇게 되돌아온 종들이 자연스럽게 상호작용하면서 로스 야노스는 많은 사람이 태곳적에 그랬으리라 믿었던 대로 아마존 숲의 일부가 되었다.

이를 두고 루가리는 이렇게 말했다.

"이것은 슬리브 펌프와 태양열 정수장치처럼 우리가 세상에 줄 수 있는 아주 소중한 선물입니다. **현재 다른 곳에서는 열대우림이 모두 파괴되고 있습니다. 하지만 우리는 열대우림을 되살리는 방법을 보여주고 있습니다.**[56]"

후퇴는 없다

알다시피 계획에 없던 길이라도 기꺼이 걸을 자세가 있어야만 세렌디피티가 손짓을 할 때 행동을 취할 수 있다. 하지만 한편으로는 한꺼번에 너무 많은 길을 따르려고 하면 이도 저도 되지 않을 위험이 크다. 이전에 사업의 근간으로 삼았던 것들과 정반대되는 얄팍한 기회를 좇았다가 길을 잃고 고객의 호의도 잃어버린 기업이 한둘이 아니다. 루가리와 가비오따스의 이야기에서 얻을 수 있는 교훈은 우리가 선택한 길에 '매진'할 때 세렌디피티의 기회를 가장 잘 알아보고 잡을 수 있다는 것이다. 그렇게 매진하면 튼튼한 뿌리가 생겨서 거기서 사업과 관련된 모든 것이 성장한다.

계획적 세렌디피티의 필수 기술인 **매진에는 가장 중요한 목적에 자신을 맞추는 행위가 포함된다.**[57] 매진이란 주변 환경을 변화시킬 만큼 강력한 관점을 갖고 그 관점을 표현하는 것을 뜻한다. 우리가 매진하면 함께 일하는 사람들도 마음속에 숨어있던 욕망과 의도가 깨어나서 그것에 따라 행동하게 된다. 그리고 우리는 진작부터 우리의 길 위에 있던 것들을 우연히 만나게 되고, 남들은 눈치채지 못하고 지나칠 때 우리에게 꼭 맞는 기회를 알아보게 된다.

가비오따스의 사례를 보면 조직이 한 길에 매진하면 아무리 큰 시련이 닥쳐도 소신을 잃지 않는다는 사실을 알 수 있다. 또 그렇게 매진할 때 가장 강력한 세렌디피티, 즉 우리의 목적과 딱 맞아떨어지는 즐거운 우연이 일어난다는 점도 엿볼 수 있다.

루가리의 팀은 가비오따스를 기획할 때 모든 면에서 세렌디피티를 계획했고, 지금까지 우리가 살펴본 기술을 모두 사용했다. 루가리는 자기가 찾을 수 있는 한에서 가장 열정적인 별종들을 영입했고 업무 환경에서 움직임을 적극 장려했다. 그리고 팀원들이 자유롭게 실험하고 놀 수 있는 물리적·사회적 환경을 조성함으로써 그들의 아이디어와 프로토타입이 서로 충돌하고 또 현실과 충돌해서 이런저런 결과가 나오게 했다. 하지만 무엇보다 큰 성공 요인은 설립 취지를 따르는 데 매진한 것이었다. 그 덕에 어디서 아이디어를 얻어야 할지 알 수 있었고 또 다음에 해야 할 일을 현명하게 결정할 수 있었다. 목표에 매진하는 태도는 가비오따스의 영입 전략과 구성원들의 언어에 영향을 끼친 것은 물론이고, 외부인들이 가비오따스의 이야기를 더 잘 이해하고 더 쉽게 투자 결정을 내릴 수 있게 하여 그들의 인식에도 영향을 끼쳤다. 이 모든 게 합쳐져서 가비오따스가 시작 당시 목표했던 모든 활동에 크나큰 힘이 보태졌다.

가비오따스의 이야기는 이 정도로 그칠 수 있었다. 모든 게 잘 풀리니

하던 일에 더욱 박차를 가한 것이다. 하지만 그 밖에도 한 가지 눈여겨볼 점이 있다. 일이 잘 풀리지 않을 때도 진로를 바꾸기를 거부했다는 사실이다.

만약에 그들이 온갖 만만한 대안 중 하나를 선택했다면, 그러니까 생산회사나 서비스업체가 됐다면 그 결과는 어땠을까? 모르긴 몰라도 다른 일에 힘을 쓰느라 기적의 솔숲이 연구 지구와 환경에 끼치는 유익을 발견하지 못했을 것이다. 그들은 더 고결한 목적에 매진했기 때문에 상황을 극적으로 반전시킬 수 있었다. 다시 말해 수많은 대안을 '거부'함으로써 세렌디피티의 자물쇠가 열린 것이었다.

기업이 진로를 유지하기보다 일탈을 하기가 훨씬 어렵다고 해서 매진하는 자세가 세렌디피티의 적이라고 생각해서는 안 된다. 사실은 정반대다. 목적에 튼튼히 뿌리를 내리고 서야만 많은 길 중에서 무엇을 선택할지 현명하게 결정할 수 있다. 자신이 하는 일의 취지에 부합하는 선택을 하는 것과 기회가 보일 때마다 줏대 없이 달려드는 것은 엄연히 다르다.

전설에 따르면 스페인의 정복자 에르난도 코르테즈(Hernando Cortés)는 멕시코 땅에 발을 딛고 나서 타고 온 배들을 모조리 태워버렸다고 한다. 아스테카 문명을 정복할 때까지 병사 800명이 후퇴하지 못하도록 하기 위해서였다(사실은 배를 침몰시켰다고 하지만 어차피 결과는 똑같은데다 불을 질렀다고 하는 게 더 극적이다). 수백 년이 지난 지금도 코르테즈의 대담한 행동은 강렬한 인상을 준다. 그는 일단 방향을 정한 후에는 후퇴를 용납하지 않았다. 그의 군대는 영광 아니면 죽음이라는 각오로 무조건 전진했다. 코르테즈는 대안을 모두 없애서 현재의 방향을 고수할 수밖에 없는 상황을 만들었다. 그 이후로 일어나는 일은 모두 자신들의 길에 매진한 결과일 터였다. 어떻게 보면 코르테즈는 병사들이 세렌디피티를 보고 붙잡을 수 있는 태세를 갖췄다고 할 수 있다. 그들이 의지할 것이라고는 우연밖에 없었기 때문이다.

무엇에든 매진하려면 자신의 배를 태워버릴 각오가 되어 있는지 스스로 물어봐야 한다.

억눌린 세렌디피티

불을 지르기 전에 우선 매진하는 자세가 왜 그렇게 중요한지 살펴볼 필요가 있다. 그러려면 일탈의 기술을 능숙하게 발휘할 수 있게 될 때 뜻하지 않게 따르는 결과를 알아야 한다. 일탈을 잘하게 되면, 즉 다른 길을 선택하는 게 쉬워지면 마치 우리가 수천 개의 아이디어를 가진 기업가가 되기라도 한 것처럼 점점 더 많은 길이 눈앞에 펼쳐진다. 그런데 선택 사항이 너무 많으면 우리는 몸이 굳어서 움직이질 못하거나 아무렇게나 가지를 내밀어버릴 수 있다. 그러면 세렌디피티가 깨질 공산이 크다.

큰 파티나 결혼식을 계획해본 사람은 알겠지만 오랫동안 의사결정을 하다 보면 그냥 어서 해치워버렸으면 좋겠다 싶어서 무엇이든 승낙을 하거나 아예 입을 꾹 다물고 일체의 결정을 거부해버리고 싶어진다. 연구 결과를 보면 우리가 의사결정을 하는 데 쏟을 수 있는 정신 에너지는 무한히 공급되지 않는다고 한다. 오히려 그런 에너지는 무척이나 쉽게 고갈되어 끔찍한 결과를 불러올 수 있다.

《의지의 힘: 인간의 최대 강점을 재발견하다Willpower: Rediscovering the Greatest Human Strength》의 공저자인 존 티어니(John Tierney)는 이 같은 결정피

로 증상을 이렇게 설명했다.

> 하루 동안 결정을 내려야 할 것이 늘어날수록 두뇌는 점점 결정 내리
> 기를 버거워하다가 결국엔 손쉬운 방법을 찾는다. 그 방법이란 보통
> 둘 중 하나인데 하나는 경솔해지는 것, 즉 신경 써서 결과를 생각해보
> 지 않고 충동적으로 행동하는 것이다. **다른 하나는 에너지를 절약하는**
> **것, 즉 아무것도 하지 않는 것이다.**[58]

우리는 하루 동안 셀 수 없이 많은 결정 사항에 직면하는데, 꼬리에 꼬
리를 물고 이어지는 회의 때문에 어쩔 수 없이 결정을 내리는 경우가 많
다. 그러면 위와 같은 피로증상이 나타난다.

티어리는 이런 말을 덧붙였다. "크든 작든 결정은 결정이다. 아침으로
뭘 먹을지, 어디로 휴가를 갈지, 누구를 채용할지, 돈을 얼마나 쓸지, 무엇
이든 결정을 내릴 때마다 우리의 의지력은 감소되는데 의지력 고갈은 눈
치챌 만한 뚜렷한 증상이 나타나지 않는다." 우리의 의사결정력은 쓰면
쓸수록 줄어드는데 그걸 확실히 알 방법이 없다는 말이다!

그래서 우리는 딜레마를 안고 있다. 계획적 세렌디피티를 수용하면,
특히 일탈의 기술을 받아들이면 우리 앞에 놓인 새로운 선택 사항이 극적
으로 늘어나지만 한편으로는 선택 사항이 늘어날수록 현명한 선택을 해
서 이익을 보기는 어려워진다.

이렇게 많은 대안 때문에 겪는 소화불량의 치료제가 바로 매진의 기
술이다. 이유는 아주 간단하다. 매진의 기술은 우리 앞에 있는 선택 사항
의 수를 확 줄여서 우리의 참뜻에 꼭 맞는 것들만 남기기 때문이다. 루가

리가 방향을 돌려서 가비오따스를 엔지니어링회사로 선전했다면 가비오따스는 그냥 평범한 엔지니어링회사 중 하나로 전락했을 것이다. 하지만 그는 본래의 취지를 고수하고 거기에 어긋나는 선택 사항들을 배제했기 때문에 우연히 가비오따스에 꼭 맞는 새로운 길을 발견할 수 있었다. 본래의 목적에 매진했기 때문에 선택의 범위가 줄어들고 올바른 길만 남았던 것이다.

매진과 관련된 문제들

매진은 하나의 기술이긴 하지만 두 가지 중요하게 살펴볼 요소가 있다. 첫 번째는 '의미 있는 목적'이다. 매진은 그 대상이 의미 있는 목적이 아니라면 아무 소용이 없다. 곧 살펴볼 테지만 언제 바뀔지 모르는 목표나 전혀 의욕이 생기지 않는 목표에 아무리 열을 내봤자 매진은커녕 세렌디피티를 파괴하는 결과만 나올 뿐이다. 목적은 우리의 기업이 존재하는 이유이자 건전하고 세렌디피티 친화적인 문화와 활동의 핵심이다.

또 다른 핵심 요소는 '고집', 곧 소신 있게 자신의 목적을 고수하는 것이다. 가비오따스가 크나큰 위기를 극복한 것처럼 고집이 있으면 모진 시련이 닥쳐도, 다른 사람들이 왜 편한 길을 가지 않느냐고 비웃어도 결의를 지킬 수 있다. 매진의 기술을 익히는 것은 곧 고집을 길러서 항상 의사결정의 양을 줄이고 의사결정피로를 피하는 것이다. 고집이란 '배는 모두 불탔으니 후퇴는 없다'는 각오다.

이렇게 의미 있는 목적과 고집이 매진이라는 동전의 양면이다. 둘 중 하나만으로는 부족하다. 쉽게 꺾이는 다짐이나 덧없는 것을 좇는 끈기나 쓸모없기는 매한가지다. 하지만 둘 중 무엇이 먼저인지는 쉽게 알 수 있다. 매진과 관련된 중요한 것들은 하나같이 목적에서 나오는 법이기 때문이다.

■ 목적

앞서 개인의 경우에는 관심 분야에 대해 집착에 가까운 호기심이 있어야 세렌디피티를 맞아들일 준비가 된다고 했다. 조직에서는 목적이 그와 같은 역할을 한다. 프랑스어에 이를 간결하게 표현하는 말이 있다. 레종 데트르(raison d'être), 곧 근본적인 존재 이유라는 뜻이다. 우리가 만드는 것은 모두 레종 데트르가 있다. 설사 우리가 그것에 이름을 붙이지 않거나 아예 신경을 쓰지 않더라도 그렇다. 모든 기업의 레종 데트르가 주주에게 이익을 주는 것이라고 말하는 사람도 있지만 그런 말을 듣고 있으면 씁쓸하고 속이 개운치 않다. 그런 말은 삶의 이유가 번식이라고 하는 것과 같다. 번식이 생물학적으로 중요한 일일지는 몰라도 대부분의 사람이 하루하루를 살아가는 이유는 그것 때문이 아니다. 기업은 우리가 세상과 이런저런 방법으로 교류하는 수단이다. 기업은 우리의 욕망을 반영한다. 그것이 심오하냐 얄팍하냐는 중요하지 않다.

물론 이 목적이라는 게 뚜렷하지 않을 수도 있다. 많은 기업이 목적을 선언한답시고 사무실에 사명선언문을 붙여놓지만 유감스럽게도 우리는 자기가 다니는 회사의 존재 이유가 무엇이냐는 물음을 받으면 말문이 막히기 일쑤다. 용케 대답을 하더라도 기껏해야 자기 회사가 제공하는 상품이나 서비스가 무엇인지 설명하거나 생뚱맞게 어떤 시장을 지배하기 위해 뛰고 있다고 둘러대는 경우가 다반사다. 이런 답은 목적과 거리가 멀다. 회사가 만드는 상품은 언제든지 변할 수 있다. 시장 지배력 역시 있다가도 없는 것이다. 어떤 기업이 가장 수익성이 좋아 보이는 일시적인 기회들만 좇아서 덮어놓고 방향 전환을 해왔다면 그 구성원들은 목적을 잊어버렸거나 애당초 목적이 뭔지도 몰랐을 확률이 높다.

진정한 목적이란 기술, 취향, 주가 같은 외적 요인이 변해도 절대로 변하지 않는 신념이다. 그것이 '의미 있는' 이유는 조직과 그 구성원들의 독특한 시각을 반영하기 때문이다. 여기서 중요한 것은 목적의 내용이 아니라 우리를 행동하게 하는 목적의 위력이다.

목적을 분명하게 표현하면 시간이 가도 구성원이 대의명분을 잊지 않고 날마다 거기에 걸맞게 행동한다. 목적은 "세상을 더 살기 좋은 곳으로 만드는 것"처럼 모호하면 안 된다. 그런 선언문에는 어떤 행동이든 끼워맞출 수 있기 때문이다. 그런 선언문은 선택의 폭을 좁히지 않는다. 기분이야 좋아질지 몰라도 아무짝에 쓸모없다. 이에 덧붙여서 어떤 목적이 설득력을 띠고 조직에 의욕을 불어넣으려면 조직의 구성원이 누구든 그것을 외부에 쉽게 설명할 수 있어야 한다.

계획적 세렌디피티라는 관점에서 보자면 사람들이 조직의 목적을 이해하고 믿는 것만큼 중요한 것도 없다. 목적이 제대로 전달되지 않거나 똑바로 표현되지 않으면 목적이 잘못 인식돼서 기업의 건전성을 해칠 수 있다. 앞장에서 살펴본 보더스의 경우, 고객의 취향이 변하는데도 새로운 길을 선택하지 못해서 파산에 직면했다. 언뜻 보면 보더스는 뚜렷한 사명이 있었던 것처럼 보인다. 소비자가 각종 책과 미디어를 가장 편하게 구경하고 구입할 수 있는 매장 환경을 조성한다는 사명. 그런 사명은 얼마든지 행동으로 옮길 수 있었다. 더 많은 자원을 투입해서 매장의 수와 규모를 키우고, 재고량을 늘리고, 판매 시스템의 효율을 향상하면 됐다. 책을 사랑하는 사람들에게는 그런 변화가 의미 있을 수도 있었다. 하지만 위와 같은 보더스의 목적은 수단(도서 매장)에만 치중해서 그 이면에 있는 욕구, 말하자면 '책과 미디어를 편하고 즐겁게 보고 이용하는 것'은 놓치고 말았다는 게 문제다. 그런 목적은 시간이 가면 힘을 잃는다. 그래서 기술이 발전하고 소비자의 취향이 변하자 의미가 없어졌다. 반면에 반즈 앤 노블의 목적은 이후에 증명됐다시피 시간이 가도 건재했다. 반즈 앤 노블의 경우, 매장은 책을 편하게 구입할 수만 있으면 그만이었다. 그래서 웹과 전자책 리더를 통해서 책을 구매하고 읽고 싶어하는 독자들의 새로운 욕구에 쉽사리 적응할 수 있었다.

보더스는 목적을 똑바로 표현하지 않았기 때문에 업계에 변화의 바람이 불 때 제대로 적응을 하지 못했다. 그래서 대형할인매장 출신의 관리자들을 영입하고 소비자의 진짜 욕구가 아니라 수단(도서 매장)에 집중하는 바람에 시야가 너무 좁아져서 어쩌면 구원의 손길이 되었을지도 모르는 세렌디피티의 기회들을 하나도 활용하지 못했다. 이와 반대로 의미 있는 목적이 있으면 우리의 마음속 깊은 곳에 있는 욕구와 딱 맞아떨어지는 뜻밖의 기회를 우연히 맞닥뜨릴 가능성이 대단히 커진다. 파올로 루가리는 소나무에서 유기농 수지를 거둬들이거나 콜롬비아 사막에서 태고의 열대림을 회복할 계획이 있었던 것은 아니지만 어쨌든 결과적으로는 그런 일이 일어나서 그의 비전이 완벽하게 실현되었다. 그가 그런 발견에 이를 수 있었던 까닭은 취지에 맞지 않는 쉬운 선택 사항을 거부했기 때문이었다. 움직임의 기술이 우연한 충돌의 횟수를 늘린다면 매진의 기술은 세렌디피티의 '질'을 향상한다.

목적이 세렌디피티의 질을 증진하는 현상을 보여주는 사례가 또 있다. 그 주인공은 한때 성장과 수익 창출을 존재 이유로 여겼던 카펫생산 기업 인터페이스(Interface)다. 1973년에 이 회사를 설립한 레이 앤더슨(Ray Anderson)은 후회를 모르는 기업가였다. 그는 자유롭게 배치할 수 있는 카펫 타일을 최초로 발명해서 인터페이스를 카펫업계의 핵심 기업으로 성장시켰다. 예로부터 카펫 생산은 석유 의존도가 높고 폐기물을 많이 배출하는 사업이었지만 앤더슨에게 그런 것은 안중에도 없었다. 그가 보기에 섬유산업이란 원래 그런 것이었다. 그런데 사업을 시작하고 20년이 지난 어느 날, 앤더슨은 주간 회의에 참석한 직원에게서 인터페이스의 환경 철학이 무엇이냐는 질문을 받고는 충격에 휩싸였다. 생각해보니 그의 회사에는 환경 철학이랄 게 없었다.

그 질문은 마땅히 내놓을 답이 없었던 앤더슨의 뇌리에 또렷이 박혔다. 그러다 몇 주가 지난 어느 날, 본인의 표현을 빌리자면 '마치 세렌디피티가 일어난 것처럼' 책상 위에 놓인 폴 호켄(Paul Hawken)의 《비즈니스 생태학The Ecology of Commerce》이라는 책이 그의 눈에 들어왔다. 책의 골자는 기업이 환경과 맺는 관계를 다시 생각해봐야 한다는 것이었다. 호켄은 기업이 귀중한 천연자원을 잘 보호하는 관리자가 될 수 있고, 그렇게 함으로써 더욱 현대적이고 경쟁력 있는 사업을 할 수 있다고 주장했다. 그것은 앤더슨의 준비된 마음에 딱 맞는 생각이었다.

어느덧 도래한 녹색 사업의 시대, 앤더슨은 유명한 전향 선언을 한다. 인터페이스가 천연자원을 착취해서 수익을 내던 시절은 끝이 났다고 임직원, 투자자, 시장에 공언한 것이다. 온 세상 기업이 온갖 환경 규제로 죽는다고 아우성일 때 그는 진정한 매진이란 무엇인지 보여주겠다고 당당하게 선포했다. 그렇게 일방적으로 발표하며 기존 사업 행태의 파괴성을 꼬집었으니 이제 후퇴란 있을 수 없었다. 코르테즈의 발자취를 따랐다고 할까.

그가 인터페이스의 목적이라며 명료하게 공포한 내용이 워낙 대담한 것이다 보니 회사 안팎을 막론하고 사람들의 입에 오르내리는 게 당연했고 어떤 이들은 그를 정신병자 취급하기도 했다. 어쨌든 인터페이스의 목적, 곧 경영계를 지속 가능한 미래로 이끄는 본보기가 되겠다는 것은 아주 의미심장한 것이었다. 바꿔 말하면 환경을 함부로 취급하지 않으면서도 카펫생산업체 최고의 수익을 달성해보겠다는 말이었다. 앤더슨은 남들이 바보짓이라고 생각하는 사업 방식으로 아무도 넘보지 못할 경쟁 우위를 확보할 작정이었다.

앤더슨이 말한 목적은 그냥 의미만 있고 뜬구름 잡는 소리가 아니라 실제로 실행에 옮길 수 있는 것이었다. 그는 원대한 목표를 선언했다. 2020년까지 회사가 환경에 끼치는 부정적인 영향을 0으로 만들겠다는 것이었다. 그러자면 회사 전체가 작정하고 거기에 매진해야 했다.

그리고 세월이 흘러 현재, 인터페이스는 온실가스 배출량을 약 50퍼센트, 매립폐기물 배출량을 77퍼센트 줄였다. 그리하여 카펫업계 내에서 가장 빠르게 성장 중인 조립식 바닥 시장에서 자타가 공인하는 세계 일류 기업으로 자리매김했다. 그리고 앤더슨의 발표 이후 전 세계 구매자들에게 가장 중요한 기준이 된, 지속 가능성의 대명사가 되었다.

놀라운 변신이었다. 이런 일이 있을 수 있었던 까닭은 순전히 앤더슨의 대담한 발표 덕분이었다. 발표 당시만 해도 앤더슨은 회사를 지속 가능한 기업으로 바꾼다는 원대한 포부를 어떻게 실현해야 할지 몰랐다. 하지만 자신이 거기에 매진하지 않는다면, 그리고 그런 뜻을 전 직원에게 전달하지 못한다면 인터페이스가 그때껏 놓치고 있었던 지속 가능한 사업 방식을 도입하는 게 영영 불가능하다는 것은 알고 있었다.

이런 비전이 끼친 영향을 가장 확실하게 보여주는 사례는 새로운 조립형 카펫 타일의 개발이다. 데이비드 오키(David Oakey)가 이끄는 상품디자인팀은 앤더슨의 지시를 마음에 새기고 어떻게 하면 자연스럽고 유기적으로 상품을 디자인할 수 있을지 알기 위해서 연구를 시작했다. 이들은 "꽃과 잎의 디자인을 가지고 돌아오리라"는 기대를 품고 숲으로 들어갔다. 하지만 그곳에서 뜻밖에도 엄청난 것을 발견했다. 땅바닥의 나뭇잎, 강바닥의 돌멩이들이 아무렇게나 흩어져 있지만 놀랍게도 모두 잘 어우러진다는 것이었다. 뒤로 물러나서 전체를 보면 누가 일부러 나뭇잎들을 배열해 놓은 것도 아닌데 거기서 마치 하나처럼 조화로운 무늬가 드러났다. 유레카! 자연의 사물이 발산하는 아름다움에서 영감을 받을 줄이야 예상했지만 실제로 그들의 마음을 일렁이게 한 것은 무질서하게 모여 있는 나뭇잎과 돌들이 빚어내는 질서와 일체성이었다.

그래서 이런 의문이 일었다. 혹시 판에 박은 듯한 동일성을 추구하는 카펫업계의 관행이 잘못된 것이라면? 모든 카펫타일을 완전히 똑같지 않고 조금씩 다르게 만든다면?

계속 연구를 진행해보니 그들의 발견은 엄청난 것이었다. 타일을 한없이 다양하게 디자인하면 사실상 생산 과정에서 폐기물이 나올 일이 없었다. 타일들이 저마다 조금씩 달라서 디자인상의 결함이 문제가 되지 않으니 재료를 얼마든지 재활용할 수 있었다. 그리고 주택건설업자는 타일을 아무렇게나 깔아도 되니 설치 시간이 줄어들고 집주인은 아무 때고 타일을 바꿀 수 있다는 장점도 있었다. 더군다나 타일들을 깔아놓으면 **낙엽이**

진 가을 숲처럼 아름다웠다.[59]

고객들의 생각도 같았다. 이 상품은 엔트로피라는 새 브랜드로 출시되어 18개월 만에 **회사 역사상 가장 빠른 판매 속도를 기록했다.**[60] 앤더슨이 대담하게 발표한 목적 덕분에 디자인팀이 뭔가를 찾아 나선 것도 주목할 만한 일이지만 그보다 더 중요한 것은 그 목적 때문에 그들이 예상외의 것에서 자신들의 뜻을 펼치는 데 가장 유용한 것을 볼 수 있게 됐다는 점이다. 한 가지에 매진하면 세렌디피티가 일어날 무대가 마련된다.

■ 고집

계속해서 보게 되듯이 운 좋은 조직은 줏대 없이 여기저기 쑤셔보는 게 아니라 가비오따스와 인터페이스처럼 소신을 확실히 지킨다는 특징이 있다. 목적에 매진하면 행동 하나하나로 남들이 불가능하다고 믿는 것이 가능해진다. 그러면 목적이 자기실현적 예언이 된다. 말이 씨가 되는 것이다.

하지만 그러려면 비가 오나 눈이 오나 매진하는 자세를 고수해야 한다. 가비오따스와 인터페이스를 비롯해 이 책에 나오는 성공한 기업들처럼 우리의 회사도 과감하게 목적을 밀고 나가기로 결단해야 한다. 이때 필요한 게 고집, 즉 끈질기게 목적을 따르는 것이다.

현재 세계에서 가장 존경받는 요리사인 토머스 켈러(Thomas Keller), 그는 1991년에 평생 잊지 못할 음식을 만난다. 당시에도 켈러는 이미 유명인이었다. 그가 운영하는 프렌치 론드리(French Laundry)는 유명한 음식평론가인 앤써니 부어데인(Anthony Bourdain)이 '누가 뭐래도 세계 최고의 식당'이라고 극찬한 바 있었다. 어느 날, 켈러는 친구의 손에 이끌려 남캘리포니아의 한 식당을 찾았다. 그리고 어떤 사람들에 의해 그 지역의 특산물이라고도 불리는 요리를 만났다.

바로 치즈버거였다. 하지만 그냥 버거가 아니었다. 그것은 인앤아웃 버거(In-N-Out Burger)였다. 함께 나온 릿지 리톤 스프링 진판델 와인에 곁들여 버거를 먹은 켈러는 하늘의 계시를 받은 기분이었다. 그가 운영하는 미슐랭에서도 맛집으로 꼽은 식당의 운영 철학을 패스트푸드 체인점에서 발견하게 될 줄이야! 그는 "인앤아웃이나 프렌치 론드리에 가보면 알 수 있겠지만 요리에서 가장 중요한 것은 일관성 있는 상품과 솜씨다"라고 했다.

너무 단순한 말로 들린다. 켈러의 방문 이후 세월이 흐르면서 인앤아웃은 거대한 사회 현상이 되었으니 그 정도로는 설명이 부족한 것 같다. '품질과 일관성'만으로는 왜 인앤아웃이 새 매장을 열 때마다 지역언론에 대서특필되며 사람들이 한 블록씩 줄을 서는 등 지역 전체가 들썩이는지, 왜 새 매장이 들어설지도 모른다는 풍문이 돌면 사람들이 야단법석인지, 왜 다들 순례여행이라도 하듯이 수십 킬로미터나 차를 타고 와서 2.75달러짜리 버거를 사가는지, 왜 해마다 시끌벅적한 아카데미상 기념 파티에 무슨 유명인사라도 되는 것처럼 인앤아웃의 영업용 트럭이 등장하는지 속 시원하게 설명할 수 없다.

하지만 우리는 이 정도로 충분하다. 켈러의 설명은 곧 매진의 조리법이었다. '품질 + 일관성 = 목적 + 고집'이란 공식이 그것이다.

인앤아웃 버거의 성장은 그야말로 세렌디피티 그 자체였다. 처음 문을 열 때만 해도 인앤아웃 버거의 목표는 이런저런 이유로 음식 품질을 양보하는 식품업계의 행태에 맞서서 오로지 품질에만 전념하는 지역 햄버거 가게가 되는 것이었다. 그런데 어쩌다 보니 미국에서 가장 순수한 음식점으로 추앙받는 자리에까지 올랐다. 그 비결은 굽힐 줄 모르는 고집, 그리고 너무 단순해서 비결이라고 하기도 민망한 목적이었다.

인앤아웃의 설립자인 해리 스나이더(Harry Snyder), 그는 칠장이의 아들로 태어나서 군부대에 샌드위치를 배달하며 겨우 입에 풀칠하는 생활을 했다. 그러다 1948년에 아내 에스더(Esther)와 함께 남캘리포니아에 드라이브스루 햄버거 가게를 열기로 한다. 당시 남캘리포니아는 전후 미국 사회의 변화에 박차를 가한 자동차 문화의 중심지였다.

스나이더 부부는 처음부터 품질을 목적으로 하여 그것에 초점을 맞췄다. 품질에 거의 집착하다시피 하면서 무엇을 결정하든 품질을 기준으로 삼았다. 그들에게 '품질'은 그냥 좋은 쇠고기를 구입하거나 갓 깎은 감자로 튀김을 만드는 정도가 아니었다. 품질은 직원들의 행복한 삶(그리고 비교적 높은 임금), 어디서나 웃는 얼굴로 고객을 대하는 서비스, 건실한 경영을 뜻했다. 그래서 해리와 그의 뒤를 따른 세대들은 절대로 품질을 양보하지 않는 관행을 어기지 않았다. 그들은 결코 흔들리는 법이 없었다.

인앤아웃은 확고부동한 결단의 힘을 아주 잘 보여주는 사례다. 많은 기업이 '품질'을 중시한다고 하지만 인앤아웃처럼 수십 년 동안 품질 위주의 경영을 펼친 경우는 거의 없다. 이 책에 등장하는 수많은 기업이 극적인 변화를 일으켰지만 **인앤아웃은 그와 반대로 거의 변화가 없었던 데서 적응성을 엿볼 수 있는 기업이다.**[61] 사실 인앤아웃의 혁신은, 1948년과 비교도 되지 않는 세상에서 그때는 상상도 못했던 규모로 경영을 하면서도 예나 지금이나 순수성을 유지하고 있는 것이다.

인앤아웃은 다음과 같이 고집스럽게 품질에 매달린 덕에 꾸준히 세렌디피티를 경험했다.[62]

- 처음에 스나이더 부부는 사업을 다른 곳으로 확장할 계획이 없었다. 그래서 두 번째 드라이브스루 매장을 열기까지 3년이 걸렸다. 사실 사업을 시작할 때만 해도 그들은 성장에 회의적이었다. 자칫하면 그들이 중요하게 여기는 품질 관리력을 잃어버릴지도 모를 일이었기 때문이다. 그런데도 매장이 늘어난 것은 수익이 증가해서가 아니라 뜻밖에도 직원들이 계속 회사에 남아서 일하고 싶어했기 때문이었다. 원래 스나이더 부부는 직원들이 한두 해정도 일하면서 기술을 배우고 나면 따로 나가서 자기 사업을 할 줄 알았다. 그런데 놀랍게도 다들 떠날 생각을 안 했다. 직원들을 가족처럼 대해야 한다고 믿었던 스나이더 부부는 헌신적이었던 직원들에게 품질 유지의 초석이 되어준 것에 대한 보답으로 새 매장을 열 수 있게 해줬다. 직원들의 행복한 삶을 절대로 양보하지 않았던 스나이더의 태도와 예상치 못한 직원들의 욕구가 맞아떨어져서 다분히 의도적인 일탈로 이어진 것이었다.
- 이후 인앤아웃은 매장이 들어설 부지를 매입하는 것을 성장 전략으로 삼았다. 임대를 했다가 땅주인과 분쟁이 일어나면 서비스의 품질이 나빠질 수 있기 때문이었다. 땅을 사들이다 보니 자연스럽게 성장에 제약이 생겼고 매장이 도시의 외곽 지역에 들어서게 됐다. 그런데 그런다고 해서 고객들은 욕구가 사라지기는커녕 오히려 일부러 멀리까지 와서 버거를 사갔다. 더군다나 버거를 사기가 어려워지자 놀랍게도 수요가 늘어나기 시작했다. 일반적인 패스트푸드보다 구하기가 어려워지자 뜻밖에도 브랜드의 매력이 커진 것이었다. 줏대 없이 뜨는 지역마다 쉽게 쉽게 매장을 낼 수

도 있었을 텐데 인앤아웃은 목적을 고수했기 때문에 세렌디피티로 이어지는 올바른 길을 찾을 수 있었다.

- 결국 스나이더 부부도 매장이 너무 멀어서 충성 고객들이 오랫동안 운전을 해야 하고, 그렇게 와서도 줄을 서서 한참 기다리다가 다 식은 감자튀김을 가져가야 하는 현실이 신경 쓰이기 시작했다. 그래서 유동 인구가 많은 도시와 관광지로도 들어가서 전체 매장 수를 늘리기로 했다. 그러자 경영팀에서는 그렇게 했다간 그동안 불편한 입지 조건 때문에 생긴 신비한 매력이 깨질 수 있다는 의견이 나왔다. 그러나 오랜 논의 끝에 인앤아웃은 확장 계획을 실행에 옮겼고, 그러자 놀랍게도 매장당 매출액이 증가하기 시작했다. 지난 세월 동안 명성을 쌓아왔기 때문에 성장에 박차를 가하자 그 효과가 배가된 것이었다. 인앤아웃이 이런 결과를 계획했을 리는 없다. 모두 품질에 매진한다는 태도를 양보하지 않은 데서 비롯된 일이었다.

이와 비교되는 게 지난 10년 동안 고속 확장 전략을 펼친 크리스피 크림 도넛의 사례다. 2000년에 기업공개를 하기 전만 해도 크리스피 크림의 정신과 매력은 인앤아웃 버거와 어깨를 나란히 할 만했다. 사람들은 맛있는 도넛, 그리고 찬란했던 1950년대에서 막 나온 것 같은 매장 분위기에 열광했다. 하지만 기업공개 이후 크리스피 크림은 세계적인 외식업체가 되리란 기대로 과감하게 수백 개 지역으로 영역을 확장해나가기로 했다. 지난 수십 년 동안 신중하게 경영을 해온 기업이 성장에 급급해서 고집을 꺾어버린 것이었다. 그 결과로 매출이 떨어지고 가맹점들의 파산 신고가 이어지면서 6년 만에 몰락의 위기가 찾아왔고, 세월이 흘러 이제야 겨우 회복세에 접어들었다.

사업이 날개를 달았을 때 스나이더 부부도 다른 패스트푸드 업체들처럼 가맹점을 내고 패티를 대량생산하고 임금을 깎고 끊임없이 신메뉴를 내놓는 식으로 그냥 이익 위주의 정책을 펼 수 있었다. 하지만 가비오따스처럼 본래의 뜻을 확고하게 지켰기 때문에 지금 보면 '당연'하지만 당시에는 그렇지 않았던 결정들을 내릴 수 있었고, 그렇게 고집을 부린 결과가 조직의 습관으로 자리 잡아서 남들은 보지도 못한 기회들을 잡아 어마어마한 성공을 거두게 됐다.

습관은 매진하는 자세에서 태어난다

매진하는 자세가 가장 효과 있을 때는 습관을 확립해서 조직에서 꼬리에 꼬리를 물고 이어지는 의사결정의 횟수를 줄일 때다. 습관이 있으면 더욱 굳건하게 목적을 고수할 수 있다. 루가리는 "우리의 기술을 그냥 또 하나의 소비상품으로 전락시킬 안은 모두 물리치겠다"고 선언했고, 인앤아웃은 업계 표준에 맞춰서 임금을 대폭 낮추기를 단호히 거부했으며, 인터페이스는 폐기물을 늘리는 생산기법을 배제하는 정책을 도입했다. 모두 그러한 결단에서 습관이 생겼고, 그런 습관 덕분에 고집을 부리기가 훨씬 쉬워졌다.

의사결정피로 연구의 선구자라고 할 수 있는 로이 바우마이스터(Roy Baumeister)는 습관이 그렇게 조직에 영향을 끼치는 이유를 이렇게 설명했다.

"연구 결과를 보면 자기관리를 가장 잘하는 사람들은 삶에 체계를 마련해서 의지력을 보존하는 사람들입니다. 그들은 의사결정을 하느라 정신력이 소모되는 일을 피하기 위해서 습관을 기릅니다."

습관이 있으면 일상에서 하는 많은 의사결정과 질문이 저절로 처리된다. 어디 그뿐인가. 목적에 걸맞은 세렌디피티가 일어날 확률이 높아지고, 목적과 어긋나는 온갖 길에 한눈을 팔지 않게 된다. 우리가 매진하는 자세와 관련해서 자주 접하는 습관 세 개를 소개하자면 다음과 같다.

■ 거부하기

매진하는 조직들에서 가장 많이 볼 수 있는 습관은 아무리 좋은 기회라고 해도 목적과 맞지 않으면 주저 없이 물리치는 것이다. 어떤 행동이 저절로 이루어지려면 확실한 지침이 있어야 한다. 이를 위해 절대로 해서는 안 되는 것의 목록을 만들어둘 수도 있다. 예를 들어 인앤아웃은 졸속으로 메뉴를 늘리지 않겠다고 뚜렷하게 선을 그었다. 해리 스나이더의 아들 리치 스나이더(Rich Snyder)는 "버거, 감자튀김, 음료를 제대로 파는 것만 해도 쉬운 일이 아닌데 거기에 뭘 더하기 시작하면 오히려 역효과만 난다"고 했다. 그래서 인앤아웃은 햄버거 3개, 감자튀김, 음료로 구성된 메뉴를 60여 년 동안 거의 그대로 이어오고 있고 가격도 어디 다른 시대에서 나온 것 같은 수준이다(이 글을 쓰는 시점에서 더블 더블 버거의 가격은 2.99달러). 해피밀도, 예쁜 포장도, 아침 메뉴도 없다. 상상력이 부족하거나 변화를 싫어해서가 아니다. 다만 신성한 경영 철학이 메뉴에 반영되었을 뿐이다.

이런 습관은 목적을 견지하면 힘들이지 않고도 길러진다. 자신이 무엇을 추구하는지 알면 자연스럽게 무엇을 거부하는지도 알게 되는 법이다.

인내하는 기업들은 결과를 기다리는 습관이 있다. 경영에서는 단기적인 지표(예를 들면 현금흐름)도 필요하지만, 매진하는 자세가 있으면 단기적인 시각과 장기적인 포부가 균형을 이룬다. 레이 앤더슨은 인터페이스가 사업을 개선해서 환경에 끼치는 영향을 0으로 만들려면 수십 년이 걸릴 것을 잘 알았다. 실제로 앤더슨의 발표가 있고 몇 년 동안은 전체 배출량이 늘어나다가 이후 10년 동안 급격하게 감소했다. 목적을 실현하기 위해서 인터페이스는 일부러 단기적인 지표를 멀리하고, 참을성을 발휘해서 시간이 걸리더라도 원하는 결과를 가져다줄 활동에 집중했다.

인앤아웃의 경우는 또 다르다. 인앤아웃은 성공의 척도가 업계의 다른 기업들과 전혀 달랐다. 재정이나 시장 점유율이 아니라 품질을 으뜸가는 척도로 삼았고, 그래서 참을성 있게 확장 전략을 펼칠 수 있었다. 현재 인앤아웃의 전체 매장 수는 258개에 불과한 반면에 맥도날드는 3만 3000개가 넘는다. 이렇게 다른 기업은 대대적으로 확장 전략을 펼치는 상황에서 인앤아웃이 일부러 느리게 성장하려고 한 것은 아니었다. 그렇다고 속도를 문제 삼은 것도 아니었다. 더 빨리 성장하느냐 마느냐는 중요하지 않았다. 문제는 꾸준히 좋은 품질을 유지할 수 있느냐였다. 인앤아웃이 참을성을 발휘할 수 있었던 까닭은 양보다 질을 추구했기 때문이다.

■ 통제할 수 있는 것만 통제하기

매진의 기술에는 흔히 통제력을 발휘하고 싶은 충동이 따라오게 마련이지만 매진의 기술을 올바르게 활용하는 기업들은 모든 것을 통제할 수는 없다는 사실을 잘 알고 있다. 그래서 통제가 가능한 분야에만 집중하는 습관을 기른다. 그러면 세렌디피티가 끼어들 여지가 큰 영역에서는 통제를 하지 않게 된다. 인앤아웃은 감자튀김기를 사용하는 것과 같은 활동에서는 직원들이 제대로 된 교육을 받도록 통제할 수 있고 또 그래야만 한다고 봤지만 그러면서도 그들의 생각, 행동, 신념은 절대로 통제할 수 없다는 것을 잘 알았다. 그래서 모든 직원이 회사의 목적과 철학을 이해할 수 있도록 인앤아웃대학을 설립했는데 그 철학 중 하나는 직원들이 모든 의사결정을 자신의 판단력에 의지해서 직접 내리도록 힘을 실어준다는 것이었다.

지금까지 흔히 접할 수 있는 세 가지 습관을 간략히 정리해봤다. 하지만 어느 기업이든 목표 달성에 도움이 되는 습관을 나름대로 기를 수 있다. 기업의 임직원이 매진의 기술을 익히면 숭고한 목적이 나날의 활동으로 이어지고 어떤 일이 있어도 고집이 꺾이지 않는다.

당신의 정원은 어떻게 성장하고 있는가?

우리는 이 장을 시작한 데서 끝내고자 한다. 바로 나무들 사이에서.

샌프란시스코에서 가장 유명한 꽃가게[63]를 찾아가려면 고생을 좀 해야 한다. 가게가 자리 잡은 곳이 화려한 퍼시픽 하이츠도, 고급스러운 헤이즈 밸리도, 유행의 중심지 미션도, 동성애자 거리 캐스트로도 아니기 때문이다. 그곳에 가려면 샌프란시스코에서 가장 위험하고 인적이 드문 베이뷰로 가야 한다. 이 지역은 헌터즈 포인트와 함께 샌프란시스코의 살인사건 발생률을 올리는 주범이다. 그래서 시민들은 이곳을 아예 없는 셈 치고 싶어한다.

하지만 이런 빈민가의 한복판에 샌프란시스코에서 가장 성공한 소규모 사업체, 기존의 꽃가게를 발전시켜서 설립자 플로라 그럽(Flora Grubb)을 전국적인 유명인사로 만든 사업체가 있다.

플로라 그럽은 텍사스주 오스틴에서 지저분하게 자랐다. 여기서 지저분하다는 말은 작열하는 태양 아래에서 정원을 만들며 하루하루를 보냈다는 뜻이다. 또래 여자아이들이 팩맨 게임을 하느라 정신이 없을 때 그녀는 야자나무를 옮겨 심는 법을 배웠다. 정식으로 식물학 교육을 받은 적은 없지만 경험을 통해서 미성숙한 다육식물을 기르는 법, 생물역학, 글을 쓸 줄 모르는 이주 노동자들과 일하는 법을 배웠다. 무엇보다도 큰 수확은 멋진 정원을 가꾸는 데 필요한 것을 알아보는 안목을 기른 것이었다. 원예가 흔한 취미는 아니었지만 그녀에게는 세상에서 가장 자연스러운 일이었다. 그것은 그녀가 가장 좋아하는 일이었고 반문화주의자인 부모님도 격려를 아끼지 않았다.

그렇게 자신의 능력과 신념에 자신감을 품고 자란 플로라는 샌프란시스코로 거처를 옮겨서 잠깐 인터넷 벤처기업으로 외도를 했다가 마침내 자기 손으로 조경업체를 차리게 됐다. 그녀는 자신의 원예 능력을 마구 나누어주려고 했고, 각계각층의 사람들이 거기에 반응했다. 그렇게 확신을 갖고 일하다 보니 언제부터인가 그녀는 틈만 나면 사람들에게 자신의 포부를 이야기하게 됐다. 그것은 자기만의 꽃가게를 여는 것이었다. 그렇게 1년이 채 지나지도 않은 어느 날, 그녀는 의뢰인이었던 솔 내들러(Saul Nadler)에게 무심코 그런 비전을 이야기하게 됐다. 그런데 때마침 솔은 새로운 투자처를 찾는 중이었다. 그래서 그녀의 말을 듣자마자 그 기회를 놓쳐서는 안 되겠다고 생각했다.

이렇게 우연한 기회에 (수다를 통해서) 동업자를 만난 것은 그녀가 끈질기게 목적을 좇으면서 일어난 무수한 세렌디피티 중 첫 번째에 지나지 않는다. 플로라와 솔이 손을 잡고 처음으로 연 식물가게는 특이하게도 꽃이 잘 피지 않는 식물들만 주로 모아놔서 눈길을 끌었다. 플로라가 그렇게 건조한 환경에서도 잘 사는 식물종을 좋아하는 이유는 고향에서 많이 키워봐서 하나부터 열까지 잘 알기 때문이었다. 그렇게 평범치 않은 구성 덕분에 업계 행사에서 생애 최초로 연설을 할 기회가 생겼다. 그리고 그녀는 그 자리에서 〈홈 앤 가든 매거진Home & Garden Magazine〉의 편집자에게 깊은 인상을 남겼다. 그 편집자는 아주 큰 감명을 받아서 보통은 내로라하는 디자이너들에게만 쓰는 '유행 창조자'라는 말로 그녀를 소개했고, 그 덕에 그녀는 하룻밤 사이에 전국적인 유명인사가 됐다.

그녀가 내뿜는 목적의식에 마음이 끌려서 베이뷰에서 괜찮은 땅을 가진 사람들이 자기 땅으로 가게를 옮기지 않겠느냐고 제안을 해왔다. 그렇지 않아도 다들 예전부터 자기 땅에 꽃가게가 하나 있었으면 하던 참이었다. 또다시 세렌디피티가 이어진 것이었다!

그 결과로 샌프란시스코에 가득 한 특이한 가게들 중에서도 돋보일 만큼 특이해서 한 번 보면 절대로 잊을 수 없는 가게가 탄생했다. 자칫하면 살풍경할 수도 있는 지역에서 1만2000제곱미터의 부지를 차지하고 들어선 플로라 그럽 가든즈(Flora Grubb Gardens)는 에덴동산이 있었으면 이러지 않았을까 하는 인상을 준다. 그런데 이 동산은 다육식물이 큰 비중을 차지하고, 녹슨 50년대 자동차가 화분으로 사용되며, 중앙에는 태양전지판이 달린 현대식 구조물이 보란 듯이 서 있다. 플로라 본인도 이런 가게를 갖게 될 줄은 상상도 못했다고 한다.

흥미로운 대목은 이제부터다. 세월이 흐르면서 플로라는 일탈의 기술도 자유자재로 쓸 수 있게 됐다. 그래서 자신의 열정과 전문 능력을 토대로 조경 서비스, 매장 내 카페 운영, 이벤트 사업, 라디오쇼, 온라인 판매까지 하게 됐다. 이미 이룬 것 외에도 책, 원예 상품 브랜드 설립, 교육 프로그램 등에 관한 아이디어가 넘쳐났다. 무슨 일에 손을 대든 다 잘되는 것 같았고, 그런 일들이 모두 서로 연결되어 있었다. 일부러 부탁한 것도 아닌데 언론이 지대한 관심을 보여 그녀의 향긋한 정원을 컬러 사진과 함께 몇 페이지에 걸쳐 소개하고 상품을 홍보해주기까지 했다. 다양성이 넘치는 제국 같은 정원을 만들겠다는 포부가 그녀의 머릿속에서 춤을 췄다.

그러던 어느 날, 뭔가 잘못됐다는 생각이 들었다.

사업은 날마다 수익을 올리며 놀랄 만큼 번창 중이었다. 하지만 그녀는 항상 피곤했고, 시간이 없어서 아주 간단한 일들조차 끝맺을 수가 없었다. 그래서 남편과 아기와 시간을 보낼라치면 불안한 마음이 들었다. 직원들은 사업의 기초적인 부분조차 다 익히지 못해서 쩔쩔매고 있었다. 그녀에게는 무척이나 단순하고 당연해 보이는 게 그들에게는 날마다 씨름해야 하는 골칫거리였다. 그녀는 결정을 내리기가 갈수록 어려워졌다.

플로라는 그런 사정을 멘토들에게 털어놓기 시작했고, 그중 한 명에게서 컨설턴트를 고용해서 불안을 해결해보라는 권유를 받았다. 내키지는 않지만 그녀는 친구의 조언을 받아들였다.

컨설턴트는 일주일에 한 번씩 가게에 찾아왔고, 그와 성심성의껏 나눈 대화가 그녀에게 깨달음을 줬다. 마치 정신과 의사랑 이야기하는 것 같았다. 그런데 그 정신과 의사는 현금 흐름과 마케팅 비용에 관해서도 대화를 나눌 줄 알았다. 처음에는 어려운 말들로 가르치려 들지 않을까 싶었는데 전혀 아니었다. 그는 주로 그녀가 누구이고 왜 사업을 시작했으며 앞으로 어떻게 하고 싶은지에 관해 물었다. 단순한 질문이었지만 그런 질문들이 플로라를 이끌어 문제의 근원을 파헤치게 했다.

"뒤통수를 세게 얻어맞은 기분이었어요. 사업가들이 다 그렇듯이 저도 기존의 것을 운영하기보다는 새로운 것을 시작하는 게 좋아요. 내 아이디어와 사랑에 빠져서 꼭 붙잡고 놓질 않는 거죠. 그런데 자꾸만 새로운 방향을 추구하는 게 회사를 불안정하게 한다는 걸 깨달았어요. 처음에는 안정적인 게 하나도 없었어요. 모든 게 새로웠죠. 계속 실적이 좋아지니까 '만세! 계속 매출을 늘릴 수 있겠어' 하는 생각이 드는 거에요. 처음부터 안정적인 사업을 하려면 아무것도 못해요. 망설이지 않고 무언가를 하려는 자세가 사업을 일으키는 법이니까요. 그런데 어느 시점이 되면 안정을 잡고 제대로 된 체계를 마련해야 해요. 하지만 많은 기업이 그렇게 하지 않으려고 하죠. 재미가 없으니까요. 자기한테 없는 온갖 기술이 필요하니까요. 하지만 그렇게 하면 여기서 내가 돌보는 사람들은 어떻게 되겠어요? 자기가 하는 일을 절대로 잘할 수가 없어요. 내가 계속해서 다른 일을 시키고 새로운 업무를 수십 개씩 만들어내니까요. 또 하면 할수록 쉬워지는 일을 익히라는 것도 아니고 오히려 무지막지하게 어려운 일을 할 방법만 찾아내라고 하니까요."

플로라는 자기와 팀을 사로잡고 있는 각종 활동과 아이디어들을 목록으로 만들어봤다. 다 열거하고 보니 모두 뚜렷이 구분되는 세 가지 범주로 나눌 수 있었다. 사실 많은 활동과 아이디어가 따로 있을 때보다는 범주 속에 함께 있을 때 그 성격을 파악하기가 더 쉬웠다. 첫 번째 범주는 매장에서 특별한 경험을 하도록 하는 것과 관련되어 있었다. 두 번째 범주는 전자상거래와 온라인 활동에 관한 것이었다. 세 번째 범주는 책, 라디오, 텔레비전 등 미디어와 관련된 것이었다. 멘토들에게 목록을 보여주자 다들 고개를 끄덕였다. 플로라의 사업에는 그렇게 서로 확연히 다르고 흥미로운 세 가지 방향이 있었고, 그녀가 그간 닦아놓은 기반을 놓고 보면 모두 성공 가능성이 있었다.

플로라는 선택을 해야 했다. 본인도 잘 알았다. 선택을 해야 사업에 명확성, '목적'이 생겨서 그동안 씨름해왔던 긴장을 해소할 수 있었다. 각 범주를 하나하나 주의 깊게 살펴보자니 꼭 자기가 사랑하는 세 아이 중에서 하나만 선택해야 하는 것 같은 기분이었다. 속으로 말했다. '그냥 골라, 고르라고.' 굉장히 난처한 상황이었다. 그렇게 좋은 선택 사항들을 앞에 두면 세상이 다 자기 것이 된 듯 의기양양하게 마련인데 오히려 그녀는 강도를 당하는 느낌이었다.

그러나 앞을 내다봐야 한다는 생각이 들었다. 각각의 목적을 선택하면 나중에 무엇을 하고 있을까? 전자상거래 쪽으로 나가기로 하면 창고에 틀어박혀서 물류와 검색 엔진 마케팅만 고민할 것 같았다. 미디어 쪽 길을 선택하면 마사 스튜어트처럼 사진 촬영이다 논평이다 하며 눈코 뜰 새 없이 바쁜 나날을 보낼 수밖에 없었다. 그렇게 보니 둘 다 끔찍했다.

그래서 자신을 가장 잘 아는 사람들과 이야기를 한 끝에 마음이 진정으로 원하는 사업의 미래, 자신이 끝까지 지킬 수 있는 의미 있는 목적을 받아들이기로 했다. 그녀는 자신의 특별한 가게를 사업의 중심에 놓기로 했다. 사람들이 식물의 아름다움에 눈을 뜨고 마음을 열도록 하는 게 그녀의 목적이기 때문이었다. 가게는 이미 유명한 곳이 되어 있었으나 그것은 첫걸음에 불과했다. 이제부터 해야 할 일이 무척 많았다.

물론 가게에 중점을 둔다고 해서 플로라가 새로운 방향의 가능성까지 차단해버린 것은 아니다. 그녀는 앞으로도 가게에서 각종 행사를 주최하고 사람들의 발길을 더욱 끌 수 있도록 카페 등에 투자할 것이다. 무엇보다 앞으로도 계속해서 세렌디피티를 불러오는 창조적 활동을 수용할 것이다. 단, 그것 때문에 기력을 빼앗기거나 생각이 어지러워지거나 직원들의 주의가 산만해지는 경우는 피할 것이다. 플로라는 여전히 예상치 못한 우연에 힘입어 주변에서 새로운 가능성을 찾고 있다. 하긴, 정원을 가꿔본 사람이라면 알겠지만 우리가 정원을 만들기 위해 흙을 준비하고 묘목을 심고 색을 맞추고 좋은 재배 환경을 조성한다고 해도 자연에는 자연의 뜻이 있게 마련이다. 새롭게 매진할 대상을 찾고 나자 플로라는 비로소 자기에게 맞지 않는 수많은 기회를 거부하는 소중한 습관이 길러졌다.

대부분의 경우, 문제는 일과 목적의 괴리가 아니다. 우리가 애당초 일을 시작하는 동기는 그냥 얄팍하게 수익을 올리기 위해서가 아니다. 설사 돈 때문에 영업직을 선택했다고 하더라도 그 속을 잘 들여다보면 사람을 만나서 관계를 맺는 즐거움이 자리 잡고 있다. 진짜 문제는 일을 하다 보면 거기서 나오는 기대와 요구 사항 때문에 정말로 중요한 것에서 멀어진다는 것이다. 플로라가 처음으로 대성공을 거두고 나서 그랬듯이 우리는 자신의 목적을 잃어버리기 일쑤다. 그렇다면 관건은 다시 목적을 찾으러 돌아갈 용기가 있느냐 없느냐다.

이럴 때 플로라라면 이렇게 말할 것이다.

"그냥 골라, 고르라고."

6

다섯 번째 기술
활성화

우리는 이성만 있으면 모든 일이 공들여 세운 계획에 맞춰서 척척 돌아갈 줄 안다.
그러니 우리의 무의식이 생각보다 훨씬 큰 힘을 발휘한다는 증거를 보면
정신이 번쩍 들 수밖에 없다. 무의식은 계획적 세렌디피티에서 핵심적인 역할을 한다.

"믿지 않았다면 보지 못했을 것이다."
— 마샬 맥루한(Marshall McLuhan)

Get Lucky

쇼핑센터에서 에스컬레이터를 타고 2층으로 올라가고 있다고 하자. 에스컬레이터에서 내리자 자선단체 직원이 다가온다. 어떻게 하겠는가? 지갑을 꺼내서 모금함에 5달러를 넣겠는가? 아니면 눈길을 피하며 지나치겠는가? 어떻게 할지 결정하려면 최근에 자선단체에 얼마를 기부했는지, 은행 계좌에 얼마가 남아 있는지, 눈앞에 있는 사람이 소속된 자선단체의 취지에 동의하는지 등을 꼼꼼히 따져봐야 할 수도 있다. 어쩌면 당신은 기부를 하기 전에는 무조건 배우자와 상의를 해야 하는 사람일 수도 있다. 어쨌든 무엇을 하기로 하든 간에 우리는 합리적인 판단에 따라 결정을 내린다. 정말인가?

틀렸다. 설사 아주 틀리진 않았더라도 완전히 맞다고도 할 수 없다. 2010년에 마무리된 연구를 소개하려 한다. 연구진은 아주 특이한 발견

사항을 검증하기 위해서 네 가지 활동을 고안하고 수백 명이 그 활동을 하는 것을 관찰했다. 그 발견 사항이란 일반적으로 사람들이 에스컬레이터를 타고 올라왔을 때 기부를 할 확률이 내려왔을 때의 2배 정도 된다는 것이었다(각각 16퍼센트와 7퍼센트). 이 정도면 꽤 큰 차이다. 그리고 비슷한 실험에서 사람들을 무대 위에 올라가게 하거나 하늘을 나는 영상을 보여주는 등 높이와 관련해 예상치 못한 변수를 넣었을 때도 베푸는 정도가 유사하게 나왔다. 후속 실험들에서도 사람들은 높은 곳에 있다는 느낌이 들 만한 요소를 접하면 더 많은 돈을 기부하는 경향을 보였다.

놀라운 발견이었다. 우리는 정신을 똑바로 차리고 하루를 살아가다가 별안간 의사결정을 해야 할 상황을 맞닥뜨린다. 분명히 전적으로 자신의 판단에 달린 일이다. 그런데 보이지 않는 힘이 작용해서 자기도 모르게 더 후하게 베풀게 된다. 착한 마음이 활성화되었는데 정작 자신은 깨닫지 못한 것이다. 이게 도대체 무슨 일인가?

이 실험을 한 노스캐롤라이나대학교 심리학과의 로런스 새너(Lawrence Sanna) 교수는 사람들이 높이를 인식하면 무의식중에 정신적인 연상 작용이 일어난다는 이론을 제시했다. '고결한 도덕성'이나 '숭고한 목적' 같은 표현을 흔히 쓰다 보니 우리는 '높음'을 '좋음'과 연관 짓는다. 그래서 실제로 올라가거나 아니면 올라간다는 상상만 해도 우리의 뇌는 그런 연상의 렌즈를 통해서 상황을 보게 된다.

새너의 이론은 신경과학계에서 말하는 인간의 의사결정 방법과 일치한다. '준비전위(의식적인 행동보다 앞서 일어나는 두뇌의 전기적 변화로, 두뇌가 행동을 결정했음을 알려주는 지표로 여겨짐)'라는 검증된 현상을 보면 우리의 무의식은 의식보다 훨씬 빠르게 사건을 경험한다. 1977년에 벤저민 리벳(Benjamin

Libet)이라는 심리학자가 이 '준비전위'가 일어난 시점과 피실험자가 결정을 내렸다고 '보고한' 순간 사이의 차이를 측정했다. 그 결과는 신경심리학계에 큰 파장을 일으켰다. 피실험자들은 결정을 내리고 나서 0.5초가 지나서야 자신이 결정을 내렸다는 사실을 인지한 것이었다.

'준비전위' 현상을 보면 우리가 에스컬레이터에서 내려서 자선단체 직원을 인지했을 때는 이미 무의식이 아주 많은 일을 한 이후라는 것을 알수 있다. 무의식은 그 직원이 기부금을 요구하고 있음을 알아차리고 그 사실을 처리한 다음, 기부를 할지 말지를 결정한다. 그러고 나면 의식은 그제야 대안들을 검토하고 최종 결정을 내린다.

그래서 에스컬레이터를 타는 것처럼 얼핏 보기엔 우리의 의사결정능력에 영향을 끼칠 것 같지 않은 단순한 행위가 뜻밖에도 생각, 느낌, 행동에 두드러지는 영향을 끼친다. 의식이 눈앞의 상황을 채 이해하기도 전에 무의식이 에스컬레이터를 타면서 일어난 긍정적 연상 작용을 의사결정의 한 요소로 삼는 것이다.

우리는 이성만 있으면 모든 일이 공들여 세운 (경영) 계획에 맞춰서 척척 돌아갈 줄 안다. 그러니 우리의 무의식이 생각보다 훨씬 큰 힘을 발휘한다는 증거를 보면 정신이 번쩍 들 수밖에 없다.

이처럼 무의식은 계획적 세렌디피티에서 핵심적인 역할을 한다. 우리가 처한 환경에 깃든 셀 수 없이 많은 신호에 따라서 우리가 변화에 직면해 두려워하지 않고 열린 마음으로 상황을 잘 관찰해서 거기에 적응하느냐 못하느냐가 결정된다. 자연광의 강도, 드레스 코드, 웃음 등 흔히 우리가 대수롭지 않게 여기는 요인들이 큰 변화를 일으킬 수 있는 것이다.

이쯤에서 등장하는 것이 바로 활성화의 기술이다.

고의적 활성화

넓게 봐서 활성화란 개방성, 참여성, 창의성을 고취하는 경험을 만들어서 사람들이 평소와 다르게 세상에 반응하도록 하는 것이다. 다시 말해서 활성화는 사람들 안에 있는 어떤 버튼을 눌러야 그들의 충동이 우리가 희망하는 방향으로 일어나게 할 수 있는지 아는 것(또는 짐작하는 것)이다. 우리는 활성화를 통해서 사회적 규범을 재설정함으로써 사람들이 세렌디피티 친화적인 사회적 상호작용과 정신 상태를 더 잘 받아들일 수 있게 한다. 지금까지 살펴본 움직임, 준비, 일탈, 전념의 기술처럼.

오래된 성당에 가보면 적어도 수백 년 동안 활성화가 사용되었음을 알 수 있다. 고딕 양식으로 지어진 대성당을 보자. 건물 전체가 강렬한 반응을 이끌어내도록 설계됐다. 웅장한 입구는 세속을 벗어나 신성한 세상으로 들어간다는 것을 암시하고, 높은 설교단과 그것을 마주 보는 화려한 신도석은 목회자가 어린 양들을 돌본다는 인상을 강화하며, 높이 달린 스테인드글라스는 저 높은 곳에서 오는 깨달음을 상징한다. 그런데 우리에게서 반응을 끌어내는 것은 물리적 구조만이 아니다. 넓게 울려 퍼지는 소리, 돌로 된 벽과 바닥에서 나오는 냉기, 어스름한 빛 등 크고 작고 셀 수도 없이 많은 경험적 신호들 역시 반응을 자아낸다. 그 공간의 모든 것이 우리의 마음을 움직여 경외감을 느끼게 하고, 사람에 따라서는 신성한 존재와 함께하는 것 같은 기분까지 일으킨다.

스포츠 경기장도 대성당처럼 한꺼번에 수많은 사람이 행사에 참석할 수 있도록 설계된다. 하지만 두 건물이 자아내는 경험은 하늘과 땅 차이다! 경기장은 엄숙함, 낮은 목소리, 품위 등과는 거리가 먼 거대한 놀이터다. 그냥 야단법석을 허용하는 게 아니라 사람들이 고함을 치고("피자! 땅콩! 맥주!") 노래를 부르게("We will, we will rock you!") 하고 여기저기 전광판에 온갖 정보를 띄워서 요란함을 부추긴다. 성당의 묵상은 온데간데없고 오로지 팬들의 노골적인 응원 행위만 있을 뿐이다. 설계할 때부터 노린 결과다.

성당과 경기장의 설계자들처럼 우리도 사람들이 행동하고, 느끼고, 반응하고, 교류하고, 결정하고, 표현하는 방식을 형성하는 경험을 얼마든지 만들 수 있다. 하지만 업무 환경에서는 목표관리에만 급급한 경우가 비일비재하다. 그래서 근면 성실, 원칙, 금전적 보상만 이야기한다. 하지만 세렌디피티가 일어날 기반을 닦고 그것으로 혁신을 이루고자 한다면 더 깊은 곳에 있는 본능을 활성화해서 움직임, 준비, 일탈, 전념의 기술을 쉽게 쓸 수 있도록 해야 한다.

활성화는 인간의 맹점을 찾아서 기발한 기술로 그것을 보완하는 것, 그러니까 일종의 정신 활용법이라고 할 수 있다. 또는 우리의 강점을 알고 그것을 증강할 방법을 찾는 것이라고도 할 수 있다. 둘 중 어느 쪽으로 생각하든 간에 활성화를 한다는 것은 사람들에게서 이끌어내고 싶은 반응이 무엇인지 잘 알고 그런 반응을 이끌어내기 위해서 주저 없이 일상의 경험을 재설계하는 것이다.

인간의 정신은 별난 현상에 빠지기가 쉽다. 그리고 그런 별난 현상을 활성화하면 세렌디피티를 일으킬 수 있다. 그 예는 너무나 많아서 다 열거하기가 어려울 정도고, 앞에서 살펴본 '에스컬레이터 효과'는 그중 하나에 불과하다. 어떤 현상은 인간의 행동에 가벼운 영향만 끼치지만 또 어떤 현상은 엄청난 영향을 끼치기도 한다. 이런 현상 중 많은 수가 개인의 문화적 연상 작용이나 개인적 경험과 밀접한 관련이 있다. 그중 일부는 '에스컬레이터 효과'처럼 경험적 심리학 연구로 영향력이 입증됐다. 일례로, **혹시 몸을 왼쪽으로 기울이면 사물이 더 작아 보인다는 것을 알고 있는가?**[64] 정말 그렇다! 하지만 이와 반대로 아직도 논란이 되는 현상들도 있다. 예를 들면 특정한 색깔의 조명이 자살을 방지한다는 것이다(스코틀랜드와 일본에서 기차역에 파란색 조명을 설치한 후 자살률이 9퍼센트나 줄었다고 보고됐으나 아직 이를 입증하는 연구 결과는 나오지 않았다)

세렌디피티가 더 많이 일어날 수 있는 정신적, 정서적 토양을 마련하려면 이와 같은 기현상을 잘 활용해서 더 나은 창조적 충돌이 일어나도록 하고, 그렇게 해서 발생하는 세렌디피티를 더 잘 알아보고 거기에 더 효과적으로 반응할 수 있어야 한다. 이 장에서 우리가 특히 관심 있는 것은 다음과 같이 네 가지 방면에서 뚜렷한 경험의 변화를 일으켜서 세렌디피티가 일어나기에 알맞은 조건을 만드는 것이다.

- '공간적 변화'는 우리가 주변의 사건을 알아볼 수 있게 하는 환경을 조성한다.
- '시간적 변화'는 우리가 세렌디피티에서 비롯되는 아이디어를 더 잘 포착하게 한다.
- '사회적 변화'는 우리를 해방해서 동료나 낯선 사람들 사이에서 뚜렷이 구별되는 사람이 되도록 한다.
- '정서적 변화'는 우리가 타인의 감정과 아이디어를 더 잘 받아들이도록 한다.

활성화는 그냥 인간 심리를 가지고 노는 행위처럼 보이지만 만약 그렇다면 직원이 일 처리를 잘했을 때 칭찬을 하는 행위나 직원들 사이에서 프로젝트 책임 사항을 명확히 구별하는 행위 역시 인간 심리를 가지고 노는 것이라고 해야 한다. 우리가 여기서 말하는 바는 환경과 틀을 만들 때 좀 더 계획적으로 움직여서 더욱더 운 좋은 결과를 내자는 것이다. 활성화는 자꾸만 돌발성과 우연을 죽이는 판에 박힌 조직 행동을 보완하는 기술이다. 위와 같은 네 가지 뚜렷한 변화를 활성화하면 일상적 행동을 변화시켜서 세렌디피티에 오감을 열 수 있게 된다.

공간적 변화

지금까지 살펴봤다시피 세렌디피티는 특이한 현상을 알아보는 데서 비롯된다. 다시 말해 세렌디피티가 일어나려면 예외적 사건이 일어났을 때 그것을 놓치지 말고 '체포'해야 한다. 우리는 처한 환경(몸동작, 눈길, 청각 작용, 빛, 미학, 인체공학 등 현실 세계의 경험을 구성하는 모든 요소)에 따라서 무엇을 알아차릴 수 있느냐가 크게 달라진다. 공간적 변화는 우리가 무엇에 관심을 기울이느냐에 영향을 끼친다.

몇 년 전에 〈워싱턴 포스트〉가 고안한 실험으로 우리가 관심을 둘 대상을 찾을 때 물리적 환경에 지나치게 의존한다는 사실이 밝혀졌다. 그 결과를 보면 말 그대로 코앞에서 놀라운 사건이 일어나는데도 우리가 그것을 놓치고 지나가기 일쑤라는 사실을 알 수 있다.

■ 의식하지 못함

2007년의 어느 금요일, 워싱턴 DC의 랑팡 플라자 지하철역. 그곳을 이용해 출근하던 사람들에게는 여느 때와 같은 날처럼 보였다. 시 외곽에서 지하철을 타고 온 출근자들은 구두 닦는 집과 잡지판매대, 공무원, 아이를 등교시키는 학부모, 근처 식당의 종업원, 집배원들 사이를 누비며 정해진 일과에 따라 이곳저곳으로 이동하고 있었다. 관광객이나 출장객처럼 그 역에 처음인 사람들도 계속 움직이면서 어떤 일이 있어도 뒷사람의 발걸음을 막아서는 안 된다는 규범을 잘 따르고 있었다.

이렇게 평범한 날, 오전 8시가 되었을 즈음, 아직 소년처럼 풋풋한 기운이 남아 있는 장신의 남자가 케이스에서 바이올린을 꺼냈다. 그는 목 언저리에 바이올린을 대고 활을 들더니 바흐의 샤콘느라는 지극히 어렵고 그래서 그만큼 칭송을 많이 받는 바이올린 독주곡을 연주하기 시작했다. 선율이 지하철 역사의 음향 시설을 타고 지하상가 전체에 울려 퍼졌다. 특별한 것은 연주곡만이 아니었다. 연주자 역시 특출난 사람이었다. 조슈아 벨(Joshua Bell). 많은 사람이 세계 최고로 꼽는 클래식 연주자. 세계 최대의 음악당도 사람들로 가득 채우고, 옥외 광고판과 음악당과 지하철 역사 벽을 포스터로 도배하는 클래식계의 우상. 더군다나 벨이 연주하는 악기도 평범한 바이올린이 아니었다. 그의 손에 들린 것은 세계 최고의 악기로 칭송받으며 마지막 판매가가 350만 달러에 이르렀던, 300년 된 스트라디바리우스 바이올린이었다.

그냥 지나치려야 지나칠 수 없는 명연주였다. 그런데 대부분의 사람이 그냥 지나쳐버렸다.

벨이 연주하는 43분 동안 통근자들은 그가 마치 구걸하는 부랑자라도 되는 양 눈길 한 번 주지 않았다. 남녀노소를 가리지 않고 누구나 마찬가지였다. 그가 즉흥 연주하는 곳을 지나간 1097명 중에서 1분 이상 멈춰서 귀를 기울인 사람은 7명밖에 안 됐다. 바이올린 케이스에 돈을 넣고 간 사람은 27명이었는데 그 중 몇은 고작 몇 센트만 떨어뜨렸을 뿐이었다. 그날 모인 금액은 총 32달러 17센트였다. 아주 운이 좋은(즉, 관찰력 있는) 한 여성만이 이 유명인사를 알아봤다. 그녀는 그 자리에 멈춰서 이 세계 일류 연주자의 무료 공연을 1분 이상 감상한 몇 안 되는 사람 중 하나였다.

〈워싱턴 포스트〉에 이 실험을 소개한 **진 와인가튼**(Gene Weingarten)**은 녹화 영상을 보고 나서 이렇게 적었다.**[65]

> (영상을) 빠르게 재생하면 툭툭 튀는 1차 세계대전 시대의 무성 뉴스 영화처럼 보인다. 사람들은 종종걸음으로 지나가는데… 연주자의 움직임은 부드럽고 우아하다. 그는 청중과 동떨어진 사람처럼 보인다. 마치 그 자리에 실존하지 않는 존재인 것처럼, 마치 유령인 것처럼.

지하철에서 사람들이 명연주자의 공연을 놓친 것은 사실 별로 이상한 일이 아니다. 오히려 우리에게도 얼마든지 일어날 수 있는 일이다. 가뜩이나 바쁜 출근길에 한눈팔 새가 어디 있고, 또 실력 있는 연주자가 뭐하러 지하철에서 연주한단 말인가? 우리는 편견 때문에 서둘러 연주자를 지나친다. 인생에서 앞으로만 나아가는 관성 때문에 특이한 것은 지나치고 익숙한 것, 틀에 박힌 것, 편한 것만 찾는다. 여기에는 환경도 한몫한다. 지하철이라는 물리적 공간은 사람들이 계속 움직여서 흐름이 막히지 않도록 설계된다. 그리고 그에 따른 부작용으로 '거리의 예술가'처럼 통근을 방해할 수도 있는, 평범치 않은 것에는 멈춰서 관심을 보이면 안 된다는 미묘한 사회적 압박이 생긴다.

지하철과 달리 음악당은 온갖 방법을 동원해서 우리가 유명한 연주자에게 관심을 쏟아붓게 한다. 하지만 공간적 변화를 활성화하면 감각이 살아나서 전혀 예상치 못했던 곳에서 일어나는 우연한 사건을 알아차리고 멈춰 설 수 있다. 지하철역에서 연주 중인 명연주자를 맞닥뜨릴 때처럼.

■ 터널 끝에서 보이는 불빛

조슈아 벨의 지하철 공연을 보면 환경 때문에 세렌디피티로 이어지는 예외를 체포하기가 어려워진다는 점을 확실히 알 수 있다. 그런데 이런 문제를 해결하고자 한 곳이 있다. 뉴욕지하철공사다. 뉴욕지하철공사는 적극적으로 공간적 변화를 활성화했다. 공사 산하 지하철예술국은 우수한 인재들이 역사에서 공연하기를 원한다는 사실을 알고 1985년에 **뮤직 언더 뉴욕(MUNY)이라는 프로그램을 마련했다.**[66] 그 이후로 지하철예술국은 해마다 오디션을 실시해서 수백 명의 공연자 중에서 가장 우수한 기량을 보이는 사람 10퍼센트 정도를 선발한다. 지금은 100명이 넘는 사람이 지하철 네트워크 내의 25개 지역에서 허가를 받고 정해진 일정에 따라 공연을 하고 있다.

많은 공연자가 이 프로그램으로 득을 봤는데 연주용 톱으로 공연하는 나탈리아 패루즈(Natalia Paruz)도 그중 한 명이다. **패루즈는 다채로운 지하철 공연 현장의 분위기를 전하는 블로그도 운영하고 있다.**[67] 콜롬비아 출신 댄서 훌리오 세사르 디아스(Julio Cesar Diaz)도 그녀처럼 지하철에서 공연을 한다. 그에게는 스트라디바리우스가 없다. 대신 길거리에서 찾은 낡은 비닐 포장지, 빗자루, 자전거 타이어, 매트리스로 사람 크기의 인형을 만들어서 댄스 파트너로 삼았다. 그런데 워싱턴 DC 지하철역에서 조슈아 벨이 연주했을 때와 달리 패루즈와 디아스를 비롯한 예술가들이 역사에서 공연을 펼치면 꽤 많은 관객이 모인다.

왜? MUNY가 공간적 변화를 활성화했기 때문이다. 이 활성화의 핵심은 무의식적 신호와 연관되어 있는데 바로 공연자들이 목 좋은 장소에서 공연하면서 뒷벽에 붙이는 현수막이다. 이 현수막은 좀 작긴 해도 공연자가 허가를 받은 사람임을 증명하기 때문에 지나가는 사람들의 이목을 끈다. 그래서 바쁘게 출근하던 사람들이 한 번 더 눈길을 주거나 잠깐 멈춰 설 확률이 높아진다.

패루즈의 말을 옮긴다

"이 현수막이 공연자들에게 큰 힘이 됩니다.[68] 자기가 그 자리에 있을 권리가 있다는 자신감이 생기고, 처음 관객들에게 다가가려면 느껴지는 불안감이 줄어들죠. 관객들도 그 현수막을 보면 공연자가 치열한 오디션을 통과한 수준 있는 사람이라는 것을 알 수 있고요."

MUNY는 이런 식으로 공연자들에게 스포트라이트를 비춰서 통근자들의 관심을 받을 자격이 있음을 증명한다. 뉴욕지하철공사는 여기서 한 걸음 더 나아가 지하철 역사를 공연장으로 소개하기까지 한다(물론 그게 주 기능이라고 하는 것은 아니다). 이런 신호들이 합쳐져서 통근자들의 무의식에 필요한 승인을 해준다. 그래서 그들은 애초에 공연 외의 목적으로 조성된 환경에서 발걸음을 멈추고 공연자들에게 관심을 기울일 수 있게 된다.

거리의 공연자로 살기란 쉬운 일이 아니다. 대부분의 지하철 승객이 황급히 자기 갈 길만 가기 때문에 실력 있는 예술가들의 공연을 볼 기회를 놓쳐버리고 만다. 하지만 MUNY는 공간적 변화를 통해서 거리의 예술가들에 대한 승객들의 인식을 바꾼다. 승객들이 공연자를 유령 취급하지 못하도록 해서 더 많은 사람이 공연을 접하게 하는 것이다.

지하철만 아니라 업무 환경도 아무리 혁신적으로 설계한들 사람들이 서로에게 관심을 두지 않으려고 하면 세렌디피티가 잘 일어나지 않는다. 팀원들에게서 최고의 성과를 끌어내기 위해서 일만 강조하다 보면 주변에 눈을 돌릴 여유가 생기지 않는다. 성과 중심 문화는 업무 처리만 중시하기 때문에 사람들이 호기심을 좇아서 예상된 순서를 벗어난 사건이나 우발적으로 보이는 사건에 관심을 기울이지 못하게 한다.

그런데 이런 덫을 피하는 방법을 마련한 곳도 많다. 얼마 전 애틀랜타에 있는 CNN 본사에 갔을 때 건물 전체가 뉴스로 도배되어 있는 인상을 받았다. 복도에 있든 개방된 작업실에 있든 간에 계속해서 속보가 들어오는 탓에 신경을 안 쓰려야 안 쓸 수가 없었다. 건물 전체가 주변에 눈과 귀를 열어 뉴스의 원재료를 받아들일 수 있도록 활성화되어 있는 셈이었다(일반적인 직원들에겐 효과적이지만 주의력 결핍 장애가 있는 사람에겐 위험할 수도 있는 환경이다).

전자상거래계의 공룡기업 재퍼즈(Zappos)도 라스베이거스 본사를 걸노라면 공간적 변화가 활성화된 것을 알 수 있다. '똘끼 섞인 재미 창조'를 강조하는 것으로 유명한 재퍼즈는 각종 상품구매팀, 재무팀, 고객지원팀 등 모든 사업 집단이 문자 그대로 '부족'을 형성할 수 있다. 각 부족은 예산 등을 지원받아 관심 분야에 집중하기 좋도록 작업 공간과 회의실을 꾸밀 수 있다. 그래서 모든 부족이 다양한 주제로 사무 공간을 꾸미고(우리가 가장 마음에 들었던 주제는 정글 사파리였다) **부족만의 행동**(예를 들면 축하를 하거나 지나가는 사람들의 관심을 끌고자 파티용 딸랑이를 흔들거나 경광등을 켜는 짓)을 만든다.

이렇게 엉뚱한 정책의 목표는 명백하다. 재퍼즈라는 큰 문화에 속한 직원들이 자기 집단에 소속감을 느끼게 하고, 자신이 처한 환경에서 주인 의식을 품고 자기 역할을 다해서 재퍼즈의 발전에 이바지하도록 하는 것이다. 조금 더 깊이 들여다보자면 답답한 칸막이를 탈피함으로써 직원들은 다른 식으로 환경을 경험하게 된다. 다른 것, 다채롭고 이례적인 것에 오감이 열리는 것이다. 여기에는 무엇이든 눈길이 가면 멈춰서 살펴보기를 장려하는 조직 문화도 한몫한다.

조직 내에서 공간적 변화를 활성화하면 사람들이 주변의 사건에 더욱 관심을 기울이게 된다. 그리고 그런 사건 중 일부가 세렌디피티적 혁신의 촉매제가 되거나 새로운 길을 찾는 발판이 되기도 한다. 이런 식의 활성화를 통해서 우리는 다른 때 같았으면 무시해버렸을 것을 알아보게 된다.

■ 시간적 변화

세렌디피티를 일으키려면 공간만 아니라 시간도 활성화해서 순서대로 일어나지 않는 사건들을 연결할 수 있어야 한다. 이렇게 말하면 우리가 업무 공간에서 보내는 시간을 떠올리며 이미 다 알아서 하고 있는데 뭘 또 활성화하느냐 싶겠지만 사실 시간은 우리가 생각하는 것보다 탄력적인 요소다.

역사적으로 보면 지금 우리가 시간을 보는 관점과 또 다른 관점이 존재해 왔다. 아닌 게 아니라 고대 그리스 이전 시대에 살았던 사람들만 봐도 지금 우리가 생각하는 전통적인 시간 개념(시간이 째깍거리며 지나가고 그 속에서 사건들이 순차적으로 일어난다는 생각) 외에 시간이 작동하는 방식들이 또 있다는 것을 인지했다.

더군다나 이런 인식이 생각보다 훨씬 오랫동안 존속됐다. 오늘날 우리가 당연하게 여기는 시간 개념이 표준으로 자리를 잡은 것은 19세기 들어서 공장과 기차역마다 시간표가 붙으면서였다. 산업화시대가 도래해서 기계처럼 정확한 시간 엄수가 중요시되자 노동자들은 이전과 달리 서로 시계를 똑같이 맞춰야 했다. 그러자 순식간에 전국의 시계가 똑같은 일정에 맞춰 돌아가기 시작했다. 오늘날 우리는 이런 시간 개념에 너무나 익숙한 나머지 다른 것은 상상도 할 수 없지만 예전에는 전혀 다른 시간 개념이 존재하던 때도 있었다.

민속학자 에드워드 홀(Edward Hall)은 지금 우리가 인지하는 것과 같은 시간을 '단일시간'이라고 명명했다. 단일시간은 공장과 기차역에서처럼 순차적으로 경험되는 시간, 현대 경제에서 조직 운영의 원칙으로 받아들여지는 시간을 뜻한다. 시간 낭비는 금물! 모두 겪어봐서 알겠지만 단일시간은 우리가 빡빡하게 짜인 일정대로 살아가면서 계획대로 일을 끝내고 시간을 귀중한 자원으로 여기게 한다. 사람들은 시간이 모래시계 속의 모래라도 되는 양 다 써버리거나 낭비하는 것을 두려워한다.

단일시간에 반대되는 '복합시간'은 유동성과 다중 작업을 중시하고 탄력적인 일정 운용을 강조하는 개념이다. 단일시간을 받드는 사람이 볼 때 복합시간은 순서와 시간 엄수를 무시하는 사람이 둘러대는 핑계밖에 되지 않는다. 미국인이 자메이카에서 레게 콘서트에 갔다고 하자. 공지된 시작 시각은 분명히 오후 8시였다. 그런데 8시가 돼도 콘서트는 시작할 기미가 안 보인다. 물어보니 "때가 되면 시작한다"는 말만 돌아오고, 자메이카인 관객들은 그 상황을 지극히 당연하게 받아들이고 밴드가 공연 준비를 마칠 때까지 느긋하게 앉아서 몇 시간이고 즐겁게 대화를 나누고 휴식을 취한다. 세상에 이럴 수가! 하지만 복합시간에서는 사람들이 일정대로 한 번에 한 가지 일만 하지 않는다. 한꺼번에 여러 가지 일을 한다. 빡빡한 일정이란 어불성설이다. 복합시간에서 중요한 것은 느슨함, 민첩함, 연결성, 그리고 다양한 활동이 새롭고 유동성 있게 겹치면서 일어나는 상호작용이다.

하지만 복합시간은 굳이 먼 나라까지 가지 않고도 접할 수 있다. 우리 사회가 '시계처럼 정확한' 일 처리를 강조하며 단일시간을 중시하는 것은 사실이지만 또 한편으로 복합시간을 관찰할 구석이 아주 없는 것도 아니다. 예를 들어보자. 예술가들은 으레 괴짜 취급받는다. 흔히 그들이 창조적 기질 때문에 정상적인 일정대로 일을 하지 못하고 시간도 못 지키는 등 주류 사회의 기대를 충족하지 못한다고 여겨지기 때문이다. '미치광이 과학자'도 홀로 연구실에 틀어박혀서 오랜 시간 자기만의 세계에 탐닉한다.

단일시간과 복합시간을 나란히 놓고 비교해 보면[69] 몇 가지 차이점이 확연히 드러난다.

- **단일시간**
  - 철저한 일정 준수를 중시하기 때문에 사람과 사람 사이의 관계가 경시된다.
  - 일과 사생활이 뚜렷하게 구별된다.
  - 한 번에 한 가지 작업만 한다.

- **복합시간**
  - 사람과 사람 사이의 관계를 중시하기 때문에 약속 시간이 융통성 있게 바뀔 수 있다.

- 일과 사생활이 잘 구별되지 않는다.
- 한꺼번에 여러 가지 작업을 한다.

경영계에서는 단일시간이 대세지만 복합시간도 나름대로 발을 붙이고 있다. 특히 창업가들을 보면 그런 면이 잘 드러난다. 신흥 사업은 미지의 영역이라서 창업가들은 쉬지 않고 온갖 일을 벌이고 수많은 사람을 만난다. 그래서 자연스럽게 일과 사생활의 경계가 흐려진다. 창업가의 눈에는 소비자 여론 조사라는 개별 활동이 신제품 출시라는 큰 목표와 구별되지 않는다. 말하자면 이것이 시작되고 저것이 끝나는 지점이 항상 명확하지는 않다는 것이다. 그러니 회의에 밥 먹듯이 지각하는 게 당연하다. 창업가의 입장에서는 그때그때 처리해야 하는 일들이 미리 계획된 일들보다 중요하다. 그리고 다른 길을 찾는 일탈 능력이 잘 개발되어 있기 때문에 복합시간이 자연스럽게 들어맞는다.

복합시간은 다른 분야에서도 약진 중이다. 소셜 미디어, 아니, 소셜 비즈니스가 떠오르면서 창업가뿐만 아니라 모든 사람이 복합시간을 받아들여야 한다는 압박을 받고 있다. 소셜 네트워크와 휴대용 장비를 이용해서 동시에 여러 방면으로 대화를 나누는 사람이 갈수록 늘어나는 추세다. 이렇게 누구나 언제 어디서든 실시간으로 교류할 수 있기 때문에 사람들은 다중작업에 익숙해지고 가상으로나마 서로의 삶에 시도 때도 없이 끼어들고 있다. 만찬 자리에서 휴대전화를 들여다보며 문자를 보내는 행위는 전에만 해도 반사회적인 행동으로 여겨졌지만 이제는 다들 그러려니 하는 분위기고, 혹시나 약속 시간에 늦을 것 같으면 문자를 보낼 수 있기 때문에 많은 사람이 몇 분 정도는 늦더라도 상관없다고 생각한다.

세렌디피티의 측면에서 보자면 복합시간은 엄청난 이점이 있다. 복합시간을 받아들이면 일정이 만드는 틀에서 벗어나 생각할 수 있다. 그리고 복합시간 덕분에 한꺼번에 여러 대화에 참여하는 게 사회적으로 용인되고 있다. 그래서 우리는 세렌디피티를 일으킬 만한 활동에 더 많이 노출되고 또 거기에 더 여유 있게 손을 쓸 수 있다. 복합시간은 단일시간보다 융통성이 있기 때문에 사람들이 예상외의 방법으로 움직이며 교류하게 한다. 답답한 일정에서 벗어나면 예상치 못한 사건에 더 쉽게 대응할 수 있고 호기심과 우연을 길잡이 삼을 수 있다.

그러나 이런 이점이 있다고 해도 시간적 변화를 활성화하기란 만만한 일이 아니다. 민속학자 홀의 연구 결과를 보면 단일시간과 복합시간이 조화를 이루기가 얼마나 어려운지 알 수 있다. 이 둘은 양립이 불가능해 보인다. 그리고 둘에서 비롯되는 업무 방식과 조직 구조도 어떻게 접점을 찾을 수가 없을 만큼 차이가 난다. 만일 우리가 조직 내에서 시간과 일정 엄수를 강조한다면 시도 때도 없이 회의에 지각하는 사람들과는 제대로 협력할 수가 없을 것이다!

물론 일정, 마감, 단일시간에 문제가 있다는 말은 아니다. 모두 현대 생활과 사업 성공의 필수 요소다. 하지만 소셜 미디어가 등장하고 창업이 폭발적으로 증가하면서 문화와 기술에 큰 변화가 생겨서 단일시간과 복합시간의 충돌이 늘어난 것도 사실이다. 이 두 가지 시간이 잘 어우러지게 하는 방법을 찾는 것이 사업에서(그리고 세렌디피티에서) 어느 때보다 중요한 기술이 되고 있다.

다행스러운 점은 기업이 단일시간만 아니라 그보다 융통성 있는 복합시간도 활성화하고자 할 때 길이 없진 않다는 것이다. 우리가 보기에 시간적 활성화를 가장 잘 보여주는 사례는 10년에 걸쳐서 소프트웨어 개발업계에서 일어나고 있는 조용한 혁명이 아닐까 한다.

예부터 소프트웨어는 사전에 정의된 기술 명세서, 고정된 일정, 동결된 예산에 맞춰서 개발됐다. 이렇게 빡빡한 소프트웨어 개발 과정에서 확실한 게 하나 있다면 그 결과물이 어떻게 나올지 불확실하다는 점이다. 특히 제품 출하 일자가 그렇다. 그 이유는 해결하려고 하는 문제가 무엇이든 간에 일단 프로그램을 짜봐야만 해결 방법을 알 수 있기 때문이다. 거대한 소프트웨어 프로젝트를 기획하고 출시 일정을 확정하려면 프로젝트 진행 과정에서 나타날 수백, 수천 가지 문제를 해결하기 위해서 어느 정도의 노력과 시간이 들어갈지 미리 가늠해야 한다. 그런데 그런 문제들은 시작 단계에서 알지도 못하고 예상도 못 하는 경우가 대부분이다. 그러니 출하 일자가 부정확한 게 당연하다. **아무것도 모른 채로 추정하니 아예 빗나갈 수밖에 없는 것이다.**[70]

그런데 2000년대에 애자일 프로그래밍(agile programming)이라는 혁명적인 기법이 등장해서 많은 기업의 소프트웨어 개발 관행을 바꿔놓았다. 모두 복합시간을 받아들였기 때문에 가능한 일이었다. 다음은 〈애자일 선언〉 전문이다.

우리는 애자일 프로그래밍을 실천하는 동시에 다른 사람들도 그렇게 할 수 있도록 도움으로써 더욱 효과적인 소프트웨어 개발 방법을 찾고 있다. 이 과정에서 우리는

• 프로세스와 도구보다 사람들, 그리고 그들 사이에서 일어나는 교

류를

- 각종 문서를 만드는 것보다 올바로 작동하는 소프트웨어를 만드는 것을
- 계약 협상을 잘하는 것보다 소비자와 협업하는 것을
- 계획을 이행하는 것보다 변화에 대응하는 것을

더 중시하게 되었다. 물론 각 항목의 전자도 가치가 있지만 우리는 후자의 가치를 더 높이 평가한다.

지금까지 많은 기업이 애자일 프로그래밍(프로그래머들은 간단히 '애자일' 이라고만 한다)을 받아들였고, 그중에는 구글과 버라이즌 와이어리스(Verizon Wireless)처럼 크나큰 성공을 거둔 거대기업들도 적지 않다. 설마 이런 공룡기업들까지 받아들였으리라고는 예상도 못했겠지만 다른 부문은 몰라도 소프트웨어 프로젝트만 놓고 본다면 이들 기업은 이미 시간 개념이 완전히 바뀌어 있다. 그곳에서 일하는 프로그래머들은 애자일을 받아들이고 나서 이전에 여러 차례 실패를 불러왔던 고정된 일정에서 사실상 독립을 선언하고 있다. 물론 아무 대책 없이 그러는 것은 아니고 합리적인 대안까지 제시하고 있다. 그 대안의 핵심은 끊임없는 소통("이게 지금 우리가 하고 있는 작업입니다."), 협업("이제 아는 게 더 많아졌으니 무엇을 해야 하는지 이야기해봅시다."), 즉흥성("이야, 그 아이디어 잘 먹힐 것 같은데!"), 그리고 크고 작은 변화에 대한 적응성이다.

애자일은 단일시간 환경에서 복합시간이 잘 작용하게 한다. 오래되고 관습적인 모형을 크게 개선하는데다 그 방법들도 어디서나 통할 만큼 간

단하기 때문이다. 애자일은 기업이 프로세스를 바꿔서 시간적 변화를 활성화하는 방법을 아주 잘 보여주는 사례다.

애자일 소프트웨어 개발을 실천하는 기업에 가보면 어두운 방에 개발자들이 줄지어 앉아서 모니터에 코를 박고 타자만 치는 기업과는 분위기가 사뭇 다르다. 그곳에 가면 사람들이 삼삼오오 이야기를 나누며 활기차게 움직이는 광경을 볼 수 있다. 몇몇은 프로그램을 짜고 나머지는 그 뒤에 앉아서 프로그램에 관해 조언한다. 여기저기서 이야기 소리가 들릴 만큼 대단히 사교적인 분위기다.

애자일 팀은 앞으로 어떤 작업을 어떤 순서로 해야 할지 정확히 파악하고서 분기 목표를 세우는 식으로 일하는 게 아니라 일주일에 한 번씩 모여서 그 주에 시간을 어떻게 쓸지 의논한 다음 자신들이 앞으로 어떤 문제들을 해결해야 하는지 알려주는 이야기 목록을 검토한다. 이 문제들은 대부분 비기술자의 입에서 나온 것이다. 이를테면 고객이 자신의 필요를 설명하거나 고객 서비스 팀원이 버그를 보고한다든지, 또는 상품관리자가 새로운 기능을 정의하는 것 등이다. 이야기 목록은 질서 정연하긴 하지만 고정되어 있진 않다. 사용자, 상품 관리자 등의 새로운 필요에 따라 얼마든지 순서를 바꾸고 새로운 이야기를 집어넣을 수 있다. 프로그래머들은 건의사항을 내놓은 사람과 계속해서 접촉하면서 진척도를 알려주고 의견을 교환한다.

정말로 놀라운 점은 애자일이 기존 프로젝트 관리법처럼 조립라인 식으로 업무를 처리하고 철저하게 일정을 세우고 준수하는 것을 거부하는데도 출하 일정을 훨씬 잘 지킨다는 것이다. 기존에는 소프트웨어 프로젝트가 세상 빛을 보려면 적게는 몇 달, 길게는 몇 년이 걸렸고 그 전에 엎어지는 경우도 많았지만 애자일 기법을 쓰는 팀은 그와 반대로 기능 변화가 아무리 작더라도 작업 코드를 정기적으로(예를 들면 일주일에 한 번씩) 세상에 공개한다.

숙련된 경영인들은 이렇게 특이한 기법을 접하면 펄쩍 뛴다. "프로그래머들이 온종일 수다나 떨고! 이렇게 늘어져서 기한은 어떻게 지켜?" 하지만 조금만 더 겪어보면 애자일로 일한다고 일정 준수 능력이 사라지는 건 아니라는 사실을 깨닫게 된다. 사라지는 건 환상, 프로그래머들이 마감 기일에 납품할 게 무엇인지 정확히 아는 상태에서 일하고 있다는 환상이다. 애자일을 받아들이면 그런 환상 대신에 개발 프로세스를 꿰뚫어 보는 눈이 생긴다. 이는 아무도 믿지 않는 출하 일자보다 훨씬 가치 있는 것이다. 애자일은 굉장히 정직한 프로세스다.

애자일을 보면 일정을 계획하고 준수하는 관행이 전통적이냐 아니냐를 떠나서 어떤 기업에서든 시간을 보는 유동적인 관점을 활성화할 수 있다는 것을 알 수 있다. 이 개발 기법은 관계 중심적이어서 빡빡한 프로세스 대신 끊임없는 소통과 신뢰를 중시하므로 불확실성에 대응하는 데 더 유리하다. 애자일은 선형적 프로세스의 대안을 제시하여 세렌디피티가 일어날 가능성을 키운다. 애자일 프로세스는 새로운 지식과 사건이 정기적으로 꾸준히 흘러들어와서 엄격한 하향식 기법에서는 불가능한 방식으로 서로 연결되게 한다.

시간적 변화란 곧 우리가 애자일의 교훈을 사업의 다른 부문에도 받아들이는 것이다. 그럼으로써 우리는 순서가 아니라 흐름을 중심으로 프로세스를 구축할 자리를 찾게 된다.

이제부터 설명하려는 사회적 변화의 활성화란 자칫하면 자기표현을 억누를 수도 있는 환경에서 반대로 자기표현의 여지를 만드는 것을 뜻한다. '사회적 변화'는 우리가 대인관계에서 자유롭게 자신을 표현할 수 있게 한다. 온라인에서든 휴게실이나 기차 안에서든 간에 사람들과 교류하다 보면 때마침 하고 있던 일과 밀접한 관련이 있는 예상외의 아이디어를 접하는 경우가 있다(우리도 이 글을 쓰는 동안 그런 일을 끊임없이 겪었다). 우리가 움직임을 일으키는 행동과 경험을 다른 사람들과 허심탄회하게 나누고 상대방도 거기에 화답하면 그렇게 풍요로운 세렌디피티의 원천을 더 잘 활용할 수 있게 된다.

하지만 우리가 항상 사회적 변화를 누릴 수 있는 것은 아니다. 요즘 여기저기서 '사회적(소셜)'이라는 말을 쓰지만 사실 우리가 다른 사람들에게 들릴 만큼 자신을 표현하느냐 마느냐는 처한 상황에 따라 크게 달라진다. 우리는 어떨 때는 쥐처럼 수줍음을 타고 또 어떨 때는 강아지처럼 사교적인 모습을 보인다. 무엇이 우리를 그렇게 이끄는가? 여기에 대답을 하는 게 바로 다양한 상황에서 더 큰 사교성을 보일 수 있게 하는 경험들을 설계하는 과정의 출발점이다.

직관적으로 떠오르는 답은 우리가 주변 사람들의 행동에서 드러나는 사회적 규범에 크게 영향을 받기 때문이라는 것이다. 소련의 부속국이었던 체코의 민주화를 주도한 바츨라프 하벨(Václav Havel) 전 대통령. 그가 권좌에 오른 때는 공산정권의 억압적 통치가 수십 년 동안 이어진 후였다. 그는 자신의 취임이 상징하는 긍정적 변화를 알리기 위해서, 또 주변 사람들이 수십 년 동안 갇혀 있던 정신적 감옥에서 빠져나오게 하기 위해서 **대**

통령궁 안에서 롤러스케이트를 타고[71] 회의를 주재하러 다녔다. 대통령이 그토록 명랑하게 처신하자 궁 안의 사람들은 물론이고 국민 전체가 그동안의 억압에서 벗어나 자신의 감정과 의견을 자유로이 표현할 수 있게 됐음을 깨닫게 됐다.

이와 비슷하게 참가자들에게 사회적 변화를 활성화한 회의의 사례가 있다. 대범하게도 **'세상에서 가장 재미있는 회의'**[72]라고 이름 붙인 회의다. 갯새티스팩션의 전 마케팅부사장으로 이 회의를 탄생시킨 키스 메식(Keith Messick)은 "회의실을 가득 채운 사람들을 마치 스노우볼(유리로 된 둥근 장난감으로 흔들면 안에서 눈송이가 떨어진다—옮긴이)처럼 흔들어서 창조의 광채가 눈송이처럼 떨어지는 것을 보고 싶다"고 했다. 그는 회의실 문 앞에 빨간 벨벳으로 된 끈을 쳐서 초대받은 사람 이외에는 출입을 금지했다. 회의는 모든 참가자가 백스트리트 보이즈(Backstreet Boys)의 〈나는 그렇게 되길 원해I Want It That Way〉를 부르면서 시작됐다. 이후로 속도감 있게 진행되는 회의를 보면 첨단기술 마케팅 기획 회의라기보다는 방송 작가들의 브레인스토밍 회의 같았다. 키스는 구슬픈 트롬본 소리, 웃음 소리, 박수 소리 등을 이용해 회의 내내 음향 효과를 넣어서 사람들의 참여를 이끌어냈다. 그래서 시종일관 웃음이 끊이지 않고 시끌벅적한 분위기였는데, 여기서 중요한 것은 그 덕에 모든 사람이 내면의 비판자를 잠재우고 열린 마음으로 아이디어를 나눴다는 것이다.

기술도 우리가 사회적 변화를 일으키는 데 중대한 역할을 할 수 있다. 기술은 새로운 자기표현 방법을 마련해준다. 우리가 갯새티스팩션으로 누구나 자기를 표현할 수 있는 새로운 종류의 온라인 고객 커뮤니티를 만들기로 했을 때 주요 목표도 바로 그것이었다. 우리가 어떤 단계와 과정을 거쳤는지 보면 사회적 변화를 활성화하는 방법을 속성으로 배울 수 있으리라 본다.

고객 커뮤니티는 오래전부터 존재했는데 주로 기업이나 브랜드가 개설하거나 상품의 사용자가 독립적으로 개설한 동호회 형태였다. 1990년대 중반에 상업 웹사이트가 등장한 이래로 마이크로소프트, 애플, 어도비 등 많은 기술기업이 날로 번창하는 커뮤니티를 보유했다. 그러나 고객 커뮤니티는 기술기업의 전유물이 아니었다. 자동차와 오토바이(폭스바겐, 할리데이비슨), 장난감과 게임(레고, 소니 플레이스테이션) 등 애호가들이 있는 상품은 무엇이든 동호회가 생겨났다. 그런데 이런 초기 동호회들은 크게 두 가지 단점이 있었다. 주류 사용자들을 끌어들이지 못하고, 경영계 전반의 인정을 받지 못한다는 점이었다. 동호회란 어디까지나 얼리어댑터와 마니아, 그리고 그들이 아끼는 브랜드에만 해당하는 이야기였다.

이런 동호회는 비주류 취급을 받고 경시당했다. '동호회는 죽돌이들이 노는 곳'이라는 인식이 강했다. 그리고 점점 더 그런 경향이 강해지기도 했다. 동호회 사용자들이 자기들만의 대화법을 만들어서 특권 의식을 품기 시작한 것이었다. 그래서 새로 가입하거나 우연히 들른 사람들은 마치 다들 몇 년씩 알고 지낸 사람들이 모인 파티에 초대받은 이방인처럼 푸대접받는 기분이었다.

같은 고객의 입장에서 질문을 올렸는데 이미 그 전에 똑같은 질문이 올라와서 답이 달린 적이 있다면(물론 질문을 올린 사람은 알 리가 없지만) "글 쓰기 전에 검색부터 하세요!"라는 글이 달린다. 그나마 이런 반응은 친절한 편에 속한다! 아예 **"뭥미? 오나전 젖뉴비 주제에 귀차니즘 쩌네."**[73]처럼 죄 없는 방문객이 알아들을 수도 없는 모욕적인 언사를 퍼부을 때도 있다.

기존의 동호회들의 문제점은 배타성뿐만이 아니었다. 글들이 괴상하게 분류되어 있어서 찾으려는 내용이 있어도 그게 어떤 범주에 속하는지 알아내기가 쉽지 않았다. 검색 기능도 형편없어서 답을 검색하는 것 역시 어려웠다. 디자인도 동호회에 빈번히 드나드는 사람들에겐 근사해 보일지 몰라도 일반적인 고객들은 겁을 먹고 물러날 정도였다.

그런데 이런 단점들이 있긴 했지만 무시할 수 없는 장점도 분명히 있었다. 사람들이 다른 사람들에게도 필요할 법한 정보를 언제든 공개적으로 등록할 수 있게 해서 서로 도움을 주고받게 한 것이다. 이렇게 풍부한 정보가 깃든 대화는 세렌디피티의 이상적인 토대가 될 수 있다. 특히 해당 동호회가 구글에 색인 처리돼서 검색 가능해진다면 더욱 그렇다. 여기서 가능성을 발견한 우리는 겟새티스팩션을 통해서 이런 상황을 개선해보기로 했다.

우리는 먼저 기존의 동호회에서 일어나는 대화의 종류를 살펴보기로 했다. 그러면 사람들의 기본적인 욕구를 밝힐 실마리를 얻을 수 있을 것 같았다. 존 디어 트랙터, 미니 쿠퍼, 스크랩 용품 회사 동호회 등 수십 개 커뮤니티에 올라온 글들을 살펴보니 어디서나 보이는 양상이 몇 가지 있었다. 첫째, 대부분의 사람이 그냥 잡담을 나누는 게 아니라 구체적인 결과를 원했다. 그 결과란 질문에 대한 답(그중 많은 질문이 애초에 기업이 의도했던 것과 다른 사용법에 관한 것이어서 기업 차원의 답변이 불가능했다), 상품과 관련된 문제의 해결책, 상품 개선을 위한 조언과 건의사항 등이었다. 둘째, 커뮤니티를 탄생시키고 존속시키는 것은 브랜드 및 다른 고객들과 관계를 맺고자 하는 사람들의 욕망이었다. 사람들은 원하는 결과를 못 얻을지언정 누구라도 자기 말을 들어주길 바랐다.

요컨대 고객 커뮤니티를 만드는 비법은, 사람들이 원하는 결과를 얻고 누군가 자기 말을 들어준다고 느끼도록 하는 것이다.

우리는 이 대목에서 활성화의 과제를 찾았다. 그것은 일상적인 상품과 서비스를 이용하는 주류 고객들이 생전 처음 접해본 웹 기반의 공개 환경에서 자신을 표현하고 다른 사람들에게 상품에 관해 묻고 문제를 해결할 수 있게 하는 것이었다. 그러자면 기존 동호회에서 죽돌이를 제외한 모든 사람이 느꼈던 거리감을 없애면서도 세렌디피티 친화적인 속성을 유지하는 게 중요했다.

이런 식의 활성화를 실험하는 게 우리만은 아니었다. 트위터와 페이스북도 같은 시기에 자기들만의 만능 소셜 네트워크를 구축하기 위해 애썼고, 얼마 안 가서 두 서비스 모두 고객과 더욱 효과적으로 교류하기를 원하는 브랜드들에게 받아들여졌다. 겟새티스팩션을 포함한 세 서비스 모두 기업과 고객이 웹에서 새로운 방식으로 더 친근하고 원활하게 대화하도록 한다는 취지는 같았지만 사람들이 자신을 표현하도록 유도하는 방법은 크게 달랐다.

그래서 각 서비스가 이끌어내는 반응도 전혀 다르다. 각 서비스는 저만의 방식으로 사람들 안에 있는 별난 성향을 건드려서 그들이 온라인에서 자신의 다양한 면을 표현하게 함으로써 사회적 변화를 활성화한다.

- **트위터:** 트위터의 기법에는 몇 가지 뚜렷한 특징이 있다. 무엇보다 큰 특징은 글(트윗)의 길이를 140자로 제한해서 사람들이 블로그에서처럼 긴 글을 써야 한다는 부담감에서 벗어나게 한다는 것이다. 트위터에서는 짤막하게 한 줄로 생각을 표현하면 그만이다.

그래서 합당한 이유와 증거를 제시하며 깊이 있게 글을 써야 한다는 사회적 압박감을 피할 수 있다.

사용자들은 다른 소셜 시스템과 달리 트위터에서는 하루에 수십 번씩 글을 올린다. 트위터는 즉흥성을 강조하는 서비스인 만큼 그때그때 뇌리를 스치는 생각을 표현하고 이런저런 소식을 실시간으로 전달하기에 안성맞춤이다. 또한 140자 제한 덕분에 부연 설명을 할 필요가 없으므로 흥미로운 링크나 콘텐츠를 공유하기에 이메일보다 나은, 이상적인 매체이기도 하다.

사용자들은 트위터를 공개적인 표현 수단으로만 아니라 상품 브랜드를 포함해 그 안에서 활동하는 누구와도 직접 소통할 수 있는 수단으로 여긴다. 사용자들은 마음이 동할 때마다 수시로 의견을 전송하면서 그것이 목표한 청중에게 올바로 전달되리라 확신한다. 그래서 트위터는 경이로울 만큼 개방적이고 편리한 환경으로서 개인이 자신에게 중요한 사람과 기업에 느끼는 거리감을 없애버린다.

이런 특징들이 하나로 어우러져서 사용자들 안에 있는, 거리낌 없이 표현하고 싶은 본능을 활성화하기 때문에 트위터는 많은 사람 속에서 세렌디피티적 발견을 부르기에 이상적인 도구다. 트윗 수백 개를 그냥 훑다 보면 무언가 눈길을 끄는 게 나타나게 마련이다. 쓴 사람은 그냥 내뱉은 말이지만 뜻밖에도 그 덕에 우리의 업무가 다른 방향으로 나아가는 놀라운 일이 일어난다. 트윗은 하나같이 깊이가 없지만 그렇기 때문에 한눈에 읽을 수 있다. 그리고 자세한 설명은 링크나 구글 검색을 이용하면 된다. 트위터는 세렌디피티의 원재료가 끊임없이 나오는 화수분이다.

- 페이스북: 트위터와 대조적으로 페이스북은 모든 사용자가 실명을 사용해야 한다. 가명을 사용한 계정은 적발되는 대로 차단된다. 이렇게 반드시 실제 신분을 사용하도록 하기 때문에 평생 알아온 사람들이 페이스북을 통해 끈끈한 유대감을 형성하게 된다.

페이스북을 이용하면 어릴 적 친구를 찾고, 직장 동료나 직업상 아는 사람들과 계속 연락을 주고받을 수 있다. 이같이 오래 알고 지냈든 새로 사귀었든 친구들과 연결되고 싶은 욕망 때문에 사람들은 자발적으로 페이스북 프로필에 결혼 여부, 직업, 출신 학교 등 상세한 개인정보를 기입해서 다른 사람들이 자신을 쉽게 찾을 수 있게 한다. 다른 사람을 '친구 추가'하려면 상대방이 확실하게 수락을 해줘야 하므로 트위터 같은 서비스보다 더 끈끈한 쌍방향 관계가 형성된다.

우리가 페이스북을 이용할 때 그 중심축은 뉴스피드다. 뉴스피드는 우리가 추가한 친구들의 공유 콘텐츠를 보여주는 공간인데, 사람들이 올린 것이 전부 다 표시되는 게 아니라 복잡한 알고리즘을 통해 선정된 것만 화면에 나타난다. 사람들이 페이스북에 글을 올리는 빈도를 보면 트위터의 수준에는 못 미친다. 그 이유는 글의 길이가 140자로 제한되어 있지 않고 뉴스피드를 혼자 도배하는 게 무례한 행동으로 여겨지기 때문이다. 하지만 일단 올라온 글을 보면 대부분이 트위터의 글보다 사적인 성향이 강한데, 트위터보다 가까운 관계인 사람들이 똑같은 것을 읽고 반응하니 그 결과로 왕성한 대화가 일어난다.

페이스북도 트위터처럼 가벼운 마음으로 사용하면서 세렌디피티의 여지를 만든다는 이점이 있다. 특히 화면 한쪽으로 친구들의 활동을 실시간으로 보여주는 '지금 이 순간' 기능이 생기면서 그런 이점이 더욱 커졌다. 하지만 본질적인 면을 보자면 페이스북이 활성화하는 것은 친밀감이다. 친한 사이는 물론이고 그냥 얼굴만 아는 사이에서도 그렇다. 그리고 그런 친밀감 덕분에 세렌디피티적 발견의 쌍방향성이 커지기 때문에 우리에게 가장 중요한 사물 및 사람들 사이에서 연결고리를 보고 만들 수 있다. 트위터는 방송 같은 성격으로 세렌디피티의 원재료를 더 많이 확보할 수 있게 한다면 페이스북은 친밀감으로 황금을 채굴할 수 있게 한다.

- 겟새티스팩션: 겟새티스팩션을 시작할 때 우리는 누구나 상품에 대한 호기심이나 실망이 생기면 망설이지 않고 기업에 이메일을 보낸다는 사실을 잘 알고 있었다. 하지만 이메일을 보내기는 쉬워도 쓸만한 대답을 얻기란 쉽지 않았다. 때로는 아예 이메일을 받았다는 답장조차 못 받는 경우도 있었다. 그래서 우리는 이메일을 보내는 것처럼 손쉽게 공개 커뮤니티에 글을 올릴 수 있는 환경을 마련하기로 했다.

이를 위해 우리는 기업의 '연락처' 페이지에 쉽게 넣을 수 있는 위젯을 만들었다. 본래 그런 페이지에는 '고객님의 의견이나 건의사항을 이메일로 보내주십시오'라며 이메일 주소가 열거되어 있지만 우리의 위젯은 더 새롭고 공개적인 방식을 선보였다. 고객의 의견과 문제를 접수하는 것은 물론이고 그것을 화면에 표시해서 항상 고객들의 최근 관심사와 최대 관심사를 보여주는 것이었다. 이는 고객의 의견을 접수하고도 처리 과정을 보여주지 않는 기존의 불투명한 방식과 차원이 달랐다.

공개 메시지를 손쉽게 올릴 수 있게 함으로써 우리는 사람들이 이메일을 보낼 때보다 더 다양한 의견과 아이디어를 표현하고 나눌 수 있는 여건을 만들었다. 이로써 고객들이 기업의 임직원을 비롯해 다른 사람들도 자기 생각을 읽고 공개적으로 반응을 보이리란 사실을 알게 되자 그들이 나누는 의견의 질과 성격도 바뀌었다.

겟새티스팩션에서는 사람들이 서로를 친구 추가하거나 팔로우하지 않지만 자신이 구입한 상품과 서비스를 최대한 활용하겠다는 공동의 목표가 있다. 고객들은 어떤 상품에 대해 비슷한 문제를 겪을 때 하나가 되어서 서로 머리를 맞대고, 또는 회사의 직원들과 손을 잡고 해결 방안을 궁리한다.

고객이 올리는 메시지는 모두 소기의 활동, 곧 질문, 문제 제기, 아이디어 제안, 칭찬 중 하나로 연결된다. 그리고 이런 활동은 저마다 구체적으로 목표하는 결과가 있다. 질문이 해결되고, 문제가 풀리고, 아이디어가 실행되면 해당 메시지는 공식적으로 '완료' 처리된다. 기존 고객 동호회가 끝없이 토론을 허용하는 것과 달리 이렇게 결과에 초점을 맞추면 해당 사이트를 이용하는 사람들이 서로 협력하게 된다. 그러면 관련된 사람들이 모두 한층 긍정적인 경험을 할 뿐만 아니라 다른 직원들은 물론이고 다른 고객들까지도 해법 마련에 합류하게 된다. 사실 가장 좋은 답은 주로 다른 고객들에게서 나온다. 따지고 보면 당연한 이치다. 그들이야말로 상품을 가장 많이 사용하는 사람이 아니던가!

상품이나 서비스에 관한 질문이나 의견을 제시할 때 사람들은 흔히 감정적인 태도를 보인다. 그런데 겟새티스팩션은 감정을 억누르는 게 아니라 오히려 발산하도록 돕는다. 그것도 분노를 아무렇게나 내뿜게 하는 게 아니라 긍정적인 방향으로 표출해서 구체적인 결과가 나오게 한다. 우리는 '새티스팩토미터(Satisfactometer)'라는 이모티콘 위젯을 만들어서 사람들이 그림과 글자로 자기 감정을 있는 그대로 표현할 수 있게 했다. 이를 통해 고객들은 글을 쓰면서 화도 내고 호들갑도 떨고 기쁨도 드러낸다.

새티스팩토미터를 도입하고 알게 된 사실인데 고객들은 글의 결과와 상관없이 새티스팩토미터를 사용한 것만으로 자신의 '감정'을 똑바로 전달했다는 후련함을 느낀다. 그리고 새티스팩토미터를 도입한 이후로 기업이 고객 의견을 읽고 받아들이는 빈도도 높아졌다. 기존 고객 서비스에는 없었던 감정적 요소를 집어넣자 기업 내에서 고객의 목소리가 세렌디피티를 일으킬 가능성이 커진 것이다.

지금까지 살펴본 세 가지 온라인 서비스는 모두 고객과 기업이 소통할 수 있게 한다는 공통점이 있지만 저마다 글자 수를 140자로 제한한다든가(트위터) 모든 글을 질문, 문제 제기, 아이디어 제안, 칭찬 중 하나의 범주에 넣게 하는(겟새티스팩션) 등 나름대로 특색 있는 조건을 넣었기 때문에 사용자들에게서 이끌어내는 사회적 반응도 조금씩 다르다. 세렌디피티가 일어날 조건을 마련하고 싶다면 그냥 정보의 흐름을 트고 인습을 타파하는 정도로는 안 된다. 사회적 변화가 일어나는 것은 '꼭 맞는' 제약 사항을 만들어서 사람들이 마음을 열고 더욱 자기답게 행동하도록 할 때다.

감정적 변화

세렌디피티가 일어날 조건을 마련하려면 자신을 표현하는 것도 중요하지만 다른 사람들의 의견도 더 잘 들을 줄 알아야 한다. 세렌디피티가 일어날 상황을 맞닥뜨리는 정도로는 부족하고, 그런 상황을 받아들이고 거기에 대응할 준비가 되어 있어야 하는 것이다. 다행히도 우리의 환경에 감정적 변화를 일으키면 서로에게 귀를 기울이고 반응하는 능력이 길러진다.

수용의 기본은 피드백 고리다. 피드백 고리가 만들어지려면 누군가가 표현을 하고 있을 때 다른 사람들은 그것을 들으며 반응을 보여야 한다. 트위터, 페이스북, 겟새티스팩션은 모두 피드백 루프를 살려서 대화가 계속해서 흘러가게 한다. 트위터는 사람들이 '팔로우'를 통해 타인을 지지할 수 있고, 페이스북은 '좋아요' 버튼으로 서로의 글에 호감을 표시할 수 있으며, 겟새티스팩션은 버튼 하나로 "나도 같은 질문이 있어요"라는 뜻을 전달해서 해당 메시지가 기업을 비롯한 커뮤니티의 다른 구성원에게 더 잘 보이게 할 수 있다. 저마다 사용자가 다른 사용자를 인정하며 "참 잘했습니다. 좋은 말씀입니다"라는 뜻을 전달해서 상대방을 기분 좋고 자신 있게 해줄 방법이 있는 셈이다. 이처럼 피드백에 대한 감정적인 반응이 있어야 고리가 완성되어서 사람들이 마음을 닫지 않고 계속해서 참여를 하게 된다.

집단에서 수용을 활성화하는 방법으로 점점 인기를 얻고 있는 것이 있다. 바로 즉흥극이다. 즉흥극에서 가장 중요한 말은 "좋아요, 그리고…"다. 즉흥극에서 제대로 된 장면이 만들어지려면 사람들이 순간순간 나오는 제안들을 거부하지 않고 수용해서 거기에 살을 붙여나가야 한다. 바로 전 사람이 한 말이 아무리 이상하고 비현실적이라고 하더라도 즉흥극에 참여한 사람들은 모두 그것이 그 상황에서 효력을 발휘하게 할 방안을 찾을 의무가 있다. 참가자들은 시종일관 다른 사람들의 아이디어를 받아서 확장해야 한다.

이처럼 다른 사람이 내놓은 것을 받아서 거기에 살을 붙인다는 기본 규칙에 힘입어 장면이 계속 진행되다 보면 참가자들은 자신감이 생겨서 함께 긍정적인 결말로 나아간다. "좋아요, 그리고…"라는 단순한 말이 주변 상황에 대한 사람들의 감정적 반응을 변화시키고 또 세렌디피티를 일으키는 주문으로 작용할 수 있는 까닭은 그 본질이 아무런 비판 없이 우연을 따르는 것이기 때문이다.

이 기법을 경영에 도입한 기업이 있어 소개한다. 포티 에이전시(Forty Agency)라는 디자인 회사다. 이 회사는 즉흥극으로 임직원이 새로운 아이디어에 마음을 열게 했다.

애리조나주 스코츠데일 외곽에 자리 잡은 포티 에이전시의 주 업무는 창의적인 방법으로 브랜드들의 웹 진출을 돕는 것이다. 설립된 지는 제법 됐지만 몇 년 전 데이비드 코선드(David Cosand)를 영입한 이후 빠르게 변화하기 시작했다. 순전히 창의적인 전략 수립 능력만 보고 기용한 데이비드에게 회사를 즉흥극단으로 만들겠다는 복안이 있을 줄이야 다들 꿈에도 몰랐다. 데이비드는 그 아이디어가 머릿속에서 싹튼 과정을 이렇게 설명했다.

"제가 처음으로 즉흥극을 본 것은 고등학교 때였는데, 보자마자 그 돌발성과 절묘함에 반해버렸습니다. 그래서 수업도 듣고 직장인 극단 오디션도 봤죠. 제가 참가했던 작품에서 가장 중요했던 것은 참가자들이 어떤 관계를 맺느냐, 순간순간 어떤 이야기가 펼쳐지느냐였습니다."

"그게 제 인생을 바꿔놓았습니다. 속에서 뭔가가 열렸어요. 의미와 집단 안에서 내 역할을 이해하게 됐죠. 작품을 끝내고 나서도 일상생활을 하면서 업무에서든 인간관계에서든 훨씬 큰 연결감을 느꼈습니다. 의사소통하고 이해하고 경청하고 공감하는 능력이 향상됐어요. **즉흥극에서는 항상 장면이 어떻게 진행되는지 알기 위해서 귀를 기울여야만 하니까요.**[74] **"**

새 직장에 들어간 지 채 몇 주가 되지 않아서 데이비드는 즉흥극을 회사의 뼈대로 삼을 수 있겠다 싶은 생각이 들었다. 그래서 다른 임직원들과 힘을 합쳐서 기초를 다졌다. 그것은 곧 경청(다른 사람이 하는 말을 완전히 흡수한다), 수용(황당한 것도 받아들인다), 지지(다른 사람을 돋보이게 하면 나도 돋보인다)였다.

데이비드는 날마다 일과를 시작하기 전에 즉흥극 기술을 소개했다. 이후 그게 회사의 관행이 되어서 동료 간의 협력은 물론이고 의뢰인과의 교류, 브레인스토밍 등 업무의 거의 모든 영역에 영향을 끼쳤다. 데이비드의 동료인 에이미의 말을 빌리자면 "이젠 아침마다 즉흥극으로 몸을 풀지 않으면 종일 찌뿌둥해서 못 견딜 정도"라고 한다.

이들이 사용하는 기법(현재는 30가지쯤 된다)은 단순히 서로 몸짓을 교환하는 수준부터 '즉흥극'이라고 하면 으레 떠오르는 아주 전문적이고 극적인 기법에 이르기까지 다양하다. 그중에서도 수용 능력을 가장 크게 키우는 것은 단연 "좋아요, 그리고…"다. 이 말 덕분에 포티 에이전시의 임직원은 자신이 다른 사람들의 피드백에 얼마나 민감한지 알게 되었고, 자신의 투입물이 받아들여진다고 확신할 때 날마다 직장 생활에서 빚어지는 예상치 못한 굴곡에 더 잘 대처할 수 있다는 사실을 깨달았다. 반대로 확신이 없으면 변화를 거부하고 새로운 방향으로 가지를 내밀 수 없다는 것

또한 즉흥극을 통해 배운 교훈이다. 데이비드의 말을 옮긴다.

"가끔 우리한테 답이 있는데도 의뢰인이 들으려고 하지 않는 것 같으면 좀 힘들어도 의뢰인과 함께 한 걸음씩 물러나려고 합니다. 의뢰인이 우리더러 이쪽이 창조를 위한 방향이니까 꼭 그리로 가야 한다고 우길 경우, 우리는 의뢰인도 현재 장면의 일원임을 인정해야만 합니다. 즉흥극이라는 렌즈로 보면 의뢰인이 틀렸으니 우리 식대로 하겠다는 말은 절대로 할 수가 없죠. 그 장면에서 훌륭한 '공연자'가 되려면 의뢰인의 생각이 우리 생각과 다르다고 해도 의뢰인을 지지해야 해요. 이럴 때 '지지'란 우리가 예상치 못한 방향으로 나아가는 겁니다. 우리 머릿속에 있는 좋은 아이디어를 선뜻 놓아버리고, 의뢰인을 포함해 모두가 올바른 해결책을 찾게 되리라고 믿는 거죠. 우리는 그냥 배우일 뿐입니다."

이 모든 게 어우러지면 "좋아요, 그리고…"는 즉흥극의 꽃이라고 할 수 있는 '집단정신'으로 이어진다. 집단정신은 모든 구성원이 완벽한 조화를 이루며 서로에게 귀를 기울여서 언제 나서고 물러서고 흔들지를 알 때 비로소 고개를 든다.

데이비드는 "집단정신이 있고 없고는 그때그때 알 수 있습니다. 다른 예술들도 그렇잖아요. 자신이 전력을 다하고 있고 모든 사람이 협동하고 있으면 의식하지 않아도 그 분위기가 느껴지는 거에요. 즉흥극은 우리가 그런 단계에 이를 수 있도록 도와줍니다"라고 했다.

아직 즉흥극을 경영에 도입할 준비가 되어 있지 않은 사람이라고 하더라도 이를 보면 이처럼 단순한 기법으로 우리가 서로를 더 잘 받아들이게 되고, 또 다른 사람에게 지지받고 싶은 서로의 기본적인 욕구에 더욱 민감해질 수 있다는 사실만큼은 알 수 있다. 말하자면 즉흥극은 생산적인 피드백 고리를 만드는 기술인데 피드백 고리는 일단 만들어지면 어지간해서는 끊어지지 않는 특징이 있다. 좀 어렵더라도 시작만 하면 나머지는 술술 풀린다고 할까.

제약 받아들이기

롭 오스틴(Rob Austin)과 리 데빈(Lee Devin) 교수는 오랫동안 예술 기법을 상품 개발에 효과적으로 접목하는 방법을 연구했다. 하버드대학교의 경영학 교수인 오스틴과 스워스모어대학교의 연극학 교수인 데빈은 어느 모로 보나 전혀 어울리지 않는 한 쌍이다. 하지만 그들의 저서 《절묘한 제작법: 경영자들이 알아야 할 예술가들의 작업법Artful Making: What Managers Need to Know About How Artists Work》을 보면 또 그렇게 잘 어울릴 수가 없다. 오스틴과 데빈은 연극, 회화, 춤, 조각 등 수많은 분야에서 예술가들의 작업법을 연구하면서 그들이 정통적인 경영인의 눈으로 보기에는 혼돈에 가까운 조건에서 어떻게 그토록 우수한 작품을 만들어낼 수 있는지 궁리했다.

그 결과로 성공하는 예술가들은 우연을 창조와 생산 과정의 핵심 요소로 받아들인다는 사실을 알아냈다. 두 사람은 "새로운 것, 전에 없던 것을 만들고자 한다면 그 과정에서 과감히 즉흥성을 발휘해야 한다"고 썼다. 그런데 예술가의 저력을 활성화하는 것은 다름 아닌 예술 창작과 관련된 구조, 다른 말로 하자면 무대, 관객의 집중력, 연습 일정, 캔버스, 점토의 성질 같은 제약 사항이다. 오스틴과 데빈은 극단이 연습을 시작할 때 작품을 어떻게 무대에 올릴지 확실한 구상이 없다고 하더라도 정해진 공연 일정이 중요한 뼈대로 작용하기 때문에 어떤 일이 있어도 개막일에는 아주 재미있는 작품이 나온다고 했다. 미지의 것, 곧 세렌디피티에 대한 예술가들의 개방성이 생산성을 발휘하는 것은 작업 환경에 '의도적 제약'이 있기 때문이다.

지금까지 살펴본 공간적, 시간적, 사회적, 감정적 변화를 보면 각각 뉴욕의 길거리 공연 프로그램 구성, 매주 작업 코드를 공개하는 것, 트위터의 140자 제한, 즉흥극의 "좋아요, 그리고…" 등 새로운 제약 사항을 두어서 세렌디피티로 이어질 만한 충동을 활성화했음을 알 수 있다. 물론 제약이 무조건 좋다고 할 수는 없지만 우리가 신경 써서 '올바른' 제약을 마련한다면 전혀 새로운 방식으로 보고 행동할 수 있는 가능성의 문이 열린다. 제약이 있으면 이전에 보지 못한 것을 보고, 하지 못한 것을 하고, 느끼지 못한 것을 느낄 수 있다. 그것이야말로 우리가 행운을 누리기 위해서 필요한 행동과 반응이 아니던가.

여섯 번째 기술
연결

—

네트워크에 사로잡힌 세상에서는 우리가 얼마나 '많은' 사람과 연결되느냐가
중시되지만 사실 연결의 기술은 현재 사용하는 시스템에서 최대한 많은 친구나
팔로워를 모으는 것과는 상관이 없다. 연결의 기술은 그보다 도전적이고 개인적이며
그래서 훨씬 값지다. 연결의 기술에서 핵심은 우리가 서로 능동적으로 교류해서
각자의 연결 범위가 더욱 넓어지도록 하는 것이다.

"나는 지금껏 내가 만난 모든 사람의 일부이다."
– 앨프러드 테니슨(Alfred Tennyson)

Get Lucky

실제로 건초 더미에서 바늘을 찾으려면 어느 정도로 힘이 들까?

답을 알고 싶으면 직접 건초를 한 번에 하나씩 빼가면서 반짝이는 쇠붙이를 찾아보면 된다. 운이 좋으면 금방 찾을 테고 아니면 건초를 다 뒤지고 나서야 간신히 찾을 수도 있다. 바로 찾느냐 막판에 가서 찾느냐, 아니면 그 사이에 찾느냐는 그때그때 다르다. 절대로 미리 알 수 없다. 하지만 그러는 데 걸리는 시간이 가장 짧을 때와 가장 길 때의 차이는 계산할 수 있다. 만약 건초가 총 500만 개 있고 하나를 살피는 데 0.5초가 걸린다고 하면 최소 0.5초, 최대 28.9일이 걸린다. 물론 밥도 안 먹고 화장실도 안 가고 잠도 안 잘 때의 얘기다. 그러자면 온 힘을 거기에 기울여야 하는데 과연 그럴 사람이 있을까.

그러다 사람 잡는다. 그런데 요즘이 어떤 시대인가. 이런 데 쓰라고 기계가 있는 것 아닌가! 실제로 **2004년에 〈호기심 해결사**(Mythbusters)**라는 인기 TV 프로그램에서 그렇게 했다.**[75] 진행자인 애덤 새비지(Adam Savage)와 제이미 하인먼(Jamie Hayneman)은 현대 기술을 이용해도 건초 더미에서 바늘 찾기가 어려운지 확인해 보기로 했다. 그래서 각각 팀을 꾸려서 어느 쪽이 먼저 바늘을 찾는지 겨루는 대결을 펼쳤다. 각 팀은 기발한 탐색 방법을 마련해서 건초 뭉치 10개 속에 숨겨진 바늘 4개를 찾아야 했다. 바늘 모양이 모두 달라서 더욱 흥미진진했다. 세 개는 쇠붙이의 크기가 달랐고 나머지 하나는 뼈로 만들어져 있었다.

새비지의 팀이 사용한 니들파인더 2000(Needlefinder 2000)은 다량의 건초를 빠른 속도로 정수 장치에 밀어 넣는 기계였다. 그러면 바늘만 가라앉고 건초는 물에 뜰 것이라는 계산이 있었다. 하인먼의 팀은 또 달랐다. 그들이 사용한 디 어스, 윈드, 앤 파이어(the Earth, Wind, and Fire)는 건초를 모조리 태워서 재와 바늘만 남기도록 고안된 기계였다.

두 팀은 눈부신 속도로 움직였다. 종일 물과 불에 건초를 집어넣느라 고군분투하는 게 보는 사람에게는 뜻밖에도 꽤 재미가 있었다. 결국 승리를 거머쥔 쪽은 새비지의 팀이었다. 간발의 차이였다. 두 팀의 기계 모두 사람이 손으로 건초를 뒤질 때보다 훨씬 효율적으로 작업을 처리했다. 거의 한 달이 걸릴 일을 하루 만에 끝낸 것이었다. 하지만 하루도 긴 시간이다. 방송의 결론? 건초 더미에서 바늘 찾는다는 속담이 여전히 유효하다는 것이었다. 찾을 수야 있겠지만 그러려면 어마어마한 노력이 필요한 법.

건초 더미에서 바늘 찾기 급의 문제는 우리의 사생활과 일에서도 흔히 찾아볼 수 있다. 그런 문제는 우리가 동업자, 희한한 컴퓨터 문제의 해결책, 책에 쓸 인상적인 일화 등 무언가를 찾아야 하지만 도대체 어떻게 찾아야 할지 모를 때 수면 위로 떠오른다. 우리가 찾는 대상은 정보의 홍수에 잠긴 복잡한 세상 어디에든 있을 수 있다. 그리고 우리가 그것을 찾기 위해서 건초를 하나씩 살펴본다면 설사 〈호기심 해결사〉의 출연진처럼 기계를 이용한다고 하더라도 오랜 시간이 걸린다. 방송에서 보여줬듯이 그 과정은 기력과 자원 소모도 심하고 폐기물도 많이 생긴다. 우리가 찾는 바늘(또는 아이디어, 실마리, 설명)이 어딘가 있는 것은 확실하지만 그것을 찾기 위해서 들여야 할 시간과 노력을 생각하면 시작하기도 전에 김이 팍 새기도 한다.

구원의 손길, 네트워크

참 다행스럽게도 우리가 찾는 것을 더욱 효과적으로 찾는 방법도 있다. 네트워크 시대가 도래한 이래로 우리는 세상과 연결이 되어서 세렌디피티를 일으킬 기회를 무궁무진하게 누리고 있다. 정말로 좋은 현상이다. 왜냐하면 **건초 더미에서 바늘 찾기 급의 문제를 해결하려면 혼자 힘으로는 역부족일 경우가 많기 때문이다.**[76] 그래서 다른 사람 및 조직과 잘 연결되도록 하는 것이 계획적 세렌디피티의 핵심 기술 중 하나다.

이 기술은 인간의 역사가 시작된 이래로 언제나 없어서는 안 될 기술이었다. 지난 수천 년 동안 우리는 서로 연결될 방법을 셀 수 없이 많이 고안해냈다. 지역 공동체, 직장, 교회, 정당, 학교, 자선단체도 모두 거기에 속한다. 우리는 작은 부족에서 시작해서 영지, 왕국, 국가, 국제 조직으로 점점 연결의 규모를 키우면서 문명을 발전시켰다. 서로 연결되는 것은 사회적 종으로서 우리의 특징이다. 연결을 통해서 우리는 뜻을 공유한다.

최근에 인류는 인터넷이라는 역사상 가장 강력한 연결 방안을 마련했다. 우리는 끊임없이 공급되는 소셜네트워크와 메신저를 통해서 다른 사람과 연결될 수 있다. 어떨 때는 새로운 소셜네트워크와 메신저가 2주에 한 번씩 나오는 건 아닌가 싶기도 하다. 우리는 언제 어디서나 가족, 친구, 그리고 관심사가 같은 사람들에게 연락해서 진지한 대화나 그때그때 뇌리를 스치는 단상을 나눌 수 있다.

사실 타인과 연결될 기회가 워낙 많다 보니 이제는 우리가 지나치게 많이 연결되어 있지는 않은가 하고 염려하는 목소리도 나올 정도다. **유명한 전문가와 저술가들 사이에서도 인터넷 때문에 사람들이 얄팍해져서**[77] 깊이 생각하거나 긴 콘텐츠(진지한 저작물)를 소비하지 않으려 한다는 우려 섞인 목소리가 들린다. 그들의 말 대로라면 우리는 오히려 연결을 끊는 기술을 익혀야 한다. 일례로 기술 전문 기자 **윌리엄 파워즈**(William Powers)는 우리가 **정기적으로 플러그를 뽑아서 자기만의 시간을 되찾아야 한다고,**[78] 주말마다 온라인의 연결 상태를 벗어나 숨을 돌리는 '단절의 유토피아(disconnectopia)'를 만들어야 한다고 주장한다. 일리가 있는 것처럼 들리지만 잘 따져보면 핵심을 잘못 짚은 말이다. 역사적으로 볼 때, **삶에서 힘에 부칠 정도로 연결성이 커진 느낌을 받는다면**[79] 그것은 곧 우리가 시간이 가면 사라질 과도기적 성장통을 겪고 있다는 증거다.

그러면 날로 연결성이 커지는 세상에서 대부분의 사람이 날마다, 아니, 매 순간 연결의 영향을 받으며 살아가고 있으니 이미 연결의 기술이 어느 정도 수준에 올랐다고 할 수 있지 않을까?

전혀 아니다. 네트워크에 사로잡힌 세상에서는 우리가 얼마나 '많은' 사람과 연결되느냐가 중시되지만 사실 연결의 기술은 현재 사용하는 시스템에서 최대한 많은 친구나 팔로워를 모으는 것과 상관이 없다. 연결의 기술은 그보다 도전적이고 개인적이며 그래서 훨씬 값지다. 연결의 기술에서 핵심은 우리가 서로 능동적으로 교류해서 각자의 연결 범위가 더욱 넓어지도록 하는 것이다. 비유하자면 서로 팔을 겯는 것과 같달까. 연결이란 우리가 손을 뻗어서 서로 모르는 사람과 손을 잡고 의미 있는 상황을 만들어내는 것이다. 누가 연결을 통해서 우리에게 손을 뻗고 세렌디피티를 일으킬 만한 아이디어나 제안을 건넬지 미리 알 수야 없지만 일단 그런 일이 일어나고 나면 뒤를 돌아보며 흐뭇한 미소와 함께 고개가 끄덕여지게 마련이다.

4.74단계 분리의 법칙

요즘 유행하는 네트워크 이론을 아는 사람들은 6단계 분리의 법칙을 말한다. 지구 상의 모든 사람은 평균적으로 여섯 다리를 거치면 서로 연결되어 있다는 법칙이다. 하지만 2011년 11월에 4.74라는 새로운 수치가 나왔다. 페이스북과 밀란대학교 연구진의 공동 조사 결과, 전 세계적으로 소셜 네트워크의 인기가 커지면서 사람과 사람 사이의 연결 횟수가 줄어들고 있는 것으로 드러났다.

이 수치를 믿든 안 믿든 간에 어쨌든 사람들이 매우 가깝게 연결되어 있다는 생각이 대중의 상상 속에 확실하게 자리를 잡은 상태다. 링크드인 같은 사이트는 실제로 우리가 자신의 인간관계 네트워크 밖에 있는 사람과 몇 다리를 거쳐야 연결이 되는지 보여주는데, 이런 인맥 전문 사이트들 덕분에 우리는 그런 다리가 정말로 존재하기라도 하는 양 그것을 건너갈 생각까지 하게 됐다.

이 4.74단계 분리의 법칙에 속하는 관계 중 많은 수가 사회과학자들의 말을 빌리자면 '약한 유대관계'다. 약한 유대관계란 우리가 인맥 형성 모임에 가서 하듯이 가볍게 안면만 트는 정도의 사이를 뜻한다. 그런데 통념과 달리 이런 관계는 절대로 대수롭잖게 여길 것이 아니다. 이 약한 유대관계를 통해서 직접적인 연고는 없지만 우리가 찾는 세렌디피티로 이끌어줄 사람이나 집단과 연결되는 경우가 많기 때문이다.

약한 유대관계는 우리를 다른 흥미로운 공동체나 사회 집단과 잇는 다리를 만들어서 연결의 양을 증가시킨다. 하지만 우리의 취지에 비춰볼 때 그보다 더 중요한 것은 연결의 질도 향상될 확률이 높다는 점이다. 약한 유대관계를 통해서 우리가 하는 일과 가장 관련이 있는 사람 및 아이디어로 바로 이어지는 길이 열릴 수 있기 때문이다.

그 점은 뉴욕주 북부의 시골 지역에서 은둔자처럼 살아가는 풍경 사진가라고 해도 예외가 아니다.

로버트 J. 헨리(Robert J. Henry)는 30년째 '오대호의 최동단 호수' 온타리오 호 주변의 황야를 누비며[80] 그곳의 풍광과 그 속에 숨겨진 아름다운 모습들을 카메라에 담고 있다. 그 과정에서 자연 사진에 대한 사랑이 그 지역 구석구석에 관한 집착에 가까운 호기심과 어우러졌다. 그래서 "늘 내가 이해할 수 없는 것"을 찾아다닌다고 한다. 헨리는 말하자면 자연에 빠진 별종이다.

몇 년 전, 그는 이른 봄에 호숫가를 걷다가 이상한 현상을 발견했다. 아침의 쌀쌀한 기운이 물러가고 오후의 햇빛이 땅에 쏟아질 즈음이면 호수 바닥의 마사토가 천천히 밖으로 새어나오는 것이었다.

"구식 금전등록기에서 종이가 빠져나오듯이 흙이 둑 너머로 흘러왔습니다." 이것이야말로 그가 원하는 신비한 현상이었다. 잠깐 멈춰서 곰곰이 생각을 해보니 그 땅에 살았던 이로쿼이 족이 그 현상을 이용해 마사토를 모으지 않았을까 싶었다.

아직 땅에 1미터쯤 서리가 남아 있던 2008년 3월 말의 어느 날, 헨리는 우연히 상상력을 자극하는 지역에 발을 들이게 됐다. 철새 사진을 찍으려고 돌아다니다가 외딴 습지대에 이른 것이었다.

"광각으로 풍경을 찍는데 문득 이런 생각이 들었습니다. 잠깐, 뭔가 놓친 게 있는 것 같은데? 저는 그 자리에 서서 호흡을 가다듬고 발치를 보며 한 바퀴를 빙 돌았습니다. 참 놀라운 게, 가장 좋은 피사체는 거의 다 우연히 발이 닿은 곳이나 그 주변에서 나온다는 겁니다."

그날도 그랬다. 둑의 가장자리에서 아주 희한한 것이 눈에 들어왔다. 그것은 자연 현상을 통해서 순전히 마사토로만 만들어진 꽃으로 잎까지 달린 정교한 모양새였다. 당의로 만들어서 결혼식 케이크 위에 얹는 화려한 꽃을 생각하면 된다. 그가 신기해서 눈길을 뗄 수가 없을 정도였으니 단연 그날 최고의 피사체였다. 이 현상에 붙일 이름이 뇌리를 스쳤다.

"모래꽃."

그는 집에 돌아와서도 자기가 본 게 무엇인지 확실치 않았다. 아무리 생각해봐도 아주 독특한 현상이었다. 지난 30년 동안 단 한 번도 본 적이 없으니 어쩌면 오대호 주변에서 그런 현상을 목격한 사람은 그가 처음일지도 몰랐다. 그의 아내 재키(Jacquie)는 블로그에 이런 글을 남겼다.

"대부분의 사람은 그런 현상을 목격했다고 하더라도 잠깐 멈췄다가 대수롭잖게 여기며 다시 발걸음을 옮기겠지만 우리 남편은 아니다."[81]

헨리는 마사토가 새어나오는 것을 자주 봤기 때문에 모래꽃이 만들어지는 물리적인 과정은 어느 정도 이해할 수 있었지만 어떻게 해서 그런 꽃 모양이 생기는지는 확실히 알 수 없었다. 아무래도 땅속의 물 때문에 흡사 땅이 팔을 뻗는 것처럼 모래가 둑 쪽으로 밀려나고 그 모래 위에 진흙이 내려앉으면서 꽃잎 모양이 만들어진 후 그것이 밤새 얼어붙는 것 같았다. 그런 과정이 날마다 반복되어 5~6일이 지나면 모래로 된 꽃잎들이 층을 이루는 것이었다. 하지만 왜 하필이면 그 지역의 모래들로 그런 현상이 일어나는 것일까?

헨리는 예외를 체포했지만 지리학 지식이 부족한 탓에 이해가 가지 않았다. 하지만 집착에 가까운 호기심이 그를 가만히 놔두지 않았다. 그러니 의문을 풀어줄 사람을 찾는 수밖에 없었다.

헨리는 가까이 있어서 친숙한 버펄로대학교의 지리학과에 메일을 보내서 현상을 설명하고 지형, 날씨, 태양의 각도 등 자세한 정보를 전달했다. 지리학과 교수 한 명이 흥미를 느껴 즉시 답장을 보내왔고 이후 헨리는 그와 메일을 주고받으며 자신이 찍은 아름다운 사진들도 함께 보냈다.

교수는 호기심을 주체할 수가 없어서 헨리에게 이렇게 말했다.

"정말로 가슴이 뛰는 현상입니다. 생전 처음 보는 현상이지만 이걸 설명해 줄 사람을 알고 있습니다."

교수는 오랫동안 현장에서 화산재의 흐름을 전문적으로 연구해 온 지질학자에게 연락을 취해서 그들의 논의에 끌어들였다.

면밀한 조사 끝에 지질학자는 그 현상이 지표가 얼었다가 녹으면서 빚어지는 아주 드물고 특이한 결과라고 결론 내렸다. 그 이면에 있는 지질학적 힘은 전문 용어로 화쇄암 퇴적물 중력류라고 하는 화산재의 움직임이었다. 이렇게 세 사람은 힘을 합쳐서 불가사의를 풀었다. 화쇄류 때문에 흙이 움직여서 이런저런 모양이 만들어지는 것이었다. 그런데 헨리가 발견한 형태는 아무도 본 적이 없었다. 그것은 그 지역의 특이한 지형과 환경이 빚은 결과였다.

헨리가 놀라운 현상을 발견한 것은 사실이나 거기에 의미가 생길 수 있었던 까닭은 작지만 이상적인 연결고리들이 있었기 때문이다. 그는 특별한 인맥에 의존한 게 아니라 그냥 좀 아는 정도인 지역대학에 연락을 취해서, 그러니까 '약한 유대관계'를 통해서 모래꽃의 신비를 푼 것이다.

헨리는 교수와 지질학자가 자신의 사진을 연구와 강의에 사용할 수 있도록 허락하고 대학이 후속 연구를 할 수 있도록 현상이 일어난 위치를 알려줬다. 그리고 모래꽃의 발견이라는 제목의 사진을 다른 작품들과 함께 지역 미술관에 판매했다. 그의 아내 재키도 이 일을 블로그에 올려 그 덕을 톡톡히 봤다. 왜냐하면 우리가 우연히도 그 블로그의 글을 접하면서 이 이야기를 알게 됐기 때문이다. 이와 같은 연결을 통해서 헨리만 아니라 이 일에 관여한 모든 사람이 값진 것을 얻었고, 그 영향이 이제는 그 너머로까지 미쳐서 끊임없이 세렌디피티의 기회가 만들어지고 있다.

사슬로 엮인 사이

헨리의 이야기가 관심을 끄는 까닭은 좋은 연결의 속성은 이러이러할 것이다 하는 우리의 가정에 이의를 제기하기 때문이다. 헨리는 뉴욕주 북부의 외딴 시골 마을에서 살고 있다. 그는 자연사진가로 인맥 형성 행사에는 관심도 없고 페이스북이나 트위터도 사용하지 않는다. 그러니 세상 사람들, 특히 자기 분야와 아주 거리가 먼 사람들과 쉽게 연결될 수 없을 것만 같다. 그런데 그런 것은 전혀 문제가 되지 않았다.

여기서 눈여겨 볼 것은 인터넷이다. 재키의 글을 옮긴다.

"물론 인터넷 이전 시대에도 이런 세렌디피티가 일어날 수야 있었겠지만 그 가능성이 지금과는 비교도 되지 않았을 것이다. 그 시절에는 학자들이 지금보다 고립되어 있었다. 다른 사람들도 마찬가지였다. 하지만 인터넷으로 학자와 열정적인 아마추어들에게 세상의 문이 열렸다. 이렇게 자유롭게 정보가 오가니 모든 사람에게 도움이 된다."

이 이야기에 나오는 사진가, 교수, 지질학자는 네트워크 용어를 쓰자면 한 사람 한 사람이 교점(node)이다. 얼핏 생각하면 이 세 점이 선으로 연결되어 있는 그림이 그려진다. 하지만 그렇게 단순하게 생각하면 곤란하다. 그러면 이 세 점이 속한 어마어마한 연결망을 놓쳐버리기 때문이다. 좀 더 정확하게 하자면 점들이 빽빽이 들어차서 수많은 선을 통해 사방팔방으로 이어진 은하계를 그려야 한다. 어떤 점들은 성단을 이루고 어떤 점들은 성단과 성단 사이에 떠 있다. 그리고 연결선이 많은 점이 있는가 하면 연결선이 거의 없는 점도 있다.

이렇게 보면 헨리의 탐색에서 그런 결과가 나오기란 거의 불가능에 가까웠다. 처음으로 이메일을 보냈을 때만 해도 그는 현상을 이해하는 데 결정적인 역할을 한 두 학자와 아무런 연고가 없었다. 먼저 교수를 찾아서 연결돼야만 다시 지리학자에게 연결될 수 있었다. 도움을 줄 지리학자를 헨리 혼자서 찾으려고 했으면 아마 건초 더미에서 바늘 찾는 꼴이었을 것이다. 수많은 지리학자가 존재하는 세상에서 그 현상을 이해하게 해줄 전문가를 찾으려면 교수의 남다른 지식이 꼭 필요했다. 헨리는 그 첫 번째 연결점을 최고의 바늘 찾기 기계로 삼았다.

하지만 이 바늘 찾기 기계는 우리가 말하는 '세렌디피티 사슬'이 없었다면 제대로 작동하지 않았을 것이다. 세렌디피티 사슬은 시작자, 중계자, 수용자로 구성된다. 이 세 요소는 네트워크에 세렌디피티를 퍼뜨리는 데 결정적인 역할을 하지만 하나라도 빠지면 아무 힘을 못 쓴다. 따라서 연결의 기술을 개발하려면 각각의 역할을 제때 수행하는 방법을 익혀야 한다.

■ 시작자

이 이야기에서는 사진가가 시작자다. 그는 우연히 예상외의 것을 맞닥뜨리고 의문을 풀기 위해서 행동을 시작했다. 시작자는 세렌디피티 사슬에서 사물이 움직이게 한다. 헨리는 여러 가지 계획적 세렌디피티의 기술(특히 움직임과 준비의 기술)을 사용해서 새로운 현상을 발견한 후 그것을 다른 사람들과 나눠야 한다는 억누를 수 없는 욕구를 느꼈다. 그래서 자신을 도와줄 수 있을 법한 교수에게 손을 뻗음으로써 예측 불가능하지만 대단히 값진 연결의 물줄기가 흘러나오도록 물꼬를 텄다. 그 후 물줄기가 어디로 흘러갈지는 알 수 없었지만 여기서 중요한 대목은 그가 물꼬를 텄다는 것이다. 언제나 그렇듯이 세렌디피티는 의욕적이고 호기심 왕성한 사람을 편애한다.

시작자들은 관심사에 대한 흥미, 또는 어떤 문제를 해결하고야 말겠다는 충동에 이끌린다. 그래서 이미 존재하는 연결고리를 잡으려고, 혹은 헨리처럼 새로운 연결고리를 만들려고 손을 뻗는다. 이때 목표는 자신한테 딱 맞는 사람이나 정보를 찾는 것이다. 혹시 어디서 어떻게 찾을 수 있을지 모르더라도 일단 손을 뻗고 본다. 누구나 때로는 이런 시작자가 된다.

헨리의 사슬은 그가 찾으려고 하지 않았던 것, 바로 모래꽃을 찾은 세렌디피티의 순간에서 시작된다. 3M의 과학자 스펜스 실버가 특이한 접착제를 발견하고 이후 수년 동안 연결고리를 찾아 강연을 했듯이 헨리의 사슬에서 다음 단계는 자신이 발견한 것을 설명해 줄 외부의 사람과 연결되는 것이었다. 그래서 바깥으로 손을 뻗으면서 헨리 자신도 다른 사람들에게 세렌디피티의 매개가 되었다.

주목할 점은 헨리가 거대한 네트워크 없이도 답을 찾았다는 것이다. 물론 많은 사람에게 연결되어 있으면 모래꽃의 신비를 풀어줄 지질학자를 찾는 속도가 빨라졌을 수도 있겠지만 반드시 연결도가 높아야만 세렌디피티 사슬이 만들어지는 것은 아니다. 헨리는 그냥 가까운 대학교에서 자신의 의문과 관련이 있는 학과의 교수 한 명을 찾음으로써 사슬을 만들었다. 헨리는 연결 방법을 알 수 있을 만한 정보와 지식이 있었다. 그러니 필요한 것은 시작하고자 하는 의지뿐이었다.

■ 중계자

우리의 이야기에서 교수는 아주 중대한 역할을 했다. 그는 헨리의 질의를 받아서 행동 여부를 결정한 후에 그를 가장 잘 도와줄 수 있는 사람에게 연결해줬다. 이렇게 시작자와 수용자를 이어주는 게 중계자의 역할이다. 중계자는 세렌디피티 사슬을 결합시키는 풀이라고 할 수 있다.

여기서 놓치지 말아야 할 것은 교수가 이 방면 저 방면에 살짝 발을 걸친 사람이 아니라 한 분야에만 깊이 발을 들여놓은 전문가란 사실이다. 그는 결정적인 실마리를 찾겠다고 수많은 인간관계를 하나하나 살펴볼 필요가 없었다. 교수는 같은 학과 사람들은 물론이고 미국에서 내로라하는 여러 지리학자와 친분이 있었다. 그러니 딱 맞는 사람을 알고 있을 가능성이 매우 컸다. 그리고 그는 헨리도 접촉할 수 있는 사람이었다. 그는 전공 범위가 좁고 영향력이 제한되어 있었기 때문에 사람들이 쉽게 접근할 수 있었고, 요청을 받았을 때 적절히 심사숙고할 수 있었다. 나눌 수 있는 지식의 양이 제한되어 있지만 오히려 그게 딱 알맞은 수준이었기 때문에 그는 중계자가 되기에 안성맞춤이었다.

하지만 그의 연결 수준은 같은 분야의 종신 교수들과 다르지 않았다. 말콤 글래드웰(Malcolm Gladwell)은 《티핑 포인트Tipping Point》에서 '커넥터(connector)'라는 개념을 수백만 독자에게 소개했다. 커넥터는 "모든 사람을 알고 있는 사람"이다. 글래드웰의 말을 빌리자면 그들은 다방면에 걸쳐 신뢰를 토대로 한 친분을 쌓고 아이디어와 트렌드의 확산에 어마어마한 영향을 끼친다. 그래서 글래드웰은 다른 건 몰라도 영향력만 놓고 보자면 사람마다 중요한 정도가 다르다고 결론 내렸다.

위의 책이 출간된 이후 커넥터 개념이 널리 받아들여졌는데 특히 마케팅 분야에서 그런 경향이 두드러져서 커넥터를 '영향력 있는 사람'으로 보고 그들을 대상으로 펼치는 광고 캠페인이 빠른 속도로 세를 불리고 있다. 혹시 '영향력 있는 사람'이 연결의 기술을 더 잘 쓴다는 생각이 드는가?

당연히 그럴 것 같지만 던컨 와츠(Duncan Watts) 등 사회학자들이 내놓은 최근 연구 결과를 보면 그렇지도 않다. 야후 리서치(Yahoo! Research)의 연구 과학국장인 와츠는 컴퓨터 시뮬레이션과 현실 세계의 실험을 통해서 영향력 있는 커넥터들이 우리 생각만큼 영향력을 발휘하지 못한다는 사실을 보여준다. 그가 실험을 거듭하며 알아낸 것은 연결도가 굉장히 높은 사람들보다 평균 수준인 사람들이 오히려 새로운 아이디어와 트렌드의 전파에 불을 댕길 가능성이 크다는 사실이다. 이유는 간단하다. 던컨의 말을 빌리자면 "사회가 트렌드를 받아들일 준비가 되어 있다면 누구나 트렌드를 시작할 수 있지만 사회가 그럴 준비가 되어 있지 않다면 아무도 시작할 수 없기" 때문이다. 세상에는 아무리 대단한 커넥터라고 하더라도 그가 연결될 수 있는 사람보다 훨씬 많은 사람이 살고 있다. 그러니 누가 트렌드를 시작할지는 알 수 없는 법이다. 와츠는 트렌드를 시작하는 사람들을 두고 **"우연히 영향력을 발휘하는 사람"**[83]이라고 부른다.

와츠의 연구 결과를 보면 세렌디피티 사슬에서 연결도가 가장 높은 사람이 반드시 가장 좋은 중계자가 되리라는 법은 없다. 사실 연결이 너무 많이 되어 있으면 그만큼 깊이가 떨어지므로 오히려 단점이 될 수 있다. 중계자는 관계가 친밀할수록 실마리가 될 사람을 잘 소개해줄 수 있다. 친밀도가 높을수록 수용자(세렌디피티 사슬의 다음 연결고리)가 소개를 받아들일 확률도 높아진다. 우리의 이야기에 나오는 교수만 봐도 지질학자가 그를 잘 알아서 그에게서 나오는 질문은 모두 관심을 기울일 만하다고 생각했기 때문에 헨리의 질문에 관심을 보인 것이었다.

■ 수용자

헨리의 최종 목표는 당연히 자신의 의문을 해결해줄 지리학자와 접촉하는 것이었다. 세렌디피티 사슬은 수용자와 연결될 때 비로소 완성된다. 물론 헨리도 지리학자도 서로 연결되어서 문제가 해결되기 전까지는 둘의 조합이 적합한지 아닌지 몰랐다. 바늘을 찾기 전에는 그냥 또 다른 건초 한 가닥에 지나지 않았던 것이다.

이를 수용자의 입장에서 보자면 비교적 수동적(그리고 세렌디피티적!) 경험이라고 할 수 있다. 믿을 만한 곳(교수)에서 기회가 날아들었고, 또 이미 그 기회가 자신의 전문 분야에 적합하다고 판정이 돼 있었으니 말이다. 그가 할 일은 그 도전을 받아들이거나 거부하는 것, 또는 다른 사람에게 넘기는 것이었다. 만약에 다른 사람에게 넘긴다면 그는 세렌디피티 사슬에서 또 다른 중계자가 되는 셈이다.

교수는 '정밀 사격' 기법을 잘 사용해서 가장 가능성 있는 수용자를 찾았다. 그가 어떤 지리학자에게 물어야 할지 잘 알았기 때문에 가능한 일이었다. 하지만 정밀 사격 말고 '무차별 사격' 기법도 있다. 그러니까 중계자인 교수가 메일링 리스트, 블로그, 인맥을 통해 지리학 전문가들의 네트워크에 접근해서 문제를 설명하고 지리학자들이 적임자를 자처하고 나서게 할 수도 있었다는 말이다.

혹시 교수가 그런 식으로 수용자를 찾았다면 그 수용자가 우리의 이야기에 나오는 지리학자처럼 세렌디피티 사슬을 완성했을 수도 있다. 예를 들면 그 넓은 네트워크에 속한 지리학자 한두 명이 모래꽃에 대한 설명을 듣고 그것이 자기 연구에서 빠져 있던 연결고리임을 알아봤을 수도 있다. 아니면 또 누군가가 모래꽃 현상에 흥미를 느껴서 새로운 방향으로 결실을 봤을지도 모른다.

하지만 또 한편으로는 교수가 누구 하나를 특정해서 모래꽃에 관해 물은 게 아니니 바쁜 지리학자들이 아예 그 질의를 못 보고 넘어갈 수도 있는 일이었다. 만일 그랬으면 질의는 이미 차고 넘치는 메일함이나 분주한 일과 속에서 자취를 감춰버렸을 것이다. 정밀 사격이나 무차별 사격이나 아주 중요한 연결 기법이다. 가장 좋은 것은 두 가지를 동시에 사용하는 것이다.

이 세 가지 역할 모두 각각의 관점에서 세렌디피티를 경험한다. 우리의 이야기를 보면 저마다 우연한 만남 앞에서 나름의 창의성을 발휘하여 질의가 사슬을 타고 움직이게 했다. 그런데 각 역할이 이야기에 합류하는 시점과 방법은 다 다르다. 헨리(시작자)는 생각지도 못했던 모래꽃을 발견하고는 거기서 더 나아가고자 연결고리를 만들었다. 교수(중계자)는 전혀 예상치 못한 신비로운 현상에 관해 들었을 때 마침 그 비밀을 풀기에 적격인 전문가를 알고 있었다. 지리학자(수용자)는 자기 분야에서 혁신을 일으키게 해줄지도 모르는 놀라운 지리 현상을 접하게 됐다. 하지만 사슬에서 이 세 사람이 하는 역할은 고정되어 있지 않았다. 다른 상황이었으면 과학자가 온타리오호에서 특이 사항을 찾는 시작자가 되고 지리학자와 헨리가 각각 중계자와 수용자가 됐을 수도 있다. 따라서 연결의 기술이란 기회가 왔을 때 세렌디피티 사슬에서 자기 역할을 할 수 있도록 준비하는 것이다.

그리고 세 역할이 모두 연결을 통해서 이득을 보는 게 사실이지만 정말로 중요한 것은 셋이 능력을 합쳐서 빚어내는 결과다. 사진을 통해서 자연의 아름다움을 좇고 포착해서 지식을 정리하고 과학을 수행하는 것, 혼자서는 할 수 없지만 셋이 힘을 합치면 할 수 있는 일이다.

좋은 아이디어 전담국

세렌디피티 사슬은 자연스럽게 일어나는 현상으로, 특히 자연사진가처럼 열정적인 사람들이 주도하는 경우가 많다. 작은 기업은 많지 않은 구성원이 모두 조직을 발전시킬 방안을 찾기 위해 의욕적으로 움직이기 때문에 연결의 기술을 실천하기가 쉽다. 하지만 조직이 커지면 배타성이 커지고 접근성은 작아진다. 그래서 강력한 세렌디피티 사슬을 만들기가 어려워진다. 하지만 다행스러운 점은 흔히 세렌디피티의 걸림돌이 되는 대기업의 관료주의는 물론이고 대기업의 자원과 인력도 잘만 활용하면 기업 내외부에서 세 가지 역할을 강화하고 상호 연결하는 발판이 된다는 것이다.

'계획적' 세렌디피티 사슬은 기업 내부의 훌륭한 아이디어와 발견 사항을 내부 인사든 외부 인사든 그것을 활용할 방법을 잘 아는 사람과 연결함으로써 기업 안에서 잠자고 있는 가치를 깨운다.

조직이 연결의 기술을 활용하려면 이 같은 사슬을 더 많이, 더 잘 개발할 수 있도록 업무 환경을 바꿔야 한다. 구성원들이 사슬을 구성하는 각각의 역할을 수행해서 정보를 발굴하고 그것을 다른 환경에 전파하게 함으로써 세렌디피티적 연결고리가 만들어질 가능성을 키울 수도 있다. 이 방법은 규모가 큰 조직에 잘 어울린다. 어느 정도 규모가 되어야만 충분한 자원을 확보해서 이와 같은 종류의 계획적 세렌디피티를 일으키는 데 필요한 역할과 도구를 마련할 수 있기 때문이다.

아닌 게 아니라 지금까지 우리가 경험한바 세렌디피티 사슬을 가장 잘 만들어내는 곳은 초거대과학조직으로, 현재 스위스 제네바의 세계 본부에서 세계 최대 물리학 연구 프로젝트를 수행 중이다. **거대강입자충돌기**(LHC)**라고 알려진 이 국제 프로젝트**[84]는 물질의 본질에 관한 인류의 지식을 확장하기 위해서 지하에 설치된 26킬로미터 길이의 입자 가속기다. 이 프로젝트의 목표는 흔히 '신의 입자'라 불리며 과학자들이 오랫동안 찾고자 했으나 못 찾았던, 힉스 입자를 찾는 것이다. 현재의 양자이론(수십 개국이 수십억 달러를 들여 연구한 결과물)에서 실제로 존재한다고 가정하는 이 입자를 찾는다면 그것은 물리학 역사에 한 획을 긋는 사건이 될 것이다. 반대로 LHC의 과학자들이 이 입자를 찾지 못한다면 자신들이 알고 있다고 생각하는 것 중 많은 부분을 버려야 할 수밖에 없으리라(2012년 7월 4일, LHC에서 힉스 입자로 추정되는 입자가 발견되었다는 발표가 있었다 - 옮긴이).

LHC는 세계 최고의 물리학자와 엔지니어들이 활동하는 유럽입자물리연구소(CERN)의 최신 프로젝트다. 현재 전 세계에 있는 CERN 소속 과학자 약 1만 명이 다양한 분야에서 엄청난 수의 혁신과 좋은 아이디어를 선보이며 입자물리학 연구로 과학 지식의 한계에 도전하고 있다. LHC처럼 복잡한 기계를 만들려면 재료과학, 전산학, 광학, 생물학 등 거의 모든 기술 분야에서 혁신적인 것을 발명하고 발견해야만 한다.

이런 혁신의 결과를 보면 상업성도 큰 경우가 많다. 문제는 무엇이 상업적으로 활용될 수 있을지 아무도 모른다는 점, 특히 과학자들은 그쪽으로는 까막눈이라는 점이다. 여기에 많은 이유가 있겠지만 결국엔 한 가지 기본적인 사실로 이어진다. CERN의 과학자들은 자신의 협소한 연구 목표와 개인적인 호기심만 좇을 뿐 대부분이 상업성은 전혀 고려하지 않는다는 사실이다. 이를 두고 CERN 기술이전국(TTO) 국장 장-마리 르 고프(Jean-Marie Le Goff)는 이렇게 말했다.

"우리가 개발하는 것은 상품이 아니라 기술인데 그중 일부는 너무 선진적이고, 너무 비싸고, 너무 일상에서 동떨어져 있기 때문에 시장의 관심을 받지 못한다. 그러므로 **중요한 것은 타이밍이다.**[85]"

이를 가장 잘 보여주는 사례가 CERN에서 탄생해서 주류로 편입된 발명품 중 가장 유명한 월드 와이드 웹이다. CERN을 감독하는 관료들의 눈으로 볼 때 국제적인 컴퓨터 네트워크의 출현은 전혀 예상치 못한, 순전한 세렌디피티였고, 이후 그것이 대중매체를 지배한 것은 더욱더 놀라운 일이었다.

2000년에 CERN은 웹을 탄생시킨 것과 같은 좋은 아이디어가 빛도 못 보고 사라지는 일이 없도록 하고 'CERN의 지식과 기술이 사회에 최대한 이전되도록 지원하기' 위해서 TTO를 설립했다. TTO의 역할은 수백 개의 연구실과 외부 세계를 체계적으로 연결하는 것이다. 지금까지 그런 노력이 어마어마한 성공을 거둬서 애자일 소프트웨어(앞장에서 논의), 태양열 집열기, 첨단소재연구용 메디픽스(Medipix), 영상의학, 태양 전지판 발전소 등 수많은 프로젝트가 민관협력을 통해서 시장에 모습을 드러냈다.

TTO는 CERN의 전유물이 아니다. 규모가 있는 공공연구개발조직들을 보면 공공영역만 아니라 민간영역에서도 신기술을 사용할 수 있도록 전파하는 활동을 공식화하는 움직임이 날로 활발해지고 있다. 사실 LHC 같은 초대형 프로젝트는 그런 활동을 잘해야만 정치적 생명력을 유지할 수 있다. 계획적 세렌디피티를 일으킬 줄 모르면 돈줄이 끊길 수밖에 없다. 다음은 2005년 영국국립우주센터 보고서에서 발췌한 내용이다.

지식을 이전할 기회는 무척 많지만 기증자와 수혜자를 맞추는 일이 원활하게 진행되는 경우가 거의 없는데, 성공 사례를 보면 대부분 세렌디피티가 주요 요인으로 작용한다. 따라서 **지식이전조직의 최대 과제는 적절한 지원 구조와 자원을 마련해서 세렌디피티의 발생 가능성을 향상하는 것이다.**[86]

CERN의 TTO를 보면 연결의 기술이 어떻게 조직에 스며들어 수익을 불러오는지 알 수 있다. TTO는 프로젝트에 투자한 민간기업에 적어도 투자금의 3배쯤 되는 이익을 가져다준다. 이것이 가능한 까닭은 시작자, 중계자, 수용자라는 세렌디피티 사슬의 세 가지 역할을 중심으로 공식적인 프로세스와 구조를 형성하기 때문이다. 개인이야 상황에 따라 세 가지 중에서 하는 역할이 달라지지만 조직의 경우에는 각각의 역할이 직군으로 고정되어 있을 확률이 높다. 이때 역할이 잘 배정되어 있다면 기업의 모든 구성원이 언제든 연결될 수 있다. 이것이 규모의 계획적 세렌디피티다. CERN이 TTO로 개발한 모형을 보면 우리도 기업에서 비슷한 결과를 내는 데 도움이 되는 교훈을 얻을 수 있다.

CERN에서 밝히는 스스로의 역할은 다음과 같다.

- 과학자 = 시작자: CERN의 과학자들은 조직의 전반적인 연구 목표에 따라 활동하면서 새로운 아이디어와 기술을 주도적으로 내놓는다. 이들이 바로 조직 내에서 세렌디피티 사슬이 시작되는 출발점이다.

이들은 주로 다른 집단이 밝히는 필요에 반응한다. 예를 들어 1990년대 중반에 LHC 프로젝트에 한층 더 발전된 탐지기가 필요해졌다. 이 탐지기는 보이지 않는 힉스 입자의 이동 경로를 추적해서 시각화하면서 소음은 내지 말아야 했다. 전자기술팀이 문제 해결을 위해 나섰다. 새로운 칩을 조립하는 과정에서 연구진 중 한 사람이었던 마이클 캠벨(Michael Campbell)은 이 탐지기가 영상의학에서도 유용하게 쓰일 수 있다는 사실을 우연히 알게 됐다. 의학은 입자물리학과 거리가 먼 학문 같지만 사실 지난 세월 동안 CERN의 획기적인 발명과 발견이 PET 스캔에서 암치료요법에 이르기까지 의료계의 혁신으로 이어진 사례가 한둘이 아니다. 하지만 가능성을 깨달은 것은 첫걸음을 뗀 것에 지나지 않았다. 캠벨은 영상의학 지식도 없고 기술을 상품화할 능력도 없었다.

그런데 다행히도 그런 것은 전혀 문제가 되지 않았다. 조직 내에서 뜻이 맞는 과학자들과 손을 잡으면 그 아이디어를 발전시켜서 새로운 영상의학기술을 개발할 수 있기 때문이었다. 이것이 CERN에서 가장 성공적으로 이전한 기술로 꼽히는 메디픽스의 시작이었다. 현재 CERN은 INET이라는 내부 네트워크를 통해서 연구자들이 이렇게 아이디어를 나누는 것을 장려한다. 그리고 각 연구실의 대표들은 새롭게 개발한 기술이 다른 연구실이나 조직에도 사용될 수 있는지 확인해서 보고할 의무가 있다. 사람들이 자기 조직 내에서 예상했든 예상하지 못했든 간에 발전이 있을 때마다 그것을 알게 함으로써 CERN은 세렌디피티가 조직 전체와 외부 세계로까지 흘러나갈 초기 조건을 마련한 셈이다.

- TTO = 중계자: 기술이전국의 최대 목표는 시작자인 과학자들이 일으킨 혁신을 더 발전시킬 수 있는 다양한 조직(뒤에서 살펴볼 수용자)과 연결하는 것이다. 따라서 기술이전국은 중계자다.

TTO는 두 가지 과제를 안고 있다. 하나는 발명가들의 아이디어가 현실성 있고 라이선스화 가능한 기술인지 판단해서 메디픽스 칩과 같은 혁신적인 기술을 지원하는 한편 지적 재산이 세상에 나가기 전에 라이선스와 특허로 적절히 보호되도록 하는 것이다. 다시 말해 시작자들의 네트워크를 만드는 것이다. 그리고 다른 하나는 외부 세계와 관계를 맺어서 다양한 아이디어와 발명품을 사용할 준비가 된 사업체(수용자)를 찾는 것이다.

TTO는 시작자와 수용자의 네트워크에 의존한다. 하지만 CERN과 같은 대조직에 중앙집중적인 중계 조직이 있으면 수면 위로 떠오르지 않고 자칫하면 그냥 사라져버릴 기회들을 많이 건져낼 수 있다. 그래서 TTO는 안팎의 네트워크를 구축하는 작업 외에도 다양한 지식 교환 네트워크에 많은 자원을 쏟아부어서 CERN의 구성원들이 다른 기업과 연구조직의 지식 교환 집단에 연결되게 한다. 따지고 보면 중계자로서 TTO가 하는 일은 온갖 수단과 기술을 동원해서 시작자에게서 나온 올바른 아이디어와 정보를 수용자에게 전달하는 것이다.

이러한 네트워크상에서 TTO는 정밀 사격과 무차별 사격 기법을 모두 사용해서 시작자와 수용자를 연결한다. TTO는 수많은 계약 관계와 공동 개발협약 관계를 통해서 CERN 내부에서 개발 중인 기술을 이전하기에 딱 맞는 외부 업체(수용자)를 찾는 경우가 많은데, 이럴 때 정밀 사격 기법을 사용할 수 있다. 이렇게 다리를 놓는 작업 외에도 TTO는 CERN이 외부 업체와 공동으로 프로토타입을 개발할 수 있도록 연구개발협력의 기반을 닦는다.

무차별 사격 기법도 빼놓을 수 없다. TTO는 많은 네트워크에 연결되어 있어서 역시 그런 네트워크들에 연결된 무수히 많은 유관기업에 새로운 아이디어나 라이선싱 기회를 살포한다. 또 수시로 산업 행사를 개최해서 CERN의 혁신적인 신기술을 다양한 전문가에게 소개한다.

이렇게 보면 TTO는 비유컨대 칵테일파티의 주최자라고 할 수 있다.

각계각층의 명사들이 어떤 일을 하고 있는지 파악하고, 그들을 알맞은 때에 알맞은 장소로 불러모으는 것이다. 연결의 기술을 이용해서 TTO는 기술이전의 건초 더미에서 훨씬 많은 바늘을 찾아낸다.

- **기업 = 수용자:** 지식 이전이라는 측면에서 보자면 수용자는 CERN의 기술을 라이선스 받거나 CERN이 축적한 지식을 습득하고자 하는 민간 기업과 정부 기관이다. CERN 회원국들(현재 21개국에서 계속 증가 중)을 보면 최첨단 혁신 기술의 혜택을 입을 수 있는 각종 업계에서 수많은 대기업과 중소기업이 활동하고 있다. 하지만 CERN의 방대한 데이터베이스에서 어떤 기술을 가져다 써야 도움이 될지 파악하기란 쉬운 일이 아니다. 이들 기업 중 일부는 이미 CERN과 계약을 맺거나 라이선스를 받았지만 대다수는 그렇지 않기 때문에 TTO의 활동이 더더욱 중요하다.

시작자처럼 수용자도 자체 네트워크가 있어서 CERN의 직접적인 중계를 받기도 하고 그렇지 않기도 한다. 그중 하나가 유럽연합 내의 소기업들을 도와서 국제적인 파트너들과 연결한다는 취지로 구축된 독립체, 엔터프라이즈 유럽 네트워크(Enterprise Europe Network)다. 이 네트워크는 유럽연합 내에 있는 수많은 기업을 모아서 분야와 기술별로 분류하고 서로 의사소통할 수 있는 기반을 마련함으로써 수용자들이 중계자의 탐색 범위 안에 들게 한다.

이렇게 하면 CERN이 올바른 정보를 전달받을 수용자를 좀 더 수월하게 찾을 수 있다. 예를 들어 영상의학업체들의 네트워크가 있다면 어느 날

차세대 광자 탐지기가 개발됐을 때 어디를 접촉해야 하는지 훨씬 쉽게 알 수 있다.

CERN의 사례에서 보듯이 대규모 세렌디피티 사슬을 만들려면 자유로운 의사소통 환경을 만들기 위해 끊임없이 조직 안팎에서 실용적인 네트워크를 구축하는 등 오랫동안 집중적인 노력을 기울여야 한다. CERN이 보여주듯이 연결의 기술을 조직 전체의 능력으로 발전시키면 세렌디피티(예를 들면 충돌기 부품을 의료용으로 쓸 수 있다는 발견)를 하나의 현상(영상의학업계와의 꾸준한 연구개발협력)으로 발전시킬 수 있다.

바늘을 찾기에 가장 좋은 곳

얼마 전까지만 해도 바늘을 찾으려면 바늘을 찾을 수 있으리라 예상하는 곳, 예를 들면 바늘들이 한데 모여 있는 바늘꽂이 같은 곳을 살펴보는 게 가장 좋았다.[87] 바늘이든 설계도든 어릿광대 옷이든 간에 비슷한 것끼리 한데 모아두는 게 누구에게나 가장 안전하고 좋은 방법이었다. 그렇지 않으면 필요할 때 못 찾아서 애를 먹기 십상이었다. 그런데 이제 그런 시절은 지나갔다. 요즘 같은 인터넷 시대에는 바늘을 찾으려면 거대한 건초더미를 살펴보는 게 가장 좋다.

주변 세상을 체계적으로 분류해봤자 원하는 것을 찾는 데는 아무 도움이 안 된다. 세상은 수많은 사물로 가득 차 있는데다 엄청난 속도로 변화하기 때문이다. 그러니 다른 모든 것에 연결될 수 있는 능력을 극대화해야만 필요한 것을 찾을 가능성이 생긴다. 그러려면 크고 작은 조직 내에서든 혼자서든 세렌디피티 사슬의 세 가지 역할을 수행하는 방법을 터득하는 게 가장 좋다. 이 역할들을 수행할 줄 알아야 필요할 때 연결고리를 만들어 바늘을 찾고 사슬의 모든 연결고리를 더욱 가치 있게 할 수 있다.

연결의 기술을 사용하면 이러한 관계의 네트워크를 활용할 방법과 체계가 생긴다. 우리는 개인적인 관계, 강한 유대관계도 그렇지만 특히 여러 가지 약한 유대관계를 통해서 자기한테 필요한 줄도 몰랐고 자기가 찾지도 않은 것들을 많이 발견한다. 연결의 기술을 사용한다는 것은 세렌디피티의 훌륭한 시민이 된다는 것이며, 그것은 곧 언제든 뜻밖의 사건이나 깨달음을 바탕으로 관계를 시작할 수 있고, 다른 사람의 요구가 들어왔을 때 자신이 그것을 중계하기에 적임자라면 그렇게 할 수 있으며, 어떤 질의나 아이디어가 문을 두드리는 세렌디피티가 일어났을 때 열린 마음으로 그것을 받아들일 수 있다는 뜻이다.

연결의 기술은 세상 모든 사람이 상황에 맞춰 서로 이어지는 과정에서 우리가 자기 역할을 할 수 있게 해준다. 그래서 하루가 다르게 변하는 어지러운 세상에서 세렌디피티가 일어날 비옥한 토양을 조성한다. 연결이 되어 있으면 수북한 건초더미를 뒤지다가 바늘이 아니라 100달러짜리 지폐나 금시계를 찾게 된다. 무엇을 찾게 될지야 실제로 찾기 전까진 알 수 없지만 그래도 연결의 기술에 힘입어서 한 가지는 확신할 수 있다. 우리가 찾게 될 그 대상이 세상 모든 사람의 도움으로 우리를 찾아오리란 것이다.

일곱 번째 기술
투과

많은 기업이 하나의 성이 되어서 사방을 벽으로 둘러싸고 되도록 외부 세상과 정보를
주고받거나 교류하지 않으려고 한다. 대부분의 기업이 그렇게 해야만 사업을
잘 관리할 수 있다고 생각한다. 하지만 성 밖에서 일어나는 일에 신경을 꺼버리면
거기서 오는 세렌디피티의 가능성을 모두 차단해버리는 셈이다.
상황 타개의 방법이 없는 것은 아니다. 바로 투과의 기술을 사용하는 것이다.

"무엇이든 하나만 골라내려고 하면
그게 세상 만물과 얽혀 있음을 알게 된다."
— 존 뮤어(John Muir)

Get Lucky

요즘은 '스스로 만들기(DIY)'가 대세다. DIY 웹사이트를 몇 분만 둘러봐도 손수 베개와 스웨터를 짜고 새집을 만들고 조명 기구를 납땜하는 등 재주 좋은 사람이 얼마나 많은지 알 수 있다. 이런 사람들은 언제나 대량 생산품보다 오래가고 더 개성 있는 상품을 직접 만들 방법이 없을까 궁리한다. 그렇게 만든 물건을 혼자만 쓰는 것도 아니다. 많은 사람이 자기가 정성껏 만든 물건을 유명한 웹사이트에 올려서 판매한다. 그중 하나가 '세계적인 수공예 시장'[88]을 자처하는 에치(Etsy.com)다.

에이프릴 윈첼(April Winchell)도 수공예가를 사랑하는 사람 중 한 명이다. 아니, 좀 더 정확하게 말하자면 수공예가들이 죽을 쑨 물건을 사랑한다. 수공예가의 손길이 지나쳐서 말도 안 될 만큼 괴상망측한 물건이 에치에 올라오면 그녀는 기다렸다는 듯이 자신의 블로그인 리그레치(Regretsy)에 소개한다. 리그레치의 부제는 "DIY로 죽 쑤기"다. 그녀가 '헬렌 킬러'라는 필명으로 조롱하는 대상은 버려진 병뚜껑으로 만든 풍경, 과자 포장지로 만든 아이팟 케이스, **다람쥐 박제로 만든 맥주병 싸개 같은 상품들**[89]이다.

리그레치의 인기는 상상을 초월할 정도여서 2010년에는 '우수작'을 모은 책까지 출간됐다. 이 정도면 부업으로는 나쁘지 않은 수준이다. 윈첼의 주업은 따로 있다. 그녀는 유명한 즉흥 코미디 극단, 더 그라운들링즈(The Groundlings) 출신으로 지금은 로스앤젤레스에서 인정받는 라디오 작가/프로듀서/감독이며 〈킹 오브 더 힐King of the Hill〉, 〈피니와 퍼브Phineas & Ferb〉, 〈미키 마우스 클럽하우스Mickey Mouse Clubhouse〉 같은 TV 애니메이션에서 다양한 캐릭터의 목소리 연기를 펼치기도 했다.

또 한 가지 주목할 것은 그녀가 이끄는 군대다.

인터넷에서 활동하는 많은 사람이 그렇듯이 그녀의 조롱은 곧 애정의 표현이다. 자신의 웹사이트가 인기를 끌고 많은 관심을 받게 되자 그녀는 그러한 성공을 혼자 누리지 않고 날로 커지는 커뮤니티에 보답할 방법이 없을까 고민했다. 답은 '에이프릴의 군대'였다. 오래전부터 자선활동에 참여해 온 그녀는 독자들의 도움을 받아서 에치 판매자들로 구성된 군대를 만들었다. 2011년 4월 이후 이 군대의 구성원들은 매달 수공예 상품 중 하나를 판매해서 리그레치 자선기금을 모은다. 그리고 이 기금은 경제적으로 도움이 필요한 에치 판매자들에게 전달된다.

그런데 군대가 또 잘하는 게 뭔가? 바로 전쟁이다. 2011년 12월, 이베이가 운영하는 온라인 결제 서비스, 페이팔(PayPal)은 그 점을 뼈저리게 느꼈다. 당시 윈첼은 저소득 가정 어린이 200명에게 선물을 나눠주는 '이름모를 산타' 캠페인을 위해서 페이팔의 '기부하기' 버튼을 이용해 기금을 모으고 있었다. 이 버튼은 페이팔이 자선 기부 활동을 위해 제공하는 것이었다. '이름 모를 산타' 캠페인은 순식간에 처음의 예상을 훌쩍 뛰어넘었다. 엄청난 금액이 물밀 듯이 밀려 들어오자 윈첼은 크리스마스를 맞아 각 가정에 장난감만 주는 게 아니라 금전적인 지원도 할 수 있게 됐다고 커뮤니티에 자랑스레 발표했다.

그런데 페이팔은 여기에 잘못 대처하는 바람에 산타 할아버지의 '나쁜 아이' 목록에 이름을 올리고 말았다. 리그레치가 엄청난 속도로 상당한 금액을 끌어모으자 계정을 동결해버린 것이었다. 졸지에 윈첼은 기부금에 접근조차 할 수 없게 되었다. 페이팔은 그녀가 '기부하기' 버튼의 사용 규정을 어겼다고 통보했다. 원래는 비영리 조직만 사용하게 되어 있다는 것이었다(그런데 나중에 알고 보니 이는 사실이 아니었다). 이미 장난감을 모두 구입한 후였던 윈첼은 그런 통보에 아랑곳하지 않고 이번에는 페이팔이 제공하는 '구입하기' 버튼을 이용해서 리그레치 사이트에서 그 장난감들을 판매하기로 했다. 뜻있는 사람들이 리그레치에서 저소득 가정을 위해 장난감을 구입하면 윈첼이 그것을 필요한 가정에 선물로 보내주는 식이었다.

페이팔은 이 또한 곧 막아버렸다. 윈첼은 계정을 살리기 위해서 다시 한 번 페이팔에 연락을 취했으나 고객 상담원은 쌀쌀맞은 말투로 궁색한 이유만 늘어놓으며 기금을 되살려줄 수 없다고 했다. 한술 더 떠서 페이팔은 그녀에게 그때까지 모은 기금을 전부 반환할 것을 요구하며 '판매와 관련된 수수료는 환급 불가'라고 통보했다. 그러니까 리그레치 크리스마스 기부 행사에서 페이팔만 이득을 보겠다는 말이었다. 그리고 자기네 뜻을 관철하기 위해서 이 일과 무관한 윈첼의 개인 계정까지 동결해버렸다.

그런데 윈첼의 등 뒤에 든든한 군대가 버티고 있을 줄이야 페이팔은 꿈에도 모른 일이었다. 그동안 윈첼은 블로그를 통해서 사건의 경과를 리그레치와 에이프릴의 군대 회원들에게 알려왔다. 페이팔이 최후의 일격을 날렸다는 소식이 전해지자 충성스러운 대원들 사이에서 입소문이 퍼지더니 이윽고 다양한 소셜 미디어를 타고 커뮤니티 밖으로까지 이야기가 번졌다. 아이들이 선물을 못 받게 됐다! 크리스마스가 엉망이 됐다! 기업의 탐욕 때문에 선량한 운동이 박살 났다! 소비자보호 사이트 컨슈머리스트(Consumerist)가 처음으로 사건을 보도했고, 더 넥스트 웹(The Next Web)과 벤처비트(Venturebeat) 등 기술 전문 블로그가 이를 받았다. 그리고 마침내 CNN과 MSNBC 같은 주류 언론까지 합세했다.

그냥 항의하는 것으로는 성이 차지 않았던 에이프릴의 군대는 페이팔의 페이스북 담벼락으로 몰려가서 다른 글은 아예 보이지도 않도록 윈첼 사태에 관한 성토 글로 그곳을 도배해버렸다. 또 체인지닷오그(Change.org)에 페이팔이 결정을 철회해야 한다는 청원을 올려서 순식간에 1400명 이상의 서명을 받았다.

갈수록 공격이 심해지고 여론이 악화되니 페이팔도 가만히 있을 수 없었다. 공개적으로 망신을 당한 지 며칠 만에 페이팔은 입장을 바꿔서 윈첼의 계정을 풀고 임원이 직접 그녀에게 전화를 걸어서 사과의 뜻을 전했다. 그리고 거래 수수료를 모두 되돌려준 것은 물론이고 페이팔 블로그를 통해서 윈첼이 지원하는 모든 저소득 가정에 자체적으로 기부금을 전달하겠다고 밝혔다.

이 정도면 에이프릴의 군대가 완승을 거뒀다고 할 수 있지 않을까? 하지만 윈첼의 생각은 달랐다. 페이팔이 입장을 바꿨다고 알리는 그녀의 블로그 글에서는 승리감이 아니라 비통한 심경이 드러났다.

"저는 페이팔의 단골입니다. 페이팔을 이용해서 많은 일을 하고 있습니다. 하지만 기업이 고객의 충성심에 보답하던 시절은 막을 내렸습니다. **이젠 아무도 고객을 어떻게 대접해야 하는지 모릅니다. 아무도 신경 쓰지 않습니다.**[90]"

이런 일은 애당초 일어나지 말았어야 했다. 윈첼과 에이프릴의 군대는 모두 페이팔의 적이 아니라 고객이다. 그들은 페이팔에 의존해서 회사를 운영한다. 그러니 자기들에게 그토록 중요한 파트너와 으르렁거리고 싶을 리 없었다. 다만, 저항하는 것 외에는 방법이 없었을 뿐이다.

페이팔이 물러서며 사태가 마무리됐지만 윈첼은 그런 변화가 지속되리라고 확신할 수 없었다.

> 이 일로 달라지는 게 있을까요? 이 일로 페이팔이 책임감을 느끼고 고객 서비스의 질을 향상할까요?
> 그럴 리 없습니다.
> 하지만 이 말만큼은 할 수 있습니다. 우리의 노력으로 누군가는 관심을 기울였다는 겁니다.

하지만 이들은 페이팔의 고객이다. 왜 페이팔은 진작 관심을 기울이지 않았던 것일까?

모두 흡수하기

페이팔이 온라인 결제업계를 주름 잡고 있는 이유 중 하나는 일찍 인터넷에 진입했기 때문이다. 그렇다면 오랫동안 온라인에서 고객과 관련된 문제를 다뤄왔으니 앞에서 살펴본 것과 같은 고객의 저항에도 남달리 잘 대처할 수 있을 법하다. 하지만 실제로는 그렇지 않다. 이 글을 쓰는 현재 '빌어먹을 페이팔'이라는 뜻의 페이팔석스닷컴(PayPalSucks.com)을 보면 **'페이팔의 만행**[91] 게시판에 1만1675개의 글이 올라와 있다. 이 사이트는 페이팔과 문제가 생겼을 때 대처하는 방법을 상세하게 가르쳐준다. 에이프릴의 군대가 한 번 국지전을 벌인 수준이라면 페이팔석스닷컴은 최전선에서 페이팔과 전면전을 치르고 있다. 이 전쟁의 목적은 페이팔이 고객을 무시하는 정책을 변경하도록 압박하는 것이다. 그런데 이른 시일 안에 전쟁이 끝날 것 같지는 않다.

사실 이런 문제로 씨름하는 기업이 페이팔만은 아니다. 페이팔석스닷컴은 기업명 뒤에 석스닷컴을 붙여서 웹사이트를 만드는 오랜 전통을 이어받은 것뿐이다. 고객에게 응대하는 방식(또는 고객을 푸대접하는 방식)도 페이팔만 특별한 게 아니다. 전기나 휴대전화 서비스 때문에 고객 센터에 전화를 걸었는데 이 부서 저 부서로 전화를 돌려대는 통에 고생해본 사람은 알겠지만 대부분의 기업은 어떻게 해서든 고객이 가까이 다가오지 못하게 한다. 그러기 위해서 고객관리업계에서 말하는 '고객 회피' 기술을 있는 대로 동원한다. 온갖 기술적 방어망으로 고객이 회사 내부의 사람과 직접적으로 접촉할 수 없게 함으로써 고객과 거리를 두는 것이다.

많은 기업이 페이팔처럼 하나의 성이 되어서 사방을 벽으로 둘러싸고 되도록 외부 세상과 정보를 주고받거나 교류하지 않으려고 한다. 대부분의 기업이 그렇게 해야만 사업을 잘 관리할 수 있다고 생각한다. 하지만 성 밖에서 일어나는 일에 신경을 꺼버리면 거기서 오는 세렌디피티의 가능성을 모두 차단해버리는 셈이다. 상황을 타개할 수 있는 인간미 있고 세렌디피티 친화적인 방법이 없는 것도 아니다. 바로 우리가 말하는 투과의 기술을 사용하는 것이다.

앞에서 우연한 충돌이 계속 일어날 수 있는 환경을 조성해서 세렌디피티를 계획하는 방법을 알아봤다. 문화가 바뀌고 조직이 바뀌고 물리적 환경이 바뀌면 예상치 못한 기회들을 보고 이전과는 달리 그런 것들을 서로 연결할 수 있게 된다. 하지만 조직에 가장 확실하게 세렌디피티를 불러들이는 방법은 성벽 밖에 있는 사람들, 특히 조직의 사업이나 상품에 깊은 관심이 있는 사람들의 의견과 아이디어에 열린 마음으로 관심을 기울이는 것이 아닐까 싶다.

그 사람들이란 바로 고객을 두고 하는 말이다.

어느 기업이나 나름대로 고객과 교류를 하지만 여기서 말하는 것은 포커스 그룹 조사나 영업용 만남을 뛰어넘는 것이다. 또 고객이 상품이나 서비스를 구매한 후에 문제가 생겨서 연락을 취해 왔을 때에야 대응하는 전통적인 고객 서비스의 차원도 뛰어넘어야 한다. 투과의 기술은 고객과 끊임없이 교류하면서 상품이나 서비스와 관련된 모든 의견을 취합하고 거기서 나온 아이디어를 기업의 일상 업무와 결과물에 접목하는 것이다.

그러자면 기업을 두른 거대한 성벽을 허물어야 한다. 맹목적으로 고객을 멀리할 때보다 그들을 받아들이고 그들의 의도, 욕망, 지식이 기업으로 흘러들어올 수 있게 할 때 얻는 게 더 많다. 투과란 명확한 구조를 유지하면서도 다른 물질들이 드나들 수 있게 하는 것이다. 스폰지가 물을 흡수하고 방출하면서 모양을 유지하듯이 기업도 투과의 기술을 통해서 광대한 바깥세상에 문호를 개방하고 새로운 아이디어가 흘러들어오게 하면 활력이 생긴다.

투과는 고객지원팀만 아니라 모든 임직원이 익혀야 할 기술이다. 바깥에 있는 예상 밖의 사건과 아이디어를 확실하게 붙잡으려면 투과의 기술이 반드시 필요하다. 거기서 불씨가 일어나 획기적인 상품이나 마케팅 기법이 나올지 누가 아는가. 거기서 세렌디피티가 일어날지 또 누가 아는가.

멀고 먼 사이

투과의 기술을 개발해서 고객을 안으로 불러들이기 전에 우리가 왜 성벽을 짓는지 그 이유부터 알아보자. 앞에서 리그레치 사건을 읽는 동안 속이 답답해지는 걸 느꼈겠지만 사실 정말로 생각해봐야 할 것은 도대체 왜 그런 일이 벌어졌느냐이다. 페이팔이 리그레치를 멀리했듯이 최고의 고객을 멀리하고 고립시키는 회사는 도대체 어떤 회사일까?

상식적으로 밥줄이 되는 사람들을 푸대접하는 게 이해가 안 되지만 실제로는 고객을 화나게 하고 심하면 폭동까지 불러일으키는 고약한 고객 회피 관행이 판을 치고 있다. 고객 만족에 전혀 도움이 되지 않는 고객 회피 정책, 그리고 거기서 비롯되는 고객과 기업의 거리감은 따지고 보면 사업 번창을 위해서 숙고 끝에 내린 의사결정에서 비롯된다.

기업이 고객을 회피하는 이유 중 하나는 규모 때문이다. 신생 기업들을 보면 고객 서비스에 열을 올려서 고객이 뭐라고 한마디만 해도 당장 대응하는 경우가 많다. 조그만 회사를 설립한 사람들을 붙잡고 고객 서비스팀에 누구를 배치했느냐고 물어보면 대부분이 '전 직원'이라고 대답할 것이다. 하지만 다른 분야와 마찬가지로 고객 서비스도 규모가 커지면 초기에 성공의 초석이 되었던 특징들이 점점 힘을 잃고 만다. 공식적으로 직원들의 업무를 나누기 시작하면 '고객 서비스'도 그냥 많은 부서 중 하나가 되어 버린다. 분업을 하면 기업이 얼마나 성장할지 예측할 수 있고 또 더 낮은 비용으로 고객에게 상품과 서비스를 제공할 수 있긴 하지만 한편으로는 직원들이 고객을 위해 일한다고 하면서도 실제로는 고객과 단절되는 부작용이 생긴다.

이런 상황에서 엎친 데 덮친 격으로 웹 때문에 많은 기업이 '인터넷 규모'까지 이룩할 수 있게 됐다. 이전에는 물리적 위치와 마케팅 예산 같은 요소 때문에 대부분의 기업이 활동할 수 있는 시장의 규모와 범위에 제약을 받았지만 이제는 웹 때문에 그런 전통적인 장벽이 무너지면서 상품과 서비스를 세계적으로 판매할 수 있는 시장이 열린 것이다. 요즘은 신생 웹 기업이 몇 년, 때로는 몇 달 만에 사용자 수백만 명을 유치하고, 전자상거래 기업이 눈 깜빡할 새에 수익 수백만 달러를 달성하는 게 드문 일이 아니다. 이렇게 갑작스레 큰 성공을 거두면 으레 고객과 관련된 문제가 따르게 마련이니 기업이 높은 벽을 쌓는 것도 당연하다. 외부에서 이래라저래라 아우성이니 그걸 일일이 다 듣다 보면 다른 일은 아무것도 할 수가 없다. 이런 상황에서는 회피하는 게 아니면 마땅한 방법이 없어 보인다.

비용 문제도 기업이 회피 활동에 투자하는 이유 중 하나다. 고객이 새로 생기면 그만큼 고객 서비스 비용도 늘어난다. 소비자 상품을 취급하는 대기업의 임원을 아무나 잡고 물어보면 아마 고객 서비스 전화 한 통에 정확히 몇 달러가 지출되는지 들을 수 있을 것이다. 기업이 걸음마 단계에 있을 때는 이런 비용이 아예 지출 예상액에 포함되지 않거나 사업을 세우기 위한 필수 비용으로 여겨지기 때문에 크게 문제가 안 된다. 하지만 사업 규모가 커지면 고객 서비스 비용도 중요해진다. 더군다나 고객 서비스 비용은 십중팔구 고객이 이미 값을 치른 후에 발생하기 때문에 대부분의 경우 줄일 수 있는 데까지 줄여야 하는 손실로 여겨진다. 조금만 기분 나쁘다 싶으면 무턱대고 전화를 걸거나 이메일을 보내는 고객에게 직접 대응하느니 그냥 자동화된 고객 회피 도구를 사용하는 편이 겉으로 보기엔 훨씬 비용이 적게 들 것 같다.

하지만 회피 활동이 흔해진 이유가 하나 더 있다. 바로 프로세스와 통제에 대한 갈증이라는, 행운의 적이다. 지난 20년 동안 기업이 면밀하게 고객을 분류하고 그들과 교류할 수 있게 돕는다는 명목으로 '고객관계관리(CRM)'라는 미명 하에 거대하고 복잡한 기술 시스템이 개발됐다. CRM 시스템 덕분에 기업은 고객에 관한 온갖 정보를 수집하고 활용해서 각 고객에게 딱 맞는 메시지를 만들어낸다. 판매 가능성이 커지는 상황을 포착해서 그 순간에 고객을 붙들기 위해서다.

CRM은 수십억 달러 규모의 산업으로 성장했다. 이렇게 말하면 기업이 고객관계를 매우 중요하게 여긴다는 인상을 받을 수도 있다. 하지만 CRM 업계에서 산전수전 다 겪고 지금은 겟새티스팩션의 최고경영자로 있는 웬디 리(Wendy Lea)의 말을 들어보면 사실은 정반대다.

"고객관계관리에 몸담았던 사람으로서[92] 그때의 경험을 이야기하자면 우리가 하는 일은 기업이 고객을 더 잘 알 수 있도록 돕는 게 아니었다. 우리는 기업이 매출을 더 잘 예측할 수 있도록 도와줄 뿐이었다. 중요한 것은 효과가 아니라 효율, 곧 각 고객이 솔깃해할 만한 마케팅 메시지를 더 잘 전달하는 것이었다. 정직, 투명성, 진실한 대화는 뒷전이고 통제가 최우선이었다."

규모, 비용, 프로세스와 통제, 이렇게 기업이 회피 활동을 도입하는 이유가 모두 합쳐지면 페이팔과 리그레치 사태와 같은 상황이 빚어진다. 기업이 고객을 멀리하는 도구를 사용하면 결국 직원들도 고객에게 거리감을 느끼게 된다. 대화보다 비용 절감을, 진심보다 자동화를 중시하라고 하면 고객지원팀이 페이팔의 경우처럼 고객을 사람으로 안 보고 함부로 대할 수밖에 없다. 그래서 아이들에게서 크리스마스 선물을 빼앗는 불상사가 생긴다.

그 씁쓸한 사건이 마무리될 즈음 윈첼은 기업이 고객과 거리를 두면서 생기는 폐단을 지적하며 안타까워했다.

모든 부문에서 고객에 대한 애정이 사라지고 있다. 아무도 우리의 이름을 모른다. 아무도 우리와 눈길을 마주치지 않는다. 아무도 우리에게 고마워하지 않는다. 의사들조차 이전과는 태도가 딴판이다. 예전과 같은 수준으로 돈을 벌려면 아주 많은 사람을 진료해야 하기 때문에 기계처럼 변하고 있다. 그래서 우리의 암이 한 인간과 직결되어 있음을 망각한다. 그래서 페이팔은 우리의 수수료가 어떻게든 살아보려고 하는 사람들, 또는 타인을 위해 좋은 일을 하려는 사람들과 직결되어 있음을 망각한다.

하지만 다른 방법도 있다. 만약에 우리가 고객이 우리와 관계를 맺고 있는 동안 사업에 주는 이점을 볼 줄 알게 되면, 그리고 거기에 꼭 돈이나 시간 같은 귀중한 자원이 소비되는 것은 아니라는 사실을 깨달으면 전체 인력을 고객과 다시 연결해서 세렌디피티가 일어날 여지를 키울 수 있다.

고객을 무시하느냐 정중히 대접하느냐는 우리가 하기 나름이다. 우리는 마음만 먹으면 고객과 올바르게 교류해서 페이팔 사태와 같은 일을 막을 수 있다. 그러려면 조직이 속도, 규모, 생산성을 잃지 않고도 꾸준히 고객과 접촉하고 교류할 방법을 찾고 발전시켜야 한다. 이는 세렌디피티가 왕성하게 일어날 환경을 조성하는 데 큰 도움이 된다. 그리고 고도로 네트워크화된 세상에서 기업이 오랫동안 건전성을 지키려면 반드시 필요한 요소이기도 하다.

리의 말을 들어보면 이제 상담원이 전화나 이메일로 문의를 받는 것처럼 철저하게 통제된 경로를 통해서 짜인 각본대로 고객을 응대하며 회피하는 전략은 아무 소용이 없다.

"인터넷의 등장으로 옛날처럼 사람, 프로세스, 기술을 관리하는 것은 이제 통하지 않는다. 새로운 세대의 고객들은 온라인을 편하게 여긴다. 그들은 기업이 대화의 형태로 친절하고 신속하게 답을 주기를 원하고, 언제 어디서든 기업과 의사소통할 수 있기를 바란다."

리의 논평은 〈클루트레인 선언문The Cluetrain Manifesto〉 작성자들의 생각과 일맥상통한다. 2001년에 인터넷 마케팅 분야에서 나온 〈클루트레인 선언문〉은 웹의 등장으로 디지털 세상에 진입하려 하는 기업들이 반드시 일으켜야 할 변화를 예측했다는 점에서 의의가 있다. 선언문 작성자들의 말을 빌리자면 **"시장은 곧 대화**[93]"이며 인터넷 덕분에 "날마다 시장의 연결성과 목소리가 커지고" 있다. 이들은 기업이 그냥 메시지를 살포하고 고객이 기꺼이 그것을 받아들이리라 기대해도 되던 시절에 종언을 고하며 이렇게 밝혔다.

> 패션에서 사무용품에 이르기까지 우리가 생각할 수 있는 모든 상품은 논의, 논쟁, 연구의 대상이 되고 그것에 관심 있는 사람들 사이에서 일어나는 거대한 대화의 한 부분이 될 수 있다… 자신들이 시장에서 서로 연결되어 있음을 깨닫는다고 해서 고객들이 상품의 광고 이면에 있는 진실을 알게 되는 것은 아니다… 기업의 메시지는 좋게 봐서 최선의 경우라고 가정할 수 있는 것을 보여주려고 하지만 그와 달리 이런 목소리들은 실제 경험을 바탕으로 서로에게 진실을 알려준다… 하고 싶은 말만 시끄럽게 떠들어대는 기업의 목소리는 웹에서 나오는 풍성한 대화에 비하면 공허하기 짝이 없다.

〈클루트레인 선언문〉은 처음 발표됐을 때만 해도 그 주장이 당시 우리가 생각하던 '표준'과 너무 거리가 멀어서 세상 물정 모르는 급진적인 외침으로 취급되기 일쑤였다. 하지만 고작 10년이 지난 지금 상업계의 지형이 정확히 선언문 작성자들의 예언대로 변한 것을 보면 정말로 놀랍기 그지없다. 이제 크든 작든 간에 기업들은 고객들 사이에서 지배적인 목소리에 귀를 기울일 수밖에 없게 됐다. 옐프(Yelp) 같은 지역 정보 서비스에 올라온 악평이든 누군가가 가까운 친구 100명에게 보라고 올린 분노의 트윗이든 간에 고객이 기업과 관련해서 보내는 메시지는 대부분 무시할 수 없는 영향력을 발휘한다. 그리고 당연한 말이지만 **때로는 그게 웹상에서 크나큰 고객 봉기로 이어지기도 한다.**[94]

그런데 이렇게 빗발치는 고객의 목소리에 대응한답시고 지금껏 높은 성벽 안의 사람들이 취한 조치는 거의 다 도개교를 좀 더 높이 들어 올리는 식이었다. 선언문 작성자들은 이 또한 미리 내다봤다.

"많은 기업이 통제력을 크게 잃으리란 생각으로 이런 변화를 두려워한다. 하지만 이미 국제 시장에서 고객의 선택 범위가 믿기지 않을 정도로 커진 상황에서 통제력을 발휘해봤자 기다리고 있는 것은 실패뿐이다."

리의 생각도 같다. 그녀는 기업이 이 같은 변화를 두려워하지 말고 끌어안아야 한다고 본다. 그녀의 말을 들어보면 이런 자세는 새삼스러운 게 아니라 오히려 원래 상업계의 방식으로 돌아가는 것이다.

"그런 자세가 필요한 건 어제오늘 이야기가 아니다. 지역에 기반을 둔 기업들은 모두 고객을 잘 알았다. 일찍부터 고객과 자주 대화를 했다. 서로 끊임없이 접촉하고 가장 중요한 문제에 관해 자연스러운 말로 의견을 주고받으면서 관계가 형성된 것이다."

기업이 새로운 대화법을 받아들이면 이전에는 감춰져 있던 혜택이 모습을 드러낸다. 물론 불만을 토로하고 문제를 제기하는 고객이 완전히 없어지진 않는다. 하지만 고객과 연결되고자 기업의 문을 연다고 해서 꼭 부정적인 피드백만 들어오는 것도 아니다. 고객의 지성, 독창성, 감동도 들어온다.

이런 요인들, 그리고 거기에 수반되는 지식이 나오는 곳은 우리의 상품이나 서비스를 이용하고 그 경험을 우리와 나누고자 하는 고객들이다. 거기서 비롯된 세렌디피티로 어떤 깨달음이 찾아올지 누가 알 수 있을까? 투과의 기술을 사용하는 기업은 이렇게 기업과 고객이 연결된 새로운 세상에서 온갖 혜택을 누릴 준비가 되었다고 하겠다.

만족 보장

혹시 아직도 명쾌하게 이해되지 않을까 싶어 우리 두 저자의 이야기를 해볼까 한다. 우리는 기업과 고객 사이를 더 가까워지게 하겠다는 취지로 기업을 설립한 만큼 투과의 기술을 아주 소중하게 여긴다. 2006년에 겟새티스팩션을 구상했을 때를 돌아봐도 우리의 눈에는 당시에 만연했던 고객 회피에만 급급한 고객 서비스 철학이 온라인에서 떠오르고 있던 새로운 사회적 환경에서 백해무익할 게 뻔해 보였다. **전 세계의 고객들이 웹에서 이래저래 모여서**[95] 이야기를 나누며 도움이 될 만한 정보와 아이디어를 나누고 있었고, 그중 일부는 이미 블로그, 소셜네트워크, 포럼 같은 새로운 온라인 기술을 이용해 자신과 관계된 회사에 더욱 가까이 다가가기까지 했다.

우리가 겟새티스팩션을 시작한 이유는 그와 같은 기업과 고객의 교류를 증진하는 도구가 시장에 들어갈 틈을 보았기 때문이다. 그런 도구를 활용하면 고객은 기업에 자신의 의견을 더욱 효과적으로 전달할 수 있고 기업도 거기서 이득을 볼 수 있었다. 그래서 겟새티스팩션은 기업이 고객을 회피하는 게 아니라 끌어안아서 그 결과를 의미 있게 반영하면서도 비용은 낭비하지 않도록 돕는 쪽으로 방향을 잡았다.

우리는 상황을 간단히 규정했다. 기술이 발달하면서 고객이 더 강력한 목소리를 낼 수 있게 됐고 기업도 그런 목소리를 과거와 비교도 되지 않을 만큼 잘 인지할 수 있게 됐으나 기존의 고객 서비스 도구로는 그런 아우성을 감당할 수가 없다는 것이었다. 하지만 그런 상황을 타개할 기술 역시 존재했다. 웹을 이용하면 기업에 스폰지처럼 어느 정도 투과성 있는 막을 만들어서 고객이 그 사이로 적절히 오가도록 할 수 있었다. 이것은 또 하나의 고객 지원 상품이 아니라 기업과 고객의 대화를 촉진하는 완전히 새로운 교류의 장이었다. 이로써 고객은 예전 같았으면 불가능했을 방법으로 기업에 들어와서 어울릴 수 있었다.

투과의 기술은 인터넷의 등장으로 사람들이 쉽게 무리 지어서 목소리를 낼 수 있게 되면서 자연스럽게 등장한 결과물이다. 그리고 겟새티스팩션은 기업이 이렇게 날로 강력해지는 사람들의 말에 귀를 기울이고 그들과 교류할 수 있도록 하기 위해서 설립된 회사다. 그렇다고 기업이 기존의 도구를 폐기하거나 고객 서비스 기법을 완전히 뒤집어엎어야 하는 것은 아니다. 그것은 어리석은 짓일 뿐만 아니라 애당초 가능하지도 않다. 그저 아이디어가 드나들 수 있도록 성벽에 구멍을 내는 정도면 충분하다.

그런데 구멍 난 성벽은 상품을 팔 때 쓸 만한 비유가 아니다. 그래서 우리는 고객들에게 겟새티스팩션을 호텔 로비로 여겨달라고 했다. 기업이 소유한 공개적 또는 사적 온라인 공간이지만 원하는 사람은 누구나 자유로이 드나들 수 있는 곳으로 받아들여 달라는 뜻이었다. 어떤 고객은 구체적인 문제가 있어서 최선의 해결책을 찾을 수 있게 도와줄 안내원(고객 서비스 담당 직원일 수도 있지만 어떨 때는 최고경영자일 수도 있다)과 접촉하고 싶어할 것이다. 그런가 하면 또 어떤 고객은 그냥 들어와서 다른 고객들과 편하게 이야기를 나누면서 뭔가 얻어가고 싶어할 수도 있다. 어쩌면 이상형과 만나서 사랑에 빠지게 될지도 모를 일이다(농담이 아니다! 열정은 보는 사람의 마음을 흔들어 놓는다. 고객들이 아끼는 상품에 관해 서로 이야기할 수 있도록 멍석을 깔아주면 무슨 일이든 일어날 수 있다).

그것은 고객 서비스를 넘어서는, 고객 커뮤니티였다. 이로써 기업이 누리는 유익은 전통적인 고객 교류 도구에서 나오는 것과 전혀 달랐다. 날마다 고객들이 들이미는 긴급한 문제들이 워낙 많다 보니 고객 서비스 팀은 자연스럽게 급한 불을 끄는 데만 매달린다. 그래서 기업이 상품과 시장을 보는 관점에 혁신적인 변화를 불러올 법한 고객의 건의사항과 아이디어는 전통적인 고객 서비스 도구의 깨진 틈새로 빠져나가 버린다. 하지만 여기에 커뮤니티를 더하면 그런 건 문제가 안 된다. 고객 커뮤니티는 그런 건의사항들을 묻어버리는 게 아니라 오히려 전면에 내세움으로써 기업에 도움을 준다.

우리는 기업들이 겟새티스팩션을 이용해서 투과의 기술을 갈고닦는 것을 수도 없이 봤다. 다음은 그중에서 고르고 고른 사례들이다.

■ 팸퍼스

상품이나 서비스에 열정을 느끼는 고객이라고 하면 으레 최신형 자동차나 휴대전화를 장만하고서 자랑하고 싶어서 안달하는 사람이 떠오르게 마련이다. 하지만 뜻밖에도 사람들은 자기 삶에 영향을 끼치는 상품이나 서비스라면 무엇이 되었든 거기에 관해서 이야기하고 싶어한다. 예를 들면 기저귀 같은 것이다.

팸퍼스(Pampers)는 소비자 상품 업계의 공룡이라고 할 수 있는 프록터 앤 갬블의 아기용품 사업부로, 고객 커뮤니티의 활동이 아주 왕성하다. 부모라면 누구나 알겠지만 처음 아기가 태어나면 아기와 관련된 문제는 무엇이든 생사가 걸린 것처럼 의사결정을 하게 된다. 특히 종일 아기의 민감한 피부에 닿는 상품을 고를 때는 더더욱 그렇다.

그래서 팸퍼스를 이용하는 부모는 브랜드 매니저들이 말하는 '고관여'

고객이 된다. 고관여 고객이란 상품에 굉장히 신경을 많이 쓰고 최대한 올바른 결정을 내리기 위해서 아주 오랫동안 모든 대안을 조사한 다음에야 상품을 구입하는 사람을 뜻한다. 다시 말해서 온라인으로 다른 고객 및 직원들과 교류할 기회가 생기면 망설이지 않고 참여할 열정적인 고객이다.

겟새티스팩션의 사업개발 부사장인 스콧 허시(Scott Hirsch)는 이렇게 말했다.

"팸퍼스는 훌륭한 고객 서비스 및 지원 활동을 사업의 근간으로 여긴다.[96] 팸퍼스가 보는 고객 서비스 및 지원 활동이란 '기저귀 찍찍이가 떨어졌어요', '한 상자에 10개가 들어 있어야 하는데 8개밖에 없네요' 등 상품에 대한 고객의 불만 사항을 해결해주는 것이다. 이런 문제는 반드시 해결되어야 하는데, 일단 그러고 나면 서비스 및 지원과 별개로 해당 고객과 또 다른 문제들에 관해 더욱 의미 있는 대화를 나눌 수 있게 된다."

그런데 부모들은 걱정이나 문젯거리가 생기면 고객 서비스 및 지원 부서가 아니라 팸퍼스의 겟새티스팩션 커뮤니티에 문의한다. 이를테면 이가 나기 시작한 아기를 재우려면 어떻게 해야 하는지, 배변 훈련은 언제 어떻게 시작해야 하는지 다른 엄마들에게 물어보는 것이다. 팸퍼스 같은 브랜드는 이런 유의 대화로 고객이 원치 않는 기분 나쁜 마케팅 메시지를 들이밀지 않고도 소기의 목적을 달성할 수 있다. 그래서 팸퍼스에서는 고객들이 서로 대화할 수 있는 공간과 기회를 제공하는 게 마케팅이다.

이런 식으로 웹에서 고객들이 공개적으로 대화를 나눌 수 있게 하면 조직 내부의 직원들도 영향을 받는다. 설사 대화에 참여하지 않고 보기만 하더라도 뭔가 얻는 게 있게 마련이다. 상담원이 전화나 이메일로 문의를 받는 것 같은 정통적인 고객 서비스는 불만을 토로하는 사람과 그것을 해결하는 사람, 이렇게 두 사람만 대화를 볼 수 있다. 하지만 웹상에서 공개적으로 대화가 진행되면 팸퍼스에서 일하는 사람은 누구든 그것을 모니터해서 대응할 수 있다. 그러면 굳이 어마어마한 자원을 투입하거나 다른 중요한 업무에 지장이 생기는 일 없이 직원들이 자연스럽게 고객들의 의견을 듣고 반응하고 지식을 습득하게 된다.

허시는 이렇게 말했다.

"이를 통해 팸퍼스 직원들은 고객이 어디에 신경을 쓰는지 알 수 있고 또 그런 대화들 속에서 조직에 변화를 일으킬 불씨를 포착할 수 있다. 대화가 없었다면 일어나지 않았을 일을 간파하는 것이다."

이게 바로 세렌디피티의 불꽃이다.

■ 홀푸드마켓

기업이 투과의 기술을 개발해서 얻을 수 있는 효과가 또 있다. 지식이 조직 안으로 더 잘 흘러들어오는 것뿐만 아니라 바깥으로도 더 잘 흘러나가는 것이다. 어느 조직이든 직원들의 머릿속에는 자기 분야와 관련된 심도 있는 지식이 가득 들어차 있다. 당연한 말이다. 직원들의 업무란 바로 지식을 쌓고 나누는 것이기 때문이다. 그러라고 돈을 받는 것이고 하루 중 대부분을 자기 일에 관해 생각하면서 보내는 데다 잘하면 거기에 열정까지 느낄 수도 있다. 그런 지식을 듣기 원하는 고객과 그것을 나눌 기회가 생긴다면 의욕이 마구 샘솟을 것이다.

우리가 겟새티스팩션에서 이런 사실을 처음으로 알게 된 것은 홀푸드마켓(Whole Foods Market)의 직원과 고객이 교류하는 것을 보면서였다. 홀 푸드는 미국에서 제일가는 유기농 슈퍼마켓 체인으로, 팸퍼스와 마찬가지로 고객들이 상품에 굉장히 신경을 많이 쓴다. 이 회사의 온라인 커뮤니티를 보면 회사 운영에 관해 온갖 질문이 올라온다. 그중에는 입점 예정 지역을 물어보는 간단한 질문도 있고, 어떤 종류의 유기농작물을 판매하고 기부 대상 자선단체는 어떻게 선정하는지 물어보는 구체적인 질문도 있다.

2008년에 한 고객이 홀푸드에서 판매하는 생수에 관한 질문을 커뮤니티에 올렸다.[97]

"어떤 생수가 가장 깨끗하죠? 365 생수는 정말 크리스탈 가이저인가요? 크리스탈 가이저 중에서도 뭐죠?"

이를 본 테레사라는 직원이 곧장 답글을 달아서 생수 판매 전반에 관해 설명했다. 여섯 문단, 500단어 분량의 글에서 그녀는 다양한 생수의 종류와 출처를 밝히는 데서 그치지 않고 각 생수에 사용되는 여과 프로세스와 관련된 사항, 이를테면 여과 기술의 원리, 홀푸드가 정부의 규정을 지키기 위해 기울이는 노력 등을 상세히 설명했다.

테레사의 응답에서 주목할 점은 생수에 관한 깊은 관심만이 아니었다(물론 그 정도로도 충분히 인상적이었다). 뜻밖에도 테레사는 '고객 서비스' 팀원이 아니었다. 그녀는 답글의 첫머리에서 자신이 홀푸드마켓 PB팀 소속임을 밝혔다. 하지만 온라인 커뮤니티 플랫폼 덕분에 고객의 관심사를 지켜보다가 자기가 잘 아는 문제가 나오면 얼마든지 끼어들 수 있었다.

테레사의 답변은 고객 서비스 팀원의 기계적인 답변보다 훨씬 가치가 있었다. 고객 서비스 팀원이 아무리 관심이 많다고 한들 생수를 생산하는 부서 사람만큼 잘 알 리는 없었다. 겟새티스팩션 플랫폼의 투과성 덕분에 테레사는 질문을 올린 고객은 물론이고 우연히 그 질문을 접할 다른 사람들에게까지 지식을 나눠줄 수 있었다. 이렇게 고객과 거리를 좁히는 것은 예전 같았으면 불가능한 일이었다. 하지만 성벽에 구멍을 뚫자 그 틈으로 생수가 흐르기 시작했다.

테레사의 답글은 한참이 지난 지금도 온라인에 남아서 홀푸드에 도움이 되고 있다. 구글에서 '홀푸드'와 '생수'를 함께 검색하면 검색 결과 첫 페이지에 테레사의 답글이 뜬다. 이 답글은 앞으로도 계속 그 자리에 남아서 일부러 그것을 보러 오는 사람들, 또는 자기가 찾는 답인지도 모른 채로 순전히 세렌디피티 덕분에 그것을 접한 사람들에게 도움을 줄 것이다.

■ 팀벅2

팀벅2는 맞춤형 가방을 만드는 회사로 배낭, 손가방, 여행 가방 등도 생산하지만 주력 상품은 메신저백이다. 메신저백에 거의 집착하다시피 한다. 웹사이트에도 이렇게 적혀 있다.

"우리는 샌프란시스코의 차고에서 태어났고,[98] 거리를 누비는 배달원(메신저)들의 등에서 자랐습니다. 20년 동안 도시 속 모험을 위한 가방과 액세서리를 만들어 온 우리의 철학은 간단합니다. 멋지고 질기면서도 고객이 입맛대로 꾸밀 수 있는 가방을 만드는 것입니다."

겟새티스팩션의 허시는 "팀벅2와 같은 회사에서 드러나는 조직의 집중력과 사명이 경영에 대단히 큰 영향을 끼친다"고 본다.

"명확한 사명이 있으면 기업이 엇나가지 않고 고객이 누구인지도 잘 파악할 수 있다. 하지만 그렇게 하나에만 총력을 기울이면 문제가 생길 수도 있다. 가까운 곳에 아직 진가를 인정받지 못하고 있지만 진출만 하면 성공 가능성이 있는 시장이 있더라도 그것을 눈치채지 못하기 때문이다.

좁은 시야 때문에 엄청난 사업 기회를 놓치고 마는 것이다."

허시는 팀벅2가 겟새티스팩션을 이용하기 시작했을 때 그런 사례를 직접 목격했다. 20년 동안 자전거 배달원들을 위한 가방을 만들어온 팀벅2는 유행에 밝고 문신을 즐기는 도시의 터프가이들을 주요 고객으로 한다. 그러다 보니 허시의 말을 빌리자면 상품들이 대부분 "남성적이고 공격적"이다. 고객이 입맛대로 맞춤 주문을 할 수 있고 또 이후에 개조할 수도 있다고 하나 절대로 따뜻하고 부드러운 분위기는 아니다. 팀벅2의 가방은 거리의 남자들을 위해 만들어졌다.

이렇게 강인한 이미지 덕분에 지금까지 고객들을 유지하고 또 확대할 수 있었다. 하지만 자사의 고객이 자전거를 타고 도심을 누비는 20대의 배달원들이라고만 생각하면 그중에 아이 엄마가 끼어 있을 수도 있다는 생각은 쉽게 할 수 없다.

허시의 말을 옮긴다.

"팀벅2의 고객 중에는 회사가 미처 신경 쓰지 못했던 사람들도 있다. 바로 적극적으로 야외 활동을 즐기는 아이 엄마들이다. 이들은 버닝맨 축제(Burning Man, 사막에서 일주일 동안 자유롭게 자신을 표현하는 축제—옮긴이)에 참가하기도 하지만 한편으로는 아이들을 위해 유기농 식료품을 사는 엄마다. 이들은 팀벅2를 좋아하고, 어쩌면 왕년에 배달원으로 일하던 시절부터 팀벅2의 가방을 사용했을지도 모른다. 그러다 나이가 들어 아이가 생기면 이제 기저귀 가방도 필요해진다."

이런 엄마 중 한 사람이 팀벅2의 겟새티스팩션 커뮤니티에 기저귀 가방을 만들 계획이 없느냐는 질문을 올리자[99] 특이한 일이 일어났다. 회사의 첫 반응은 부정적이었다. 자전거 배달원한테 무슨 기저귀 가방이 필요하단 말인가? 하지만 커뮤니티(팀벅2의 직원과 고객들)가 함께 그 주제에 관해 이야기를 나누자 집단의 관점이 생기기 시작했다.

그렇게 해서 고객들은 특별한 기저귀 가방을 원하지 않는다는 게 밝혀졌다. 특히 분홍색, 딸랑이 등 기저귀 가방이라고 하면 으레 떠오르는 특징을 갖춘 가방은 다들 질색이었다. 사실 커뮤니티의 논의에서 드러난 바 그들은 자기가 원하는 게 무엇인지 이미 정확히 알고 있었다. 어찌 된 일이냐 하면 수많은 아이 엄마가 팀벅2 애호가 아니랄까 봐 진작에 기존의 메신저백을 기저귀 가방으로 개조해 놓은 것이었다. 허시에게 듣자 하니 "엄마들이 들어와서 '이렇게 하면 휴대전화 넣는 곳에 젖병을 넣을 수 있어요', '공책 넣는 주머니에 기저귀 두 개를 넣으면 딱 맞아요' 하며 사진과 함께 개조 방법을 올렸다"고 한다.

허시는 "이게 바로 고객이 원하는 것을 정확히 찾아내는 대화"라고 본다. 이후 팀벅2는 완전히 새로운 상품을 내놓는 식으로 대응한 게 아니라 "기저귀 가방 개조 키트"를 만들어서 웹사이트에 올리고 다른 엄마들도 자기가 개조한 기저귀 가방을 자랑할 수 있는 공간을 마련했다. 이를 두고 허시는 팀벅2가 새로운 종류의 기저귀 가방을 만든다고 초점을 벗어난 상품 개발 프로세스에 큰돈을 쏟아붓거나 반대로 기저귀 가방 시장을 아예 놓칠 수도 있었는데 그렇게 하지 않고 "고객과 대화를 나눔으로써 비용을 한 푼도 들이지 않고 상품을 확장하여 고객이 브랜드를 새롭게 경험할 수 있게 했다"며 극찬을 아끼지 않았다.

팀벅2가 기저귀 가방 개조 키트를 만들게 된 사연은 일반적인 고객 서비스 사례라고 보기 어렵다. 보통은 기업이 고객의 만족도를 높이기 위해서, 또는 불만을 누그러뜨리기 위해서 문제를 해결하는 반면, 위의 이야기에서는 기업과 고객이 머리를 맞댐으로써 향후 양측의 교류 방법에 영향을 끼칠 아이디어를 도출했다.

이런 식으로 고객에게서 상품과 관련된 지혜를 얻으려면 노력이 필요하다. 그냥 웹사이트에 피드백을 구하는 페이지를 만들어 놓고 번뜩이는 아이디어가 굴러들어오길 기다리면 곤란하다. 웹에는 그렇게 고객의 피드백을 모으는 페이지가 수두룩하고, 많은 대기업과 중소기업이 겟새티스팩션 등 투과성을 향상하는 다양한 도구를 활용해서 수많은 아이디어와 건의사항을 받아들인다.

고객이 전문가보다 상품 디자인을 잘한다는 생각은 착각이다. 현실적으로 그런 경우는 거의 찾아보기 어렵다. 다들 헨리 포드가 모델T 자동차를 설계한 일을 두고 한 말을 들어봤을 것이다.

"고객들에게 무엇을 원하냐고 물었으면 더 빨리 달리는 말을 원한다는 대답이 돌아왔을 것이다."

물론 그렇다고 해서 상품 피드백이 무가치하지는 않다. 하지만 그것을 다르게 볼 줄 알아야만 거기서 가치를 뽑아낼 수가 있다. 우리가 상품 개발자로서 경험하고 또 무수히 많은 고객 커뮤니티를 관찰한 결과, 고객 피드백을 세 가지 범주로 나누면 그것을 좀 더 잘 활용할 수 있다. 그 세 가지란 실행 가능한 제안, 뻔한 피드백, 실마리다.

고객이 정말로 참신하고 유익한 아이디어를 내놓는 경우는 아주 드물다(우리의 경험으로는 전체의 1퍼센트에도 못 미친다). 흔히 사용자의 피드백이 금쪽이라도 되는 줄 아는데 다 이 범주에 속하는 피드백들 때문에 생긴 착각이다.

조직이 큰돈을 들이지 않아도 외부에서 아이디어가 굴러들어온다면 얼마나 좋은 일인가. 그래서 우리는 자나 깨나 그렇게 값싼 혁신이 일어나길 바란다. 정말로 그렇게 되면 참신하고 실행 가능한 제안을 거저 얻는 셈이니 그런 태도도 이해할 만하다. 하지만 세렌디피티적 발견이 다 그렇듯이 중요한 것은 온갖 잡음 속에서 그런 아이디어를 알아보고 그것을 실행에 옮기는 일이다(이에 관해서는 3장과 4장에서 살펴봤다). 그런데 아무리 준비가 잘된 사람이라고 하더라도 그런 일은 좀처럼 일어나지 않는다.

사용자 피드백에서 참신한 아이디어가 잘 나오지 않는 데는 몇 가지 이유가 있다. 첫째, 아이디어를 창출하는 것은 사내 상품팀이기 때문이다. 겟새티스팩션의 경우를 보자면 우리가 농담처럼 하는 말이 있다. 지난 5년 동안 사업을 운영하고 성장시키기 위해서 도입한 아이디어 중 95퍼센트는 회사가 문을 열고 3개월 안에 나온 것이라고. 사실 지금껏 우리 회사가 한 일은 그때 나온 아이디어 중 일부를 더 발전시킨 것뿐이다.

둘째, 고객이 낸 참신한 아이디어들을 보면 너무 좁은 시야에서 나왔거나 기업의 경영 전략과 맞지 않아서 쓸 수 없는 경우가 많다. 어쩌면 고객은 자신의 편익을 위해서 우리 상품이 경쟁사 상품과 잘 어울리기를 바랄 뿐, 그게 장기적으로 우리의 매출이나 사업의 존속에 끼치는 영향은 생각해보지 않았을지도 모른다. 이런 아이디어들은 솔깃하긴 해도 별로 도움이 되지 않는다. 하지만 나중에 다른 곳에 쓸 수 있을 가능성도 없진 않다.

■ 뻔한 피드백

우리가 우리 상품을 위해서 운영하는 겟새티스팩션 커뮤니티에 '인터페이스를 세계화해달라'는 건의 사항이 수십 번은 올라왔다. 우리는 이런 제안에 신경 쓰지 않는다. 다른 언어권의 친구들이 하는 말을 무시해서가 아니라 너무 뻔한 아이디어이기 때문이다.

이런 아이디어는 그 자체로 실행에 옮길 만한 것은 아니지만(아마 상품/서비스 개발계획에 이미 올라 있을 것이다) 고객이 자신의 열망을 표현해서 개발 프로세스에 압력을 행사하게 하는 것은 좋은 일이다. 이렇게 하면 고객의 필요를 더욱 깊이 알 수도 있다. 이 경우에는 '가장 시급히 번역해야 할 언어는 무엇인가?', '언어를 사용자가 설정할 수 있게 해야 하는가, 아니면 커뮤니티마다 언어를 달리해야 하는가?', '사람들이 번역에 도움을 줄 것인가?' 등에 대한 답을 얻을 수 있다.

눈코 뜰새 없이 바쁜 상품팀은 뻔한 제안을 무시해버리기 일쑤다. 가장 큰 이유는 자기들이 아직 거기에 손을 대지 못했다는 것을 부끄럽게 여기기 때문이다("그걸 로드맵에 올린 지 벌써 1년이나 지났으니 망신도 이런 망신이 없어!"). 하지만 관점을 바꿔서 아이디어 논의가 자신이 만들고자 하는 기능이나 상품에 관한 고객의 의견을 수렴하는 수단이라고 생각하면 어떨까(그러면 설사 1년 동안 손도 못 댔다고 한들 무슨 상관인가)?

사용자 피드백 중 상당수는 참신하지도 않고 뻔하지도 않다. 그런 피드백은 얼핏 보면 사업과 맞지도 않는 별난 건의사항이나 아이디어로 여겨져 잡음처럼 보일 수 있다. 우리 커뮤니티의 경우, "글을 쓸 때 맞춤법 검사를 하게 해주세요"와 "익명으로 글을 쓸 수 있게 해주세요" 같은 건의사항이 한 번씩 올라왔다. 좋은 아이디어이긴 하지만 우리는 당분간 그런 기능을 지원할 생각이 없다.

이런 제안은 하나씩 떼어놓고 보면 별로 쓸모가 없으나, 여러 사람이 똑같은 제안을 하거나 다양한 상황에서 똑같은 종류의 제안이 올라온다면 그것은 우리가 파헤쳐야 할 문제를 가리키는 것일 수 있다. 다시 말해 고객들이 커뮤니티에 올리는 다양한 의견은 문제나 고객의 욕구를 더 깊이 파고드는 토대가 될 수 있다.

그 예로 익명 글쓰기 기능을 넣어달라는 건의사항을 보자. 겟새티스팩션을 이용하려는 고객은 가입을 하고 실명을 기입해야만 기업에 피드백을 줄 수 있다. 익명으로 글을 쓸 수 있게 해달라고 한 고객은 그렇게 하면 새로운 아이디어를 좀 더 쉽고 빠르게 올릴 수 있어서 사람들이 더 많은 아이디어를 나누게 되리라고 생각했다.

하지만 우리가 예전에 익명 글쓰기 기능을 도입했다가 큰일을 치렀다는 사실은 몰랐다. 커뮤니티에 익명으로 글을 쓸 수 있게 하자 그냥 이야기를 나누기 위해서 들어오는 사람보다 스패머들이 더 많아졌다. 그리고 예상과 달리 쓸만한 피드백도 별로 늘어나지 않았다. 그뿐만 아니라 고객이 가명 뒤로 숨어버리니 자칫하면 고객과 기업의 관계를 더욱 돈독하게 한다는 취지도 무색해져 버릴 수 있었다.

피드백을 제공하는 데 걸림돌이 되는 요소를 없애고 싶어하는 그 고객의 심정은 우리도 잘 알았다. 하지만 기업의 입장에서 보자면 그의 욕구(다른 사람들도 공감하는 욕구였다)는 실현 가능성이 없었기 때문에 우리는 거기서 멈춰서 그런 건의사항의 이면에 있는 문제들을 더 심도 있게 파헤치게 됐다.

이 경우 우리가 할 일은 건의사항의 뒤에 숨어 있는 깊은 욕망을 밝히는 것이었다. 고객이 글을 쓰는 데 방해가 되는 장벽을 없애주기를 바라니 우리는 익명 글쓰기 외에 그 목적을 달성할 방안을 찾아야만 했다. 오랜 고민 끝에 우리는 페이스북 커넥트를 이용한 인증 시스템을 도입하면 고객들이 클릭 한 번으로 페이스북 계정을 통해 겟새티스팩션에 로그인할 수 있으니 글쓰기의 장벽이 사라지리라 결론을 내렸다. 실제로 그렇게 하자 고객을 실명으로 인증하면서 가입 과정도 없애는 일석이조의 효과가 있었다. 결과적으로 우리는 글 쓰는 과정을 단순화하는 동시에 고객이 명시적으로 표현하지는 못했지만 속에 품고 있었던 진짜 문제까지 해결할 수 있었다. 고객이 당연하게 여기는 해법, 그러나 우리는 이미 경험을 통해 효과가 없다는 사실을 아는 해법, 그런 해법의 이면에 있는 문제를 간파했기 때문에 가능한 일이었다.

항상 고객과 소통할 준비가 되어 있어야 그들에게서 최고의 아이디어를 끌어낼 수 있지만 투과의 기술에서 보듯이 고객이 말하는 것의 이면을 볼 줄 알아야 숨겨진 가치를 이끌어낼 수 있다. 조직이 그렇게 할 수 있다면, 다시 말해 회사 전체가 투과의 기술을 능숙하게 사용할 수 있다면 우리는 고객의 삶을 업무와 통합하는 차원으로 나아간다. 투과의 기술을 완벽하게 익힌 조직은 고객에게 공감하고 고객과 밀접한 관계를 맺는다. 이

같은 계획된 세렌디피티의 기술을 사용하면 고객이 무언가 흥미로운 것에 맞닥뜨렸을 때 우리도 함께 그것에 부딪힌다.

환자와 참을성

지금까지 기업의 성으로 돌격하는 방법, 즉 성벽을 무너뜨리고 고객들이 들어올 수 있게 하는 방법과 그 고객들이 주는 피드백에서 가치를 끌어내는 방법을 알아봤다. 고객의 피드백이 실현 가능한 아이디어든 뻔한 제안이든 혹은 숨겨진 실마리든 간에 우리는 그들의 건의사항을 토대로 각종 세렌디피티적 이득을 볼 수 있다.

하지만 성으로 돌격한다는 게 말로는 쉬워도(식은 죽 먹기라고 생각하는 사람도 있을 것이다) 행동으로 옮기려면 굉장히 어려울 수 있다. 특히 거대한 요새 같은 기업에서 일한다면, 그러니까 성벽이 너무 높아서 무너뜨리기는커녕 꼭대기가 어디인지조차 보이지 않는 환경에서 일한다면 더욱 그렇다. 상황이 그렇다면 투과의 기술을 개발하기가 하늘의 별 따기로 여겨질 수도 있다.

기업과 고객의 거리를 좁히면 온갖 이점이 있다. 그런데 이와 관련해서 얼마 전에 〈클루트레인 선언문〉의 작성자 중 한 명인 닥 설즈(Doc Searls)가 한 말이 있다.

"우리는 분명히 큰 진전을 이루었다. 이제 많은 기업이 이전보다 적극적으로 고객과 대화하고 교류하려고 한다. 하지만 과거의 정신은 순순히 물러나지 않았다. 우리는 아직도 여기저기서 그것을 맞닥뜨린다. **우리는 언제나 사랑과 공포, 둘 중의 하나를 선택해야 하는데,**[100] 여전히 공포를 선택하는 경우가 상당히 많다."

말로는 고객과 가까워지고 싶다고 하지만 지금도 우리는 그들을 안으로 불러들이는 것을 두려워한다. 변화란 어려운 일이고 조직의 변화는 더더욱 그렇다. 하지만 아주 불가능한 것은 아니다. 그래서일까, 이제는 의사들도 환자를 더 잘 섬기기 위해서 투과의 기술을 사용하기 시작했다. '이야기 치료'라는 새로운 치료법이 등장하면서 지극히 분석적이고 좀처럼 변화를 받아들이지 않는 의료 환경에 변화의 바람이 일고 있다.

의사들은 환자의 증상을 보고 질병을 짐작한다. 하지만 모순되거나 불확실한 데이터를 만나면 벽에 부딪힌다. 환자는 생활양식, 병력, 병리적 요인이 결합된 복잡한 문제라고 할 수 있다. 의사는 각 환자와 관련된 모든 데이터를 객관적으로 검토해서 증상의 뿌리를 파헤치는 것을 목표로 한다.

하지만 빠르게 변화하고 보험의 영향력이 큰 의료 환경에서 그런 식으로 진료하다 보니 의사가 점검표를 이용해서 사무적으로 환자를 보는 피상적인 진료 풍토가 자리 잡았다. 현대 의학은 의사와 환자의 거리가 멀어야 객관적인 진료를 할 수 있다는 핑계를 대며 최악의 경우에는 환자를 비인간화하기까지 한다.

여기에 반기를 들고 등장한 것이 '이야기 치료'다. 이야기 치료를 주창한 컬럼비아대학교의 리타 캐런(Rita Charon) 박사는 환자의 증상을 '주관적'으로 살펴보는 편이 더 좋다고 믿었다. 언어에도 조예가 깊었던 그녀는 **"질병이 이야기를 통해 드러난다**[101]**"**는 것을 간파했다. 그래서 의사들이 환자의 이야기를 듣고 중요한 요인을 포착해서 대응하는 이야기 치료법을 개발했다.

이 기법의 특징은 질병만 보지 않고 통합적 관점에서 한 사람을 치료하는 것이다. 케런의 말마따나 "이전에는 우리가 돌보는 사람들이 자기 경험을 터놓고 이야기하도록 해서 그것을 경청하고 거기서 무언가를 포착할 방법이 없었다." 이야기 치료법을 쓰는 의사들은 '병렬 차트'를 사용한다. 이 차트는 기존의 데이터 중심 차트와 환자의 이야기(환자의 경험과 그가 치료에 보이는 반응)를 합친 형태다. 병렬 차트를 사용하려면 진단 과정에서 문학적 해석을 해야만 한다. 그래서 의사들이 데이터만으로는 알 수 없는 문제를 추론하게 된다. 그러면 결과적으로 차트와 의사의 머릿속에 들어가는 데이터의 질이 향상돼서 필연적으로 새로운 종류의 관계가 형성된다.

이는 기존의 진단법을 크게 벗어난 기법이며 이로써 불필요한 검사와 비효과적인 치료 행위가 줄어든다. 케런의 말을 빌리자면 의사들이 "알면서도 아는 줄 모르는" 것들이 있다. 이야기 치료는 그런 지식을 앞으로 끌어온다. 글을 쓰는 행위는 의사의 판단력이 "권태, 두려움, 질책의 먹이가 되거나 무시되는 것"을 막아준다. 의사와 간호사가 환자에 관한 글을 적다 보면 열이면 열 "무릎을 탁 치며 '아하!' 하는 순간이 온다"는 게 케런의 주장이다.

기업도 병렬 차트를 이용해 "통합적 관점에서 한 사람을 치료하는" 기법에서 배울 점이 많다. 고객은 이미 자기 이야기를 하고 있으니 우리가 귀를 기울이기만 하면 들을 수 있다. 이야기 치료법에서 알 수 있는 것은 시스템이 중요하다고 해도 거기 깃든 정신과 개성이 훨씬 중요하다는 사실이다. 이 기법을 사용하는 의사는 환자와 더 친밀한 관계를 맺어서 통합적 관점에서 환자를 보고 세렌디피티적 혁신을 일으킬 가능성이 있다.

'병렬 치료' 개념은 세상에서 변화에 가장 적대적인 환경(위험 회피와 격무에 대한 부담감이 결합해서 변화가 지극히 어려운 시스템)에서 일어난 작은 변화다. 그리고 제구실을 하고 있다. 가장 보수적인 전통을 따르는 기업들보다 더 경직되고 보수적인 환경에서도 업무에 투과성을 키워서 환자들이 들어올 수 있게 하고 있으니 우리가 고객들을 그렇게 대하지 않는다면 무슨 핑계를 댈 수 있겠는가?

여덟 번째 기술
끌어당기기

—

우리의 성공에 꼭 필요한 사람, 사건, 아이디어는 상당수가 우리의 지식 밖에 있고,
우리의 사업에 중요한 것들 역시 상당수가 사업의 바깥,
즉 다른 사람들의 마음과 경험 속에 존재한다.
하지만 계획적 세렌디피티의 기술 여덟 가지 중 마지막 기술,
꼭 미신처럼 보이는 끌어당기기의 기술을 쓸 줄 알면
마치 마술처럼 필요한 것을 필요한 때에 불러올 수 있다

"행운의 여신은 용기 있는 자를 아낀다."

— 남아메리카 속담

Get Lucky

조직이 처음부터 계획적 세렌디피티의 모든 원리를 염두에 두고 만들어진다면 어떨까? 지금까지 우리는 계획적 세렌디피티의 기술을 하나씩 살펴봤다. 그런데 그 기술들을 합쳐서 하나의 일관성 있는 경험으로 발전시키려면 어떻게 해야 할까?

그 답을 구하기 위해서 샌프란시스코에 있는 브라이트워크스(Brightworks)라는 실험적 학교의 사례를 살펴보자. 이 학교는 아이들이 백지상태로 태어나기 때문에 깨인 교사들의 가르침으로 그 공간을 채워야 한다는 현대 교육의 통념을 거부하고, 오히려 아이들이 탐구적이고 자기 주도적인 학습자로 태어나기 때문에 그들을 지지해주는 환경, 멘토, 가벼운 구조만 있으면 훌륭한 학생이 될 수 있다고 본다.

브라이트워크스는 그 유전자에 세렌디피티가 기록되어 있다. 세렌디피티가 가장 중요한 원칙이라고 해도 좋을 정도다. 설립자인 기버 털리(Gever Tulley)는 "자기 주도적 학습 기회가 많을수록 결과는 예측하기 어려워진다[102]"고 했다. 브라이트워크스의 학생들은 혼자서 또 여럿이서 직접 프로젝트를 고안하고 그것을 직접 완수해야 한다. 기버는 교육자로 지내오면서 학생들을 미리 계획된 수업에 밀어 넣어버리면 "아이들의 머릿속에서 미리 정해진 결과밖에 나오지 않으니 거기에는 새로운 발견이 없고 오로지 따라야 할 단계만 있을 뿐"임을 깨달았다. 반면에 브라이트워크스에서 "가장 좋은 결과는 학생들이 기존의 방법을 탈피해서 수중의 자료를 활용하는 것"이다.

이 책에서 살펴본 행운의 조직들이 대부분 그렇듯이 브라이트워크스도 그 문을 통과할 만큼 호기심이 넘치는 사람이라면 누구에게나 열려 있다. 특히 그곳을 탐방하기 좋았던 때는 2011년 12월 16일 저녁, 다른 학교들처럼 겨울 방학식을 하는 날이었다. 그날 저녁, 900제곱미터 규모의 창고에 들어선 방문객들은 브라이트워크스가 별난 학교라는 것을 한눈에 알아봤다. 한쪽 구석에 마련된 조그만 교무실을 빼면 학교 전체가 격납고처럼 생긴 하나의 열린 공간으로, 여기저기 합판과 두꺼운 종이를 이용해서 직접 만든 벽들이 임시로 공간을 나누고 있을 뿐이었다. 한쪽에는 전기톱, 토치램프, 드릴 프레스 등 작업 공구를 보관하는 컨테이너가 자리 잡고 있었다. 주방도 밖에서 볼 수 있도록 개방되어 있었는데, 그날은 학생과 직원들이 학생들의 작품 발표회를 보러온 손님들을 위해서 간식을 준비하고 있었다.

창고 안은 크리스마스트리처럼 조명이 밝혀져 있고, 이 학교의 전체 인원인 6~12세 아동 20명 중 몇 명이 이곳저곳에 설치된 식탁으로 음식을 날랐다. 많은 학생이 이날 부모, 친척, 친구를 비롯해 이 특이한 사립학교의 운영 방식을 보려고 온 호기심 많은 손님들에게 자신들의 프로젝트를 발표한다는 생각에 한없이 들떠 있었다.

오후 7시가 몇 분 지난 시각, 한 모둠의 발표를 보기 위해서 50여 명의 어른과 20명의 학생이 임시 스크린 앞에 모였다. 모둠원 중 한 명인 8세 카이아가 앞으로 나섰다.

"지난 3주 동안 저희가 열심히 만든 작품입니다. 재미있게 보시면 좋겠습니다."

불빛이 어두워지고 영상이 재생됐다. 〈좀플즈: 사랑 이야기〉라는 제목이 뜨고 춤곡이 흘러나오면서 화면 위로 스톱 모션 영화가 펼쳐졌다. 레고로 만든 등장인물들이 야외 파티에서 춤을 추다가 디프 포커스로 소들이 풀을 뜯어 먹는 장면을 배경으로 조그만 DJ가 레고 턴테이블을 돌리기 시작했다. 관객들은 감탄사를 내뱉었다. 작품의 완성도가 놀라울 정도였다. 2분 30초짜리 영상(학생들의 표현을 쓰자면 "좀비들의 사랑 이야기")이 재생되는 동안 관객은 몇 번이나 박수를 치고 배꼽을 잡았다. **이 단편 영화는 7~9세 어린이 4명이 만든 것**[103] 치고는 굉장히 재미있고 인상적인 작품이었다.

상영이 끝나자 학생들이 나와서 직접 제작 과정을 보여줬다. 프레임별로 등장인물들을 어떻게 움직였고, 프로젝트 완성까지 주어진 시간 안에 가장 부드러운 움직임을 뽑아내기 위해서 영상 촬영 속도를 어떤 식으로 테스트했으며, 처음 영상을 촬영할 때 조명 문제를 어떻게 해결했는지 등이 밝혀졌다. 이어서 학생들이 좀비 랩과 비트박스를 선보이고, 이들의 안내자 역할을 한 마크 코어(Mark Korh)가 제작 과정에서 학생들을 멘토링한 소감을 간단히 말하는 것으로 발표는 마무리됐다.

이날 저녁, 브라이트워크스의 학생 20명은 영화 상영을 포함해 모두 다섯 번의 발표를 했다. 현재 이들은 브라이트워크스에서 '아크⁽ᵃʳᶜ⁾'라고 부르는 6~8주 학습 과정의 마지막 단계인 '전시 단계'를 밟고 있다. 모든 아크는 저마다 주제가 있고, 학생들은 몇 주 동안 거기에 집중한다. 처음에는 주제를 탐구하고, 이어서 그것과 관련된 프로젝트를 수행한다. 주제들은 구체적인 경우도 있고 추상적인 경우도 있다. 예를 들어 '도시'라는 구체적인 주제로 진행된 아크의 경우, 학생들은 도시 설계자들을 만나고 경제 시뮬레이션 게임을 하고 하수처리시설을 견학했다. 그리고 서로 힘을 합쳐서 모든 학생에게 자기만의 공간을 배정한 '어린이 도시'라는 실물 크기의 2층 건물을 만들었다. 반면에 앞에서 살펴본 좀비 사랑 이야기를 탄생시킨 '손으로 만들기'라는 추상적인 주제의 프로젝트에서는 학생들이 예술, 과학, 사회에서 손이 하는 역할을 탐구했다.

다시 창고로 돌아가자. 발표는 계속된다. 6세 학생 한 명이 노트북으로 발표 장면을 촬영한다. 병석에 있는 학생이 집에서 스카이프 화상통화 기능을 이용해 현장 상황을 실시간으로 볼 수 있게 하기 위해서다. 학생 모둠 한 곳은 선박 제작을 선택해서 창고에 선박 실험실을 만들고 그동안 축소 모형으로 실험을 해왔다. 그들은 프로젝트의 일환으로 직접 만든 선박을 도시의 호수에 실제로 띄우고 탑승하기도 했다. 또 다른 2인 모둠은 직접 그린 그림과 레이저로 깎은 목제 퍼즐 조각을 이용해 독자의 선택에 따라 줄거리가 달라지는 만화책을 만들었다(그림을 그린 헨리는 발표 끝머리에서 참석자 중 아무나 한 사람을 자기가 가장 좋아하는 슈퍼히어로로 그려주겠다고 제안한다). 나머지는 공동 펠트 및 퀼트 프로젝트와 '요리로 알아보는 화학' 프로젝트다. 모든 학생이 마음껏 호기심을 발휘하며 협력해서 결과물을 만들어냈고, 하나도 예외 없이 학생들이 직접 구상하고 고안하고 실행했으며 학교 직원과 이런저런 분야의 사람들이 적극적으로 도움을 줬다.

　브라이트워크스는 모든 학생이 무엇이든 흥미를 느끼는 것을 좇게 한다. 그게 아무리 희한한 것이라고 해도 상관없다. 수업은 미리 무언가를 정해놓고 가르치는 방식이 아니라 학생들이 느슨하게 지도를 받으면서 그 내용을 직접 만들어가는 방식이다. 그래서 협력자(브라이트워크스에서 교사를 가리키는 말)들도 실제 상황이 되기 전에는 다음 수업이 어떻게 진행될지 예측할 수가 없다. 스톱 모션 영화팀은 일주일 동안 줄거리를 구상하고, 대본을 쓰고, 수학 실력을 발휘해서 제작 테스트(예를 들면 초당 30프레임으로 찍을 때 1초에 등장인물이 4번 움직이게 하려면 몇 컷이 필요한가?)를 했다. 선박팀은 재료 과학과 물치환성을 공부했고, 요리 화학팀은 점도, 산성, 염기성, 5대 기본 미각, 끓는점에 관해 배웠다. 브라이트워크스에는 시험도 없고 숙제도 없다. 다른 곳 같았으면 논쟁이 끊이질 않았겠지만 여기서는 그런 게 당연시된다. 학생들은 아크의 전시 단계에서 자랑스럽게 발표를 할 수 있도록 기한에 맞춰 프로젝트를 끝내는 데만 전념하면 된다.

　브라이트워크스는 계획적 세렌디피티를 완벽하게 실천했다. 그냥 학습 공간만 만든 게 아니라 물리적, 조직적, 문화적 구조를 적절하게 만들어서 학생들이 마음껏 호기심을 발산하고 자신에게 흥미를 유발할 만한 사람, 장소, 사건을 우연히 접하도록 한 것이다. 하지만 학생들이 다양한 프로젝트를 시작하면 학교와 협력자들에게는 진짜 과제가 생긴다. 학생들이 무엇을 하든 그 활동을 뒷받침할 전문가와 교육 자료를 그때그때 실수 없이 '끌어당기는' 것이다.

　브라이트워크스라는 세렌디피티 학교가 존재할 수 있는 까닭은 바로 세렌디피티 때문이다. 이와 같은 일을 가능케 하는 것이 바로 마지막 기술, 끌어당기기다.

종합 기술

어떤 사람과 조직은 세렌디피티를 끌어들이는 데 남다른 재주를 보인다. 그런 사람이나 조직은 정말 놀라울 정도로 도움이 되는 우연한 충돌이 자꾸만 일어나는데, 그 이유가 계속 움직이면서 꾸준히 기회를 접하기 때문이라고만은 할 수 없다. 이들은 자신에게 가장 중요한 것을 표현할 때 자석처럼 다양한 사람과 아이디어를 끌어당길 수 있는 방식으로 한다는 특징이 있다.

끌어당기기는 계획적 세렌디피티의 도구함에서 가장 발전된 기술이다. 지금까지 살펴본 다른 기술들과 뚜렷이 구분되지만 그중 하나라도 없으면 제구실을 할 수가 없다. 끌어당기기는 훌륭한 아이디어를 발전시킴으로써 세계를 바꾸는 기업이나 세계적인 현상을 만들어낸다. 어떤 사람이나 기업이 잠재력을 발현해 크게 성공한 사례를 보면 끌어당기기가 빠지는 법이 없다.

끌어당기기는 우리가 자신의 프로젝트, 상품, 서비스, 뜻에 매진하면서(자신의 목적을 찾아서 고수하면서) 그것을 대중의 눈에 보여주고 귀에 들려줄 때 일어난다. 끌어당기기는 바깥세상이 우리를 보는 관점, 우리와 상호작용하는 방식을 바꿔놓는다. 우리는 끌어당기기를 통해서 사람들의 행동을 바꾸고, 주변 환경을 변화시키며, 세렌디피티가 더욱 잘 일어나는 경험을 만들어낸다. 모두 우리가 그들과 공유하는 목적 덕분이다. 끌어당기기란 곧 우리가 가는 방향으로 세상을 움직이게 하는 것이다.

비디오 게임에서 일정한 플레이 시간 동안 달성해야 할 목표를 모두 달성하면 플레이어는 새로운 아이템을 얻고 능력치가 올라가며 이전에는 할 수 없었던 플레이를 할 수 있게 된다. 이를 '레벨업'이라고 한다. 끌어당기기는 계획적 세렌디피티의 '레벨업'이라고 할 수 있다. 앞에서 살펴본 일곱 가지 기술(움직임, 준비, 일탈, 매진, 활성화, 연결, 투과)을 모두 효과적으로 사용하고 또 자신의 목적을 열심히 추구하되 그것을 바깥세상도 보게 하면 세렌디피티를 끌어당기는 능력이 '레벨업'된다.

계획적 세렌디피티의 다른 기술들과 마찬가지로 끌어당기기도 비현실적으로 보일 수 있지만 실제로는 그렇지 않다. 자세히 보면 끌어당기기는 추상적이거나 형이상학적인 것이 아니라 우리 자신을 네 가지 현실적인 방식으로 표현할 때 일어나는 현상이다. 이 네 가지 표현 방식과 또 거기에 따르는 행동들을 모두 활용하면 사람과 아이디어를 우리에게 끌어당기는 거부할 수 없는 힘이 생긴다.

'목적 드러내기'는 자신의 의도와 목표를 대중에게 알리는 것이다. 목적을 드러내려면 자기가 하고 있는 일, 그리고 그것을 아끼는 이유를 숨기는 게 아니라 세상에 보란 듯이 거듭 공개해야 한다. 그러다 보면 우리의 행동에 바탕이 되는 가치가 드러나고, 그러면 그 가치를 공유하는 사람들이 우리에게 끌려온다.

오프라 윈프리가 토크쇼 진행자로서 성공을 거둔 까닭은 자신의 공감력을, 그리고 사람들이 스스로를 더욱 편하게 대할 수 있게 해주고 싶다는 욕망을 드러냄으로써 그것과 연결된 청중을 자기에게 끌어당겼기 때문이다. 미국의 대형마트 체인인 타깃(Target)은 디자이너 상품을 적당한 가격에 공급하겠다는 의지를 드러냄으로써 유명 브랜드가 됐다. 비영리단체 국제엠네스티는 전 세계에서 정치적 박해를 없애겠다는 뜻을 드러냄으로써 국제적인 조직으로 성장했다.

자신의 목적을 더욱 영향력 있게 발전시키고 더욱 유명하게 하기 위해서, 또 알맞은 사람과 아이디어를 끌어당기기 위해서 그것을 드러내는 것은 끌어당기기의 기술에서 가장 중요한 요소다. 우리는 소셜 웹에서 끊임없이 공개 대화를 하는데 그럴 때마다 자신의 목적을 드러낼 기회가 생긴다.

'명성 쌓기'는 대중에게 긍정적인 인식을 심는 것이다. 조직적 끌어당기기를 소개한 명저《당기기의 힘The Power of Pull》에서 존 헤이글 3세(John Hagel III), 존 실리 브라운(John Seely Brown), 랭 데이비슨(Lang Davison)은 "현존하는 문제를 해결하거나 새로운 기회의 실마리가 되는 탁견을 제시함으로써 도움이 되는 존재라는 명성을 쌓으면 중요한 사람들의 관심을 끌어당길 수 있다"고 했다. 명성을 쌓으려면 다른 사람들이 우리와 우리가 내세우는 것에 신뢰를 느낄 수 있는 방향으로 꾸준히 행동해야 한다. 당연한 말이지만 행동은 말보다 영향력이 크다. 특히 우리가 공개적으로 행동해서 세상의 눈들이 우리의 행동을 그대로 전달할(그리고 리트윗 할) 준비가 되어 있다면 더더욱 그렇다. 명성을 쌓는다는 것은 한결같이 자신의 이상에 어울리게 생활함으로써 다른 사람들이 뜻을 같이할 만큼 신망을 받는 것이다.

명성은 우리가 어쩔 수 없이 자기 이상에 어긋나는 행동을 했다가 그것을 만회했을 때도 쌓인다. 일례로 오프라 윈프리는 자신의 소개로 베스트셀러가 된《백만 개의 작은 조각A Million Little Pieces》중 일부분이 날조됐다는 사실이 드러나자 저자인 제임스 프레이를 거세게 비난한 것으로 유명하다. 이 사건에서 가장 눈여겨볼 점은 그녀가 프레이에게 공개적으로 모욕을 주고 나서 자발적으로 사과문을 발표했다는 사실이다! 그녀는 일방적인 비난으로 자신이 추구하는 관용의 정신을 저버렸다고 생각했다.

"저는 당신의 이야기를, 당신의 입장을 들으려고 하지 않았습니다. 그 점을 사과드립니다.[104]"

이처럼 오프라는 자신의 행동이 목적에 맞는지 아닌지 돌아볼 줄 알았기 때문에 오랜 세월 동안 그렇게 훌륭한 명성을 쌓을 수 있었다.

'환경 바꾸기'는 자기 스스로 새롭고 대담한 목표를 좇는 본보기가 되어서 사람들이 불가능하다고 믿는 것을 뒤집는 것이다. 다른 사람들에게 모범이 되면 중력의 중심이 되어서 세상에 그와 비슷한 변화를 일으키기를 열망하는 사람들을 끌어당기게 된다.

국제앰네스티는 아주 효과적인 방식으로 압제정권에 망신을 줘서 양심수 석방을 촉구하는 새로운 인권운동법을 만들어냈다. 전 세계 수천 개 지역의 사람들을 물질적, 비물질적으로 지원하며 통솔하는 기구를 만들어서 환경을 바꾼 것이다. 각 지역의 사람들이 이 조직에 자발적으로 합류하는 것은 그 뜻에 이끌려서다. 이들은 국제앰네스티가 고안한 '긴급행동'을 통해서 특정한 죄수나 상황에 집단적인 노력을 기울임으로써 티끌 모아 태산의 효과를 이끌어낸다. 국제앰네스티는 이로써 큰 성과를 거둬 1977년에 노벨평화상을 받기까지 했다. 국제앰네스티가 목적의식을 갖고 사람들의 힘을 집중시킴으로써 인권운동의 위력이 새롭게 조명됐다. 혁신을 통해 정권의 허를 찌르는 것이 가능해진 것이다. 이로써 국제앰네스티는 세상을 변화시켰다.

'메시지 증폭하기'는 자신의 목적이 뿌리를 내릴 환경이 마련되고 거기에 동조해서 기꺼이 힘을 합칠 사람들이 모이면서 긍정적인 피드백 고리가 만들어져서 자신이 손을 쓸 수 있는 것 이상으로 메시지가 성장하고 확장되는 것이다. 이 증폭하기를 능수능란하게 할 수 있으면 뜻을 같이하는 사람들이 자발적으로 메시지를 퍼뜨리고 증폭하기 때문에 자신은 (비교적) 노력을 덜 하고도 더 큰 결과를 얻을 수 있게 된다.

누구나 이런 증폭의 최종 결과를 몸으로 체험해봤을 것이다. 자기도 모르게 분위기에 휩쓸려서 다른 사람들이 이야기하는 주제(상품, 아이디어, 사람)에 관해 이야기할 때가 있지 않은가. 그럴 때 우리는 그 주제의 출현 빈도를 증폭하는 회오리바람의 일부가 된다. 유행이란 이렇게 탄생한다. 히트송이든 갑자기 인기몰이하는 핸드백이든 또는 잊을 만하면 나오는 나팔바지든 간에 모두 마찬가지다. 그런데 유행이야 잠깐 부는 바람일 뿐이지만 사람이나 기업에 증폭을 적용하면 우리가 성공하고자 하는 분야에서 아주 오랫동안 영향력을 발휘할 수 있다.

이런 끌어당기기 활동을 계획적 세렌디피티의 나머지 일곱 가지 기술과 결합하면 그야말로 행운을 일으키는 능력이 '레벨업'된다. 그러면 앞서 일어난 모든 것이 힘을 합쳐서 비로소 우리를 새로운 차원으로 날려보낸다. 브라이트워크스의 이야기를 되돌아보면 기버는 바로 그런 지점에 이르렀기 때문에 자신(그리고 많은 사람)이 꿈꾸던 학교를 만들 수 있었다.

가르침이 통하는 순간

기버는 브라이트워크스를 설립할 때 자금이 많은 것도 아니고 기관의 도움을 받은 것도 아니었다. 그는 오로지 끌어당기기의 기술에 의존해서 우리가 앞에서 간략하게 살펴본 활동을 모두 활용함으로써 독보적인 교육 공동체를 만들어냈다.

브라이트워크스는 사실상 벤처기업이라고 해도 좋다. 그런데 그와 비슷한 처지에 있는 벤처기업들은 대부분 '스텔스 모드'로 있다가 비로소 때가 되면 대대적인 홍보 행사를 펼치며 보란 듯이 모습을 드러낸다. 스텔스 모드에서는 경쟁자의 레이더를 피해서 날 수 있고, 특히 브라이트워크스처럼 돈줄이 마땅치 않은 신생 학교의 경우에는 피할 수 없는 장애물을 만나서 실수를 저지르더라도 피해가 크지 않다.

하지만 기버는 그와 정반대로 여기저기에 자신의 비전을 선전하고 다녔다. 콘퍼런스에서도, 다른 사람의 블로그에 기고한 글에서도, 교육자 연수회에서도 그는 아이들의 호기심(그리고 세렌디피티)을 최우선시하며 경험 위주의 수업을 한다는 브라이트워크스의 목적을 보란 듯이 드러냈다.

대담함이 지나쳐 무모하게까지 보이는 비전이지만 그는 그것을 당당히 공개함으로써 그 덕을 톡톡히 봤다. 새로운 학교로 교육을 변혁하겠다는 기버의 목적은 프로젝트가 구상 단계에 있을 때부터 많은 사람의 입에 오르내렸다. 그의 말은 제구실 못하는 공교육에 답답해하던 학부모들에게 새로운 교육의 길을 보여줌으로써 그들의 마음을 울렸다. 그가 내세우는 교육은 실현 가능한 것은 물론이고 당장 필요한 것이기도 했다. 그가 다른 교육자들과 힘을 합쳐 구상한 비전은 일찍이 마리아 몬테소리 같은 사람들이 이상적인 교육으로 제시한 실험적인 방법들을 기술 문명의 혜택을 누리는 도시의 학부모들에 맞게 재구성한 것이었다. 대담하고 미래지향적인 비전에 탄탄한 역사적 기반이 더해지니 금세 이 학교의 초기 비전을 신봉하는 사람들이 모여들었다.

기버의 팀은 2011년 초에 학교 설립을 계획하면서 브라이트워크스 같은 급진적이고 새로운 대안 학교를 바라는 사람이 대단히 많다는 사실을 알게 됐다. 정원이 얼마 되지 않는데도 50킬로미터나 떨어진 가정에서까지 입학 원서를 보내왔다. 흔히 하듯 광고나 '학교 견학'을 통해서 다른 학교들과 비교할 기회를 준 것도 아닌데 어찌 된 영문인지 소득층을 막론하고 많은 사람의 귀에 브라이트워크스의 이야기가 들어갔다. 기버의 변혁적 비전에는 강력한 힘이 깃들어 있었기 때문에 브라이트워크스를 알게 된 학부모들은 검증도 되지 않은 새로운 환경에 선뜻 아이들을 보내기로 했다.

물론 이런 변혁적 아이디어의 이면에는 기버가 수십 년 동안 쌓은 명성이 자리 잡고 있었다. 그는 소프트웨어 엔지니어로 시작해서 팅커링 스쿨(Tinkering School, 브라이트워크스의 모태가 된 여름 프로그램)의 설립자로, 그리고 《(아이들에게 허락해야 할)위험한 일 50가지Fifty Dangerous Things(You Should Let Your Children Do)》의 저자로 이름을 떨쳤다. 이런 활동 덕분에 혁신적인 아이디어를 나누는 국제 콘퍼런스인 TED에 연사로 초빙됐고, 수만 명이 온라인으로 그의 강연을 시청했다. 기버는 오랜 세월 비슷한 프로젝트들에 몸을 담았기 때문에 사람들에게 브라이트워크스의 비전을 실현할 사람이며 그 과정에 숨김이나 꾸임이 없을 것이라는 신뢰감을 줬다.

브라이트워크스가 성공할 수 있었던 배경에는 증폭의 힘이 있었다. 다양한 학부모, 교육가, 각 분야의 전문가들이 그 교육관을 받아들이고 또다른 사람들과 나누고 싶어했기 때문이었다. 연못에 물결이 퍼지듯이 합류하는 사람이 늘어날 때마다 학교의 소문이 더 멀리 퍼져 나갔다. 모두

단 하나의 조약돌, 곧 기버가 주창한 목적에서 비롯된 일이었다. 기버의 비전을 믿는 학부모들은 마치 포교자라도 된 양 다른 사람들도 끌어들여 함께 메시지를 전달할 방법을 찾기 시작했다. 학생들의 스톱 모션 좀비 영화 제작에 도움을 준 학부모 마크 코어는 〈크리스마스의 악몽〉 같은 영화와 뮤직비디오에 참여한 영상 감독이었다. 그는 이 프로젝트에 열의를 보이며 다른 유능한 영화제작자들을 학교로 끌어들였고, 그들 중 일부는 발표회 날 최종 영상을 보고 격찬을 아끼지 않았다.

브라이트워크스는 다음과 같이 모든 활동을 계획적 세렌디피티의 나머지 일곱 가지 기술과 연계함으로써 끌어당기기의 효과를 갑절로 키웠다.

- **움직임**: 몸과 생각의 움직임을 극대화하는 공간과 아크를 고안한다.
- **준비**: 통념을 멀리하고 학생들이 '예외를 체포할' 프로젝트를 마련함으로써 학생들은 물론이고 공동체 전체에 집착에 가까운 호기심을 자아낸다.
- **일탈**: 수업 계획과 틀에 박힌 교육 내용을 최소화함으로써 다양한 상황이 연출되게 한다.
- **매진**: 학생들이 아크에 참가할 때마다 확신을 품고 프로젝트에 임하겠다는 다짐을 하게 한다.
- **활성화**: 학생들이 특이한 것에 관심을 기울이도록 하는 활동을 고안한다. 예를 들어 창고의 열린 작업실에서 '우리 지역의 예술가들'이라는 행사를 열어서 학생들이 예술가들과 직접 교류할 수 있게 했다.

- **연결**: 학생들과 현직 전문가들을 잇는 매개체를 자처하며 그 사이에서 학습에 도움이 되는 세렌디피티의 기회를 찾는 데 집중한다.
- **투과**: 외부인들을 초청해서 프로젝트의 멘토로서, 또 발표회의 열광적인 관객으로서 브라이트워크스 공동체에 참여하도록 한다.

위의 활동들에는 아주 중요한 공통점이 있다. 모두 기버가 열정과 목적을 품고 브라이트워크스의 교육 철학을 실현하기 위해서 집요하리만치 매진했기 때문에 가능한 일이었다는 것이다. 어떤 사례를 보든 사람, 아이디어, 기회가 기버에게 끌려오는 까닭은 그의 말과 행동에서 그럴 만한 의미가 드러나기 때문이다. 다시 말해 기버 자신이 그런 의미의 화신이 되어 그것을 알릴 수 있는 데까지 알리기 때문이다.

그런데 기버가 그렇게 열과 성을 다해 매진하는 것이 어떻게 사람들 마음속에 믿음을 심어서 브라이트워크스의 비전에 자기 시간과 경험을 바치도록 하는 것일까? 기버의 강력한 목적의식이 사람들의 놀라운 참여를 이끌어내는 비결은 무엇일까? 기버 자신에게, 그리고 그가 목표를 알리는 방식에 도대체 어떤 특징이 있기 때문에 그렇게 많은 사람을 끌어당길 수 있었던 것일까?

의지가 있는 곳에 길이 있다

끌어당기기의 기술은 그 결과만 보면 요술처럼 보일 수 있다. 기버처럼 이 기술을 효과적으로 사용할 줄 아는 사람은 피리 부는 사나이처럼 사람, 아이디어, 기회를 자기에게 끌어들인다. 하지만 우리가 자신의 목적을 바깥세상에 잘 알리고 다니는 사람에게 끌리는 데는 과학적인 이유가 있다.

이와 관련된 연구들을 보면 결과도 결과지만 그 발상 자체가 흥미롭다. 아니, '끌림'이란 것을 과학자가 도대체 어떻게 검사한단 말인가?

여기에 가장 처음으로 답을 한 사람은 빈 출신의 심리학자이자 뇌 전문 의사였던 빅토르 프랑클(Viktor Frankl)이다. 그는 1946년에 발간된 《죽음의 수용소에서Man's Search for Meaning》라는 선구적 저서에서 나치 강제수용소에 갇혀 지낸 날들을 회고했다. 그 시련을 통해서 프랑클은 인간을 이끄는 근본적인 힘이 '의미를 향한 의지', 곧 인생에서 의미를 찾고자 하는 욕구라는 이론을 확립했다. 이는 인간 행동의 이면에 있는 동기를 새로이 밝힌 획기적인 업적이라 할 만했다.

2011년에 플로리다주립대학교와 남유타주립대학교 연구진이 대인관계와 관련해서 프랑클의 '의미를 향한 의지' 개념을 검증하는 연구를 실시했다. 이들은 사람들이 "의미를 찾고자 하는 욕구를 충족시키기 위해서라도" 인생의 의미를 강하게 인지하는 사람에게 끌릴 것이라는 가설을 세웠다. 연구의 목적은 '자석 같은 성격'이 무엇인지 알아내는 것이었다.

선행 연구에서 사람들이 타인과 친밀한 관계에 있을 때 인생에서 의미를 강하게 인지한다는 사실이 밝혀진 바 있었다. 반면에 관계가 제대로 형성되어 있지 않으면 인생이 "철저히 무의미하다"고 느낄 확률이 높았다. 이것은 많은 문화권에서 사실로 증명됐다. 두 대학의 연구진은 이 같은 선행 연구의 결과를 뒤집어도 옳다고 할 수 있는지, 다시 말해 사람들이 의미 의식을 표현하는 사람에게 '더 강하게 끌리는지' 확인하기 위해서 두 가지 연구를 고안했다.

첫 번째 연구는 피실험자 70명에게 인생이 의미 있다고 여기는 정도를 평가해달라고 하는 것으로 시작됐다. 이 연구에서는 피실험자의 자존감 수준도 평가했다. 의미 의식이나 자존감이 강하면 타인의 관심을 끄는 정도도 눈에 띄게 향상되는지 알아보기 위해서였다. 평가를 마친 피실험자들은 자신이 데려온 친구와 함께 방에 앉아서 5분 동안 두 사람의 우정에 관해 자유롭게 이야기를 나눴고 이들의 대화 장면은 비디오로 녹화됐다. 이후 그들과 전혀 상관없는 사람들에게 녹화 영상을 보여주고 "이 사람과 친구가 되고 싶은 마음이 어느 정도입니까?"라고 물었다.

결과는 명료했다. 대화를 평가한 사람들은 초기 인터뷰에서 의미 의식을 강하게 표현한 피실험자들에게 끌리는 경향이 있었고, 자존감은 평가에 사실상 아무런 영향을 미치지 못했다.

두 번째 연구에서 연구진은 행복, 외향성, 쾌활함, 성실함, 신경질성, 개방성, 내적·외적 독실함 등 다른 요소들까지 넣어서 피실험자의 끌어당김 정도를 확인해보기로 했다. 이번에 실험에 참가한 72명은 처음에 의미 의식을 평가하는 인터뷰를 한 후에 10초 동안 자신을 소개하는 영상을 찍었다. 자기소개에 대한 연구진의 주문은 간단했다.

"이름도 좋고 전공도 좋고 취미도 좋고 하여튼 처음 만난 사람에게 말해주고 싶은 것을 말하시면 됩니다."

이후 연구진은 피실험자들의 10초 영상을 무작위로 섞어서 평가자들에게 보여주고 각 사람을 호감, 친구로서 매력, 대화 상대로서 매력, 이렇게 세 가지 기준에서 1~7점으로 평가하도록 했다. 평가자들은 각 피실험자의 신체적 매력과 함께 그 사람의 인생이 얼마나 의미 있어 보이는지도 평가해달라는 요구를 받았다.

인생의 의미를 높게 평가받은 피실험자들을 보면 대체적으로 "더 호감이 가고 친구와 대화 상대로도 더 매력이 있다"는 평가를 받았다. 이 연구에서 외향성도 대인관계에서 매력 요인으로 작용하는 것으로 드러났지만 행복, 독실함, 개방성, 신체적 매력 등 다른 요인들은 큰 연관성이 없는 것으로 밝혀졌다.

여기서 우리는 명확한 결론을 내릴 수 있다. 친구를 사귀고 타인에게 영향을 끼치려면 반드시 의미 있는 인생을 살아야 한다는 것이다.

하지만 끌어당기기의 기술을 완벽히 익히려면 인생의 의미를 찾는 것만으로는 부족하다. 우리는 그 의미로 무언가를 만들고, 용기와 투지를 있는 대로 짜내서 그것을 세상에 보여줘야 한다.

내 마음대로 고친다

런던에 소재한 슈그루(Sugru)라는 특이한 회사의 설립자이자 최고경영자인 **제인 니굴퀸틱**(Jane ni Dhulchaointigh)[105]은 사업에서 목적과 의미가 끌어당김으로 피어나는 것을 확실하게 경험한 사람이다. 제인은 조각가로 일하다가 상품디자인을 공부하기 위해서 2003년에 영국왕립미술원에 들어갔다. 학업은 생각보다 어려웠다. 그녀는 세밀하게 정의된 상품 문제를 해결하는 것보다 예측 불가능한 자신의 관심사를 따르는 게 훨씬 좋았기 때문이다. 조각가라는 출신 배경과 만족을 모르는 호기심이 결합하자 얼마 안 가서 그녀는 새로운 물질들로 실험을 하게 됐다. 그녀는 다음과 같이 말했다.

나는 물건을 깨뜨리고 다시 붙였다. 예를 들면 나무를 토막 냈다가 다른 재료를 사용해서 다시 붙이는 식이었다. 그러다 작업소에서 나온 고운 톱밥을 실리콘 접합제와 합치는 실험을 해봤다. 그러자 예쁜 나무공이 탄생했다. 겉보기에는 나무지만 속성은 전혀 다른 재미있는 물건이었다. 바닥에 던지면 튀어 오르기까지 했다.

포스트잇의 모태가 된 특별한 접착제를 발견한 스펜스 실버처럼 제인도 그렇게 흥미로운 접착성 물질을 발견한 후 그것을 어떤 구체적인 목적으로 사용하기 위해서가 아니라 순전히 거기서 엿보이는 가능성에 마음이 동해서 탐구를 계속했다. 하지만 탐구의 결과가 구체화되기 시작하자 그것을 어디에 쓰면 좋을까 하는 궁금증이 일었다. 물론 해답은 세렌디피티를 통해서 나왔다. 제인의 남자친구는 그녀가 그 신기한 고무를 사용해서 싱크대 마개를 키우고 손에 착 감기는 식칼 손잡이를 만드는 등 집안의 이런저런 것을 수리하고 개조하는 것을 봤다. 제인 자신은 그렇게 사용하는 것을 너무나 당연시하다 보니 거기에 깃든 잠재력을 전혀 몰랐다. 그러다 남자친구의 귀띔을 받자 비로소 기회가 눈앞을 스쳤다.

그녀의 머릿속에 떠오른 상품 아이디어는 쓰레기를 최대한 줄여야 한다는 그녀의 소신에 딱 맞는 것이었다. 그녀는 쓰레기를 배출하는 것 자체를 혐오했고, 그런 사람이 자기만 아니라는 사실도 잘 알았다.

"예전에는 물건을 수리한다고 하면 새것을 살 여력이 안 돼서 어쩔 수 없이 그런다고 생각하는 사람들이 있었어요. 하지만 지금은 갖고 있던 것을 버리고 쓸데없이 새것을 사기보다는 수리하거나 재활용하는 것을 선호하는 사람이 점점 많아지고 있습니다. 쓰레기를 배출하기 싫어서죠. 오래된 물건을 고쳐 쓸 생각을 하지 않고 무조건 새것을 사들이는 행태는 이제 용인이 안 되는 겁니다."

제인은 누구나 손쉽게 원하는 모양으로 만들 수 있고 어떤 표면에나 잘 달라붙는 초현대식 고무를 만들기로 했다. 그녀가 만드는 고무는 날씨와 자외선에 잘 견디고 식기세척기에 넣어도 문제가 없으며 고도의 청결함이 유지되는 실리콘의 장점을 고스란히 물려받을 것이었다.

"할머니들이 잼병을 열다가 잘 안 되면 이 물건을 사용하면 됩니다. 또 자전거에 딱딱한 부분이 있으면 이걸 이용해서 뭐든 자전거에 필요한 걸 만들어 쓸 수 있어요."

그녀는 이런 콘셉트를 요약하고 DIY 정신까지 완벽하게 결합한 표어도 만들었다.

"내 마음대로 고친다."

한 가지 문제가 있다면 아직 그런 물질은 존재하지 않는다는 것이었다. 제인이 임시로 만들어서 쓰고 있던 것은 온갖 문제가 있었다. 아무 표면에나 달라붙는 것도 아니고 내구성도 형편없는데다 유지 비용까지 비싸서 시장에서 성공하기가 어려웠다.

하지만 제인은 좌절하지 않고 자신의 비전과 프로토타입을 여기저기 드러낼 수 있는 데까지 드러내면서 누구라도 귀를 기울이는 사람이 있으면 붙잡고 설명을 늘어놨다. 결국, 세상의 관심을 끌면서 지방 신문에도 소개되고 과학자들의 조언과 국립과학기술예술재단의 보조금도 받게 됐다. 보조금은 3만5000파운드로 많지 않은 액수였지만 실험 물질을 만들기엔 충분한 수준이었다. 단, 그러자면 따로 사람을 쓰지 않고 혼자 실험을 해야 했다. 그러기 위해서는 제인 자신이 실험 기술자 교육을 받고 직접 실험실을 만들어야 했다. 왕년의 예술학도가 졸지에 재료과학자가 된 셈이었다.

그녀는 2년의 시행착오 끝에 마침내 완전히 새롭고 독창적인 실리콘을 만들어냈다. 순전히 확고부동한 목적의식이 있었기에 공들여 만든 공식이 물거품이 돼도 포기하지 않고 그 일에 매진해서 마침내 결실을 거둘 수 있었다.

끌어당기기는 우리와 밀접한 관련이 있는 사람, 조직, 아이디어를 잡아당긴다. 하지만 매진의 기술과 마찬가지로 우리의 목적과 어긋난 것들을 적극적으로 물리쳐서 사람과 아이디어가 자발적으로 우리를 찾아올 여지를 만들 때 가장 큰 힘을 발휘한다. 제인에게 일어난 일이 바로 그런 것이었다.

그녀는 새로운 실리콘이 진척을 보이자 동업자를 찾기 시작했다. 많은 사람이 그녀에게 제대로 된 회사를 차리려면, 그러니까 그녀가 만드는 상품이 소비자의 손에 들어가게 하려면 다국적기업과 협력해야만 한다고 했다. 그래야만 그 새로운 물질이 안정적인 유통망을 갖추고 PPL로 광고도 되고 소비자들에게 신뢰도 받을 수 있다는 것이었다. 제인은 경험자들의 말을 주의 깊게 듣고 나서 가장 좋은 정장을 빼입고 유명한 접착제 브랜드를 보유한 대기업들을 다니며 새로운 실리콘 접착제를 조리 있게 소개했다. 그리고 기다리고 또 기다렸다.

아니, 그녀의 끌어당기기 기술은 어디 갔나? 개인보다 움직임이 느릴 수밖에 없는 대기업의 속성이야 잘 알았지만 문제는 그런 게 아니었다. 그녀가 자신의 비전과 상품을 처음으로 세상에 드러냈을 때 수많은 사람이 야단스러운 반응을 보였지만 대기업 관계자들의 반응은 미적지근하기만 했다. 그녀는 자신의 상품을 이용하면 누구든 자유자재로 물건을 고치거나 개선할 수 있다고 열변을 토했지만 그들은 자꾸만 자기네 기존 상품 계열이 어떻고 판매 경로가 어떻고 하는 얘기로 돌아가기만 했다. 그녀의 아이디어가 시장에 통하려면 소비자들을 교육해야 했다. 그러자면 새로운 브랜드를 만들어야 했다. 그런데 대기업들은 거기에 전혀 관심이 없었다. 아니, "내 마음대로 고친다"가 무슨 의미인지나 알았을까?

내로라하는 기업들의 차가운 반응은 그녀의 프로토타입을 본 디자이너와 엔지니어들이 계속해서 쏟아내는 요구와 달라도 너무 달랐다. 디자이너와 엔지니어들은 "도대체 언제 나와요?" 하고 애원을 하다시피 했다. 그때 그녀는 깨달았다. 지금 그녀가 걸어가려고 하는 길은 가장 저항이 심한 길이었다! 그런가 하면 그녀는 자신이 팔려고 하는 상품, 만들려고 하는 브랜드, 지금껏 자신을 이끌었던 목적에 이끌릴 사람들이 있다는 확신이 있고 그렇게 믿을 만한 증거도 있었다.

친구가 다른 방법을 제시했다. "작게 시작해서 차근차근 해나가면 되잖아." 듣기에 따라서는 단순한 말이지만, 자기도 모르는 새에 끌어당기기의 기술을 터득한 창업가에겐 그만큼 좋은 조언도 없었다. 제인은 대기업과 협상하기를 멈추고 상품을 출시하는 쪽으로 관심을 돌렸다.

"우리는 자체 브랜드가 있으면 우리 상품을 접착제와 테이프 외에 다른 용도로도 수리에 사용하는 방법을 설명할 수 있을 것이라는 생각이 들었어요. 참신한 관점에서 접근할 수 있을 것 같았어요. 왜냐하면 우리와 똑같은 것에 관심이 많고 창의적인 사람이 많다는 걸 알았거든요."

그녀는 자기가 이끄는 팀의 개성과 목적에 걸맞은 브랜드를 만들기로 하고, 아일랜드어로 놀이를 뜻하는 '슈그루'라는 이름을 붙였다. 여기서 제인이 초점을 맞춘 것은 애초에 자신에게 영감을 준, 놀이로서의 DIY 정신을 수용하고 더 나아가 그것을 전파하는 것이었다. 그녀는 슈그루 연구실을 생산라인으로 개조했고, 얼마 안 있어 그녀가 무려 6년 전에 구상했던 초현대적 고무를 은박에 포장한 상품이 대량생산에 들어갔다.

슈그루가 출시된 2009년 12월, 제인의 조그만 팀 앞에 놀라운 일이 기다리고 있었다. 초도 물량이 단 몇 시간 만에 매진된 것이었다. 제인은 그게 다 일간지 〈데일리 텔리그라프Daily Telegraph〉와 유명한 기술 잡지인 〈와이어드Wired〉, 〈보잉보잉BoingBoing〉에 실린 극찬에 가까운 사용기로 온라인에서 돌풍에 가까운 관심이 일었기 때문이라고 봤다.

언론의 조명이 도움이 된 것은 사실이었지만 그런 관심 뒤에는 또 다른 무언가가 있었다. **그래야 출시 이후로 몇 년이 지난 지금까지도 꾸준히 고객들이 사진, 영상, 글로 기발한 사용법을 소개하는 이유가 설명된다.**[106] 또 그래야 슈그루가 전 세계에서 수많은 열성팬을 끌어모은 이유, 또 상품 출시 몇 달 전만 해도 근근이 굴러가던 조그만 회사가 〈타임〉이 꼽은 2010년 50대 발명품 목록에서 아이패드보다 12위나 상위를 차지한 이유가 설명된다. 그 무언가란 바로 끌어당기기의 기술이다.

"사람들은 자기가 믿을 만한 것, 자기가 믿을 만한 사람을 찾고 싶어 한다"는 게 제인의 해석이다. 그리고 슈그루의 고객들은 슈그루의 상품과 그 뒤에 있는 사람들을 철석같이 믿는다. 그들은 슈그루의 독자적인 의미 의식에 반응하는 것이다.

그리고 슈그루의 끌어당기기는 쌍방향으로 작용한다. 슈그루와 고객은 진정한 공생 관계를 형성했다. 제인은 오래전부터 자신의 특이한 고무에 '딱 맞는 사용법'을 찾아왔다. 그리고 이제 고객들이 그녀에게 그것이 무엇인지 알려주고 있다. 자신들이 찾은 온갖 사용법으로 말이다. 특히 컴퓨터, 노트북 충전기, 전화기, 야외용품을 수리하는 게 주요한 사용법으로 드러났다. 고객들은 제인이 상상도 하지 못했던 방향들로 슈그루를 끌어가고 있지만 신기하게도 그렇게 만들어지는 길은 모두 회사의 목적과 딱 맞아떨어진다.

슈그루의 끌어당기기 사례에서 얻을 수 있는 교훈이 있다면 그릇된 선택은 언젠가는 영향력을 잃지만 옳은 선택은 절대로 그렇지 않다는 것이다. 우리가 열정적이고 진취적인 자세로 매진하며 자기가 하는 일의 변혁성을 믿는다면 그 일의 가장 고결한 목적이 알아서 모습을 드러내고 다른 것들은 모두 떨어져 나가는 법이다.

나와서 놀자

슈그루가 열성팬들의 도움으로 상품 전략을 손보고 있을 때 또 다른 회사는 끌어당기기의 기술을 이용해서 놀라운(보기에 따라서는 급진적이기까지 한) 사업 모델을 발굴했다. 사실 끌어당기기의 기술이 아니었다면 그 회사는 지금 존재하지 않았을지도 모른다.

현재 1500만 명이 넘는 사람들이 사용하고 있는 포스퀘어(Foursquare)는 술집, 식당, 영화관, 미용실, 슈퍼마켓, 침실 등 어디서든 '체크인', 즉 발도장을 찍을 수 있게 해주는 모바일 애플리케이션이다. 사용자가 스마트폰으로 체크인을 하면 선택된 친구들에게 위치가 전송되고, 그러면 친구들은 도시에 뿔뿔이 흩어져 있더라도 스마트폰으로 애플리케이션을 실행하기만 하면 즉시 서로가 어디에 있는지 확인할 수 있다. 다시 말해 포스퀘어는 세렌디피티적 만남을 돕는 애플리케이션이다. 누구나 포스퀘어를 실행했다가 자기가 좋아하는데 한동안 어울리지 못했던 사람이 바로 옆 술집, 또는 자기와 같은 장소에 있다는 것을 알게 되는 놀라운 경험을 할 수 있다.

포스퀘어는 혜성처럼 등장해서 하룻밤 새에 우뚝 솟은 것처럼 보이는 온라인 서비스들 중 하나다. 2009년 3월에 텍사스주 오스틴에서 열린 사우스 바이 사우스웨스트(SXSW) 축제에서 첫선을 보였을 때만 해도 아는 사람이 아무도 없던 서비스가 순식간에 인기를 끌더니 이제는 우리 문화에서 빼놓을 수 없는 요소가 되어서 AT&T 광고에도, 텔레비전 드라마 〈두 남자와 1/2Two and a Half Men〉의 등장인물이 쓰는 노트북에도 등장할 정도가 됐다.

하지만 포스퀘어의 창립자 두 명 중 한 사람인 데니스 크롤리(Dennis Crowley)라면 포스퀘어가 세간의 이목을 끌 정도로 성장한 것은 예측 가능한 일도, 쉬운 일도 아니었고, 더군다나 순식간에 일어난 일도 아니었다고 할 것이다. 포스퀘어는 실리콘 밸리 사람들이 말하는 '십 년 묵었다 하룻밤 새에 성공한' 상품이다. 겉으로 보기엔 기발한 아이디어로 마법처럼 벼락 성공을 거둔 것 같지만 사실은 오랫동안 한 문제를 끈질기게 파고든 결과라는 말이다.

포스퀘어의 경우, 십 년 동안 데니스를 괴롭힌 질문, 그래서 포스퀘어의 개발로 이어져 결국 엄청난 추종자를 끌어모으도록 한 질문은 이것이다.

"어떻게 하면 친구들에게 공짜 술을 대접할 수 있을까?"

데니스는 1998년에 뉴욕으로 온 첫날부터 뼛속까지 뉴요커가 되어서 밤마다 늦게까지 친구들과 어울리기를 좋아했다. 그러니 친구들이 어느 술집에 있는지 찾아주는 서비스를 만든 게 놀랄 일도 아니다. 그것은 그가 대학을 졸업하고 첫 직장에서 해고된 후로 집요하게 물고 늘어진 문제였다.

처음으로 문제를 해결하려고 한 때는 2001년이었다. 당시 그는 닷컴 기업에서 해직당해서 혼잡한 도심에서 시간이나 죽이는 처지였다. 그리고 지인 중 많은 사람도 일자리를 잃고 뉴욕 어딘가에서 시간을 때우고 있었다.

그는 당시를 떠올리며 이렇게 말했다.

"'왜 혼자 술집에서 야구를 봐? 어디 다른 데서 똑같은 걸 보고 있는 친구 녀석이 하나쯤은 있을 거 아냐? 어차피 다 뉴욕 시민이고 백수잖아. 몇몇은 센트럴 파크에 있을 테고, 또 몇몇은 커피숍에 있겠지. 대낮부터 술집에 죽치고 앉아 있는 녀석들도 있겠고.' 바로 거기서 체크인이라는 아이디어가 떠올랐다. **자기 위치를 직접 알릴 수 있다면 만나기가 한결 수월해지는 것이었다.**[107]"

데니스는 아이디어의 실효성을 검증하기 위해서 몇 가지 프로토타입을 만들어봤으나 이런 최초 시도는 흥미로운 실험 수준에 그치고 말았다. 하지만 그 아이디어는 그의 머릿속을 떠나지 않았고, 그는 기회가 날 때마다 검토에 검토를 거듭했다.

두 번째 시도는 이전보다 성공적이었다. 도지볼(Dodgeball)이라고 이름 붙인 이 프로젝트는 그의 2004년 뉴욕대학교 석사 논문에서 나온 결과물이었다. 포스퀘어의 전신이라고 할 도지볼은 문자메시지를 이용했고 기능은 훨씬 부족했다. 당시에는 이미 많은 사람이 휴대전화를 가지고 다녔으므로 도지볼도 비록 규모는 작지만 충성스러운 사용자들이 생겼다. 문자메시지를 이용한 체크인 기능은 아직 조잡한 수준이어서 사용자층이 확대되지는 않았지만 상품 구상 자체는 신선하고 흥미로워서 데니스와 동업자 앨릭스 레이너트(Alex Rainert)는 앱솔루트 보드카(Absolut Vodka)와 제휴를 맺을 수 있었다. 앱솔루트가 사용자들에게 무료 음료를 제공한 것(데니스의 최초 목표)은 아니었지만 도지볼 팀이 술집에서 체크인하는 사용자들에게 앱솔루트 홍보 캠페인을 벌여주는 대가로 자사의 고객들에게도 도지볼을 홍보해주었다.

사람들이 도지볼의 신선한 아이디어에 흥미를 느끼고 또 앱솔루트와의 제휴에 관심을 보이면서 도지볼 팀은 〈뉴욕타임스〉를 비롯한 몇몇 주요 언론의 조명을 받게 됐다. 언론에 소개가 됐다고 해서 사용자가 물밀듯 밀려들진 않았지만 구글의 눈에 드는 성과가 있었다. 구글은 2005년에 데니스와 앨릭스의 2인 기업을 사들였다.

두 사람은 구글에서 일한 지 2년 만에 다른 일자리를 구해서 나왔다. 하지만 데니스는 2009년 초에 구글이 도지볼 서비스를 중단한다는 소식을 듣고 재도전의 기회가 왔음을 깨달았다. 이번에는 아이폰 등 최신 플랫폼을 발판 삼아서 포스퀘어로 제대로 한번 해볼 생각이었다.

그 세월 동안 당대 최고의 기술을 이용해서 사람들이 세렌디피티적으로 서로를 찾을 수 있게 도와주겠다는 아이디어에 데니스가 들인 노력과 정성을 보면 감탄을 금할 수 없다. 하지만 그보다 훨씬 인상적인 사실이 있으니 바로 그의 꺾일 줄 모르는 의지와 인내가 끌어당기는 힘으로 작용했다는 것이다. 엔지니어, 투자사, 동업자 등 그와 뜻을 함께하겠다고 몰려드는 사람과 조직이 나날이 늘어났다. 그의 정성 어린 노력이 빛을 발해서 사람들이 생각하던 위치 기반 모바일 서비스의 한계를 뛰어넘는 변혁이 일어났고, 그 덕에 그와 포스퀘어의 명성이 쌓이고 또 쌓였다. 그리고 포스퀘어가 그 사업 모델을 찾은 과정만큼, 아니, 사업 모델이 포스퀘어를 찾아온 과정만큼 끌어당기기를 잘 보여주는 사례도 없다.

페이스북, 링크드인, 트위터 등 유명 회사를 포함한 벤처기업들을 보면 일단 출시부터 하고 나서 사업 모델을 개발하는 경우를 흔하게 볼 수 있다. 사용자부터 많이 모으고 수익을 낼 방법은 그다음에 생각하자는 계산이다. 경영계의 전통적인 관념에 비춰보자면 절대로 해서는 안 될 일이지만 벤처기업이 운영하는 온라인 서비스의 경우, 초기 성장 가능성이 크다면 흔하게 있는 일이다. 하지만 이런 식으로 사업 모델을 찾기가 쉽지는 않다. 그리고 그런 서비스로 수익을 낼 최선의 방법을 찾으려면 대개는 세렌디피티가 일어나야만 한다.

데니스는 포스퀘어의 사업 모델을 정의하는 데 도움이 된 결정적인 순간이 한 번 있었다고 하는데, 그것은 끌어당기기의 기술에서 비롯된 결과였다.

SXSW에서 포스퀘어를 처음으로 선보이고 몇 달간의 실적은 대박이 아니라 쪽박에 가까웠다.

"처음에는 사용자가 4000명쯤 됐지만 이후 500명으로 줄어들더니 반년 동안 변함이 없었습니다."

포스퀘어 팀은 도움을 줄 투자자들을 찾아 나섰지만 사용자도 별로 없고 사업 모델도 확실치 않으니 관심을 보이는 사람이 없었다. 그러던 어느 날, 데니스는 500명의 열성 사용자 중 한 사람에게서 메일을 받았다. 메일에 첨부된 링크를 클릭하니 샌프란시스코의 마쉬 카페라는 커피숍에서 찍은 안내문 사진이 나왔다. 거기에는 '**포스퀘어 시장에게 무료 음료 제**

공'[108]이라고 쓰여 있었다.

포스퀘어는 특정 장소에서 가장 많이 체크인을 한 사람에게 그곳의 시장 칭호를 부여한다. 손으로 쓴 그 안내문은 한 사업체를 자주 방문하는 사람들을 위한 새로운 종류의 로열티 프로그램이라고 할 수 있었다. 쿠폰에 도장을 찍는 것과는 전혀 다른, 포스퀘어의 체크인을 사용하는 것이었다.

이것이 데니스의 팀에겐 유레카의 순간이었다. 자신들의 서비스를 이용해서 로열티 프로그램을 만들 수 있다는 점도 놀라웠지만 지역 상인들이 이전의 로열티 프로그램을 뛰어넘는 로열티 프로그램을 만들 수 있다는 점 역시 놀라웠다.

"문득 우리가 지역 사업체들을 위한 새로운 종류의 정보 유통 경로가 될 수 있다는 생각이 들었습니다. 체크인과 관련된 모든 수치를 사업자들이 볼 수 있게 하면 사업자들이 적극적으로 참여할 테고, 그러면 그 결과로 그 사람들이 고객들에게 보상을 줄 수 있는 것이었죠."

그들이 만든 서비스의 끌어당기는 힘, 충성 사용자 한 사람의 세밀한 관심, 지역 사업체의 기발함이 어우러져서 수익을 낼 방안이 눈앞에 나타난 셈이었다. 그것도 그들이 찾지도 않았던 때에.

"그러자 이런 생각이 드는 겁니다. 비록 5~6년이 걸리긴 했지만 어쨌든 우리는 해법을 찾았다고요. 포스퀘어로 공짜 술을 먹을 수 있게 됐으니까요. 그리고 요즘은 포스퀘어로 샌드위치, 25달러 할인, 생일 축하 와인처럼 공짜로 얻을 수 있는 게 많이 늘어났습니다. 어떤 데서는 남들 다 줄서서 기다릴 때 맨 앞에 가서 브런치를 받을 수도 있어요. 이렇게 되기까지 오랜 시간이 걸렸습니다. 그런데 이건 우리가 하려고 했던 게 아니라 순전히 우연으로 된 거에요."

이런 세렌디피티적 혁신이 일어난 이후로도 데니스와 공동설립자 나빈 셀바두라이(Naveen Selvadurai)를 비롯해 나날이 늘어나는 포스퀘어 팀이 이 사업 모델의 잠재력을 깨닫기까지는 몇 년이 더 걸렸다. 하지만 이제 이 사업 모델은 제구실을 톡톡히 하고 있다. 최근 집계를 보면 포스퀘어 플랫폼을 사용하는 지역 기반 사업자가 60만 명에 이르렀다. 그래서 이제 돈 걱정은 옛날 얘기가 됐다. 아닌 게 아니라, 마크 앤드리선, 바로 행운에 대한 사색으로 이 책의 시발점이 된 프로젝트에 불을 댕긴 유명한 벤처투자자가 포스퀘어의 최대 투자자다. 하지만 포스퀘어 팀은 여기서 끝이라고 생각하지 않는다. 이후로 비전이 더욱 커졌기 때문이다.

"우리는 여기서 멈추지 않습니다. 우리 앱은 아직 손볼 데가 많습니다. 저는 포스퀘어가 제공하는 편익 때문에 언젠가는 사용자가 5000만 명에 이르리라 봅니다. 다만, 그게 언제가 될지만 모를 뿐입니다."

포스퀘어는 그와 같은 단계에 있는 다른 벤처기업만큼 미래가 불확실하긴 하지만 세상에 비전과 노력을 드러내길 주저하지 않으니 언제나 세렌디피티가 함께할 것이다.

같은 말을 데니스는 이렇게 표현했다.

"전 우리의 가능성을 정말로 좋게 봅니다. 왜냐하면 우리가 항상 하려고 애썼던 일, 그걸 날마다 하고 있으니까요."

창조적 행위

지금까지 끌어당기기의 기술을 실제로 보여주는 사례 세 가지를 살펴봤다. 이야기의 주인공인 브라이트워크스, 슈그루, 포스퀘어는 모두 이제 걸음마를 뗐을 뿐 앞날이 창창한(그러길 바라마지 않는다) 기업들이다. 이들 기업의 특징은 수년 동안 장애물에 굴하지 않고 세상에 아이디어를 전달할 방법을 찾고 또 찾았다는 것이다. 무엇보다 눈여겨볼 점은 그 창조자들이 자신의 열정과 목적을 가감 없이 드러냄으로써 다른 사람들을 끌어들여 그들의 도움으로 자신의 창조물에 생명을 불어넣었다는 사실이다.

끌어당기기의 기술은 본질적으로 '창조'의 기술이며, 따라서 계획적 세렌디피티의 필수 요소다. 왜냐하면 세렌디피티란 우연과 창조가 만나는 지점에 존재하기 때문이다. 끌어당기기는 자신이 믿을 것을 만들고 다른 사람들도 그것을 믿게 할 때 일어나는 최종 결과다. 믿음의 힘이 다른 사람들을 끌어당긴다고 할 수 있다. 이런 식의 끌어당김은 그냥 좋은 게 아니라 반드시 필요한 것이다. 다른 사람들의 참여, 그리고 거기에 수반되는 세렌디피티적 아이디어, 만남, 기회가 없으면 비전을 실현하는 것은 요원한 일이다.

소셜 웹의 등장으로 과거 어느 때보다도 끌어당기기의 기술을 개발하기가 쉬워졌다. 온라인 커뮤니티와 소셜 미디어 덕분에 우리는 우리 자신과 우리의 사업을 세상의 저 끝에 있는 지역까지도 굉장히 쉽게 알릴 수 있다. 하지만 우리는 메시지를 자기가 원하는 대로 통제하려다 보니, 또는 괜한 풍파를 일으키지 않으려다 보니 그런 공개성의 효과를 약화시키기 일쑤다. 바깥세상에 '프로답지 않게' 보이진 않을까 두려워서 진정한 모습을 보이려 하지 않는다. 우리는 자신의 희망, 욕구, 꿈, 기대, 두려움, 설익은 아이디어를 감추려고 하지만 사실은 바로 그런 데서 우리의 목적, 가치관, 욕망이 드러나는 법이다.

그러나 기버, 제인, 데니스가 보여주듯이 그런 충동을 이길 수 있는 사람은 꿈을 실현할 수 있다.

우리의 성공에 꼭 필요한 사람, 사건, 아이디어는 상당수가 우리의 지식 밖에 있고, 우리의 사업에 중요한 것들 역시 상당수가 사업의 바깥, 즉 다른 사람들의 마음과 경험 속에 존재한다. 하지만 계획적 세렌디피티의 기술 여덟 가지 중 마지막 기술, 꼭 미신처럼 보이는 끌어당기기의 기술을 쓸 줄 알면 마치 마술처럼 필요한 것을 필요한 때에 불러올 수 있다. 그러고 보면 우리에게 정말로 필요한 것을 끌어들이는 최고의 피뢰침은 바로 온전히 '자기 자신'이 되어서 그 자신을 있는 그대로 솔직히 드러내 보이는 자세라고 하겠다.

10
이중구속
풀기

—

산업화시대의 기계 논리는 계획적 세렌디피티의 인간적이고 즉흥적인 성격과
맞지 않는다. 따라서 두 가지를 동시에 추구하면 한쪽의 명령이
다른 한쪽의 명령과 모순되는 이중구속에 빠질 수밖에 없다.
'예측 가능성'과 '창의성'의 대결 구도가 된 달까.
이런 이중구속은 실패로 가는 지름길이다.
하지만 벗어날 방법이 없는 것도 아니다.

"누구나 한 방 제대로 맞기 전에는
나름대로 계획이 있다."
– 마이크 타이슨(Mike Tyson)

Get Lucky

우리 인간은 계획하는 존재다. 우리는 하루하루를, 교육을, 경력을, 은퇴를, 그리고 그 사이의 모든 것을 계획한다. 우리는 우리가 희망하는 내일을 실현할 계획을 세운다. 또 도처에 숨어있는 불확실성을 막아낼 계획을 세운다. 계획을 세우는 것이 정례 활동이든 아니든 간에 우리의 정신은 미래 시나리오가 어떻게 펼쳐질지 그려보느라 쉴 틈이 없다.

계획을 세우는 게 잘못된 것은 아니다. 그건 지극히 자연스러운 행동이다.

하지만 지금은 여러모로 계획을 세우기가 어려워지고 있으며 특히 경영 분야는 그 정도가 심하다. 변화무쌍. 우리는 널뛰듯 변하는 주가와 경제성장예측치에서 변화무쌍함을 보고, 어차피 그게 우리 힘으로는 어쩔 수 없는 문제인데도 혹시나 심각한 변화가 일어나지 않을까 걱정하며 살아간다. 변화무쌍함은 휴게실에서 동료들과 이야기를 나누다가 무방비 상태에서 맞닥뜨리는 인터넷 유행어처럼 은근슬쩍 다가오기도 한다. 그런가 하면 날로 빨라지는 기술 변화의 물결, 빛의 속도로 전 세계를 오가는 자본의 이동에서도 변화무쌍함을 엿볼 수 있다. 그것은 한때 잘나갔던 (또는 지금도 잘나가는) 업계가 통째로 사라지면서 빚어지는 비극에서도 모습을 드러낸다.

우리는 안정적으로 보이는 우리의 생활과 일자리가 단타 매매자, 야심만만한 록스타, 기술벤처기업 창업자처럼 큰 위험을 감수하며 사는 사람들과는 달라도 한참 다르다고 생각하며 자위한다. 그런데 예전만 해도 '안전하게' 여겨졌던 위치에서 동료들이 복귀의 가능성도 없이 무더기로 해고되는 사태를 목격한 사람이 한둘이 아니다. 그렇다면 그들의 직업이 위험을 추구하는 사람들보다 덜 변화무쌍했다고 할 수 있을까?

그렇다고 다음번에는 어디서 불확실성이 발작을 일으킬지 미리 알 방법이 있는 것도 아니다. 미래의 혼란을 예측하는 데 과거는 아무런 도움이 안 된다. 이 책을 쓰는 2년 동안 세계는 2008년 금융 위기, 티파티운동(미국 보수주의자들의 시위 운동—옮긴이), 소셜 미디어의 등장, 일본의 노심 용융, 아랍의 봄 봉기, 런던 폭동, 점령하라 운동, 유럽연합 재정위기를 겪었다. 그나마 이런 것들은 일부 사례에 지나지 않는다. 지금처럼 복잡하게 얽히고설킨 경제에서는 이런 사건 하나하나가 우리의 삶에 영향을 끼친다. 다음엔 또 어떤 일이 들이닥칠까?

그런데 혼란은 우리에게서 안정을 앗아가기도 하지만 반대로 기회를 주기도 한다. 단, 그러려면 우리가 혼란을 알아보고 조처할 수 있어야 하며 미리 혼란을 대비해서 '계획'을 세울 줄 알아야 한다.

생존 기술

우리는 계획적 세렌디피티의 여덟 가지 기술을 모두 보유하면 온 세상이 나아가는 방향을 그냥 받아들이는 정도가 아니라 아예 거기에 확실한 영향을 끼칠 수 있게 되므로 그것이야말로 변화무쌍한 세상을 살아가는 가장 효과적인 기술이라고 믿는다. 지금 우리가 사는 세상과 같은 환경에서 이 여덟 가지 기술은 성공하는 사람과 조직의 습관이 아니라 '생존' 기술이다.

우리는 혼란스러운 세상을 살고 있지만 그만큼 구석구석에 행복한 우연들도 도사리고 있다. 바로 우연한 충돌들이다. 그것들은 우리가 알아보고 활용할 수만 있으면 크나큰 힘이 된다. 우리가 계획을 세우고자 하는 이유도 그냥 뻔한 예측을 하기 위해서가 아니라 뜻밖의 가능성을 알아보고 거기에 대응할 수 있는 능력을 기르기 위해서다. 그러려면 우리 자신과 조직이 각각의 기술을 의식적으로 개발해야 한다.

계획적 세렌디피티에는 대가가 따른다. 기존의 논리를 깨뜨려야만 하는 것이다. 기계처럼 예측 가능한 범위 안에서 꾸준히 성장하도록 만들어진 조직은 여덟 가지 기술을 이식하기가 어렵다. 계획적 세렌디피티의 기술들은 기계가 아니라 인간을 위한 것이다. 그리고 인간은 절대로 예측 불가능하다(적어도 우리가 자꾸만 로봇처럼 굴라는 요구를 물리치고 인간답게 굴 때는 그렇다).

하지만 우리가 정신없는 변화의 속도에 발을 맞추고자 한다면, 또는 성장 기회를 더욱 많이 붙잡고자 한다면 우리 눈에 보이지 않지만 우리를 향해 다가오는 것들을 찾을 줄 알아야 한다. 우리에게 필요하지만 예측을 불허하는 것들, 곧 우연한 충돌, 행복한 우연, 시의적절한 세렌디피티야말로 그칠 줄 모르고 변화하는 우리의 환경이 나아갈 방향을 가장 잘 일러 줄 수 있는 길잡이다. 그런 것들이 모습을 드러냈을 때 받아들이고 반응한 다면 아무리 불확실한 미래라도 헤쳐나가며 보란 듯이 진화할 수 있다.

모순은 인간적인 것

그렇게 변화를 일으키는 게 쉬운 일은 아니다. 산업화시대의 기계 논리(예측 가능한 투입물을 넣으면 예측 가능한 결과가 나온다)는 계획적 세렌디피티의 인간적이고 즉흥적인 성격과 맞지 않는다. 따라서 두 가지를 동시에 추구하면 한쪽의 명령이 다른 한쪽의 명령과 모순되는 이중구속에 빠질 수밖에 없다. '예측 가능성'과 '창의성'의 대결 구도가 된다고 할까.

이런 이중구속은 좌절, 불안, 최종적으로는 실패로 가는 지름길이다. 하지만 벗어날 방법이 없는 것도 아니다. 어떤 종류의 이중구속이든 비뚤어진 논리를 새로운 사고방식으로 대체하면 해방될 수 있다. 애자일 소프트웨어 개발 프로세스를 만든 사람들이 그랬던 것처럼 말이다. 그들은 새로운 정보가 등장할 때마다 신속하게 반응할 수 있도록 하는 관습을 확립함으로써, 즉 팀 전체가 일주일마다 소프트웨어를 발표하도록 함으로써 세렌디피티와 예측 가능성 사이에서 빚어지는 갈등을 해결했다. 애자일 프로세스에서는 변화가 일어날 가능성을 항상 염두에 두기 때문에 어떤 프로젝트든 간에 새로운 필요, 요구사항, 우연한 기회가 등장하면 프로젝트에 방해가 되는 게 아니라 오히려 손쉽게 통합된다. 애자일 기법처럼 계획적 세렌디피티의 기술을 모두 아울러서 우리가 (길보기에는) 계획할 수 없는 것들에 대비해 계획을 세울 수 있도록 하는 기법을 확보한다면 눈부신 변화에도 기죽지 않는 자신감이 생긴다.

양립할 수 없는 것처럼 보이는 상황들은 알고 보면 우리가 난처해할 것이 아니라 받아들여야 할 동전의 양면 같은 것이다. 계획적 세렌디피티는 이 양면을 서로 적대적인 게 아니라 상호 보완적인 것으로 보는 관점을 가르쳐준다. 그런다고 해서 이중구속의 모순점들이 사라지진 않지만 그것들을 껴안고 건전하게 살아갈 수는 있게 된다. 그리고 계획적 세렌디피티의 기술들은 이런 분명한 모순점들을 강점으로 바꿔준다. 그 강점이란 우리의 창조 과정을 가로막는 게 아니라 진척시키는 제약들이다.

예를 들어 계획적 세렌디피티에서는 기꺼이 변화하는 것과 한 길에 매진하는 것 사이에서 끊임없이 긴장이 빚어진다. 그런데 이 두 가지가 꼭 상극이라고 할 수 있을까? 중요한 것은 이 둘을 서로 충돌하는 게 아니라 전체의 반반으로 보는 것이다. 일탈의 기술(본래 의도한 것과 다른 길을 걷는 능력)을 쓰면 우연한 기회를 더 많이 알아보고 대응할 수 있지만 한편으로는 노력이 분산될 수 있다. 그러다 보면 한꺼번에 너무 많은 일에 손을 대거나 자신의 관심사와 열정에 맞지 않는 사업을 하게 된다. 이런 딜레마에서 벗어날 수 있게 해주는 게 매진의 기술이다. 의미 있는 목적에 매진하면 눈앞에 펼쳐진 많은 길 중에서 무엇을 선택해야 하는지 알 수 있다. 계획적 세렌디피티는 우리가 이처럼 두 가지 '반대'되는 것들을 함께 사용해서 자신의 신념과 일치하는 세렌디피티적 결과를 찾게 해준다.

계획적 세렌디피티는 또 사람과 조직이 예상치 못한 것에 더욱 개방적인 자세를 취하게 한다. 하지만 새로운 가능성의 자물쇠를 풀려면 흔히 제약이 필요하다. 아니, 개방성과 제약성을 동시에 키우는 게 도대체 어떻게 가능하단 말인가?

계획적 세렌디피티가 현실에 끼치는 영향을 보면 우리가 일을 할 때 가장 제약이 심한 부문들(업무 환경, 호기심, 고객과의 교류)에서 '개방'의 유익이 가장 크다는 점을 알 수 있다. 우리는 이런 부문들에서 체계적인 질서를 확립한다는 이유로 즉흥성을 빼앗겼다. 우리가 자신의 창의성 앞에 세워놓은 장벽을 허물어버리면 온갖 종류의 예상치 못한 가능성에 두 눈이 뜨인다.

반대로 지나칠 정도로 융통성이 많이 보장되는 부문(예를 들면 여기저기 갖다 붙일 수 있도록 늘리다 보니 이제는 알아볼 수 없을 만큼 얄팍해진 조직의 목적)에서는 어떤 기회를 잡아야 하는지 판단하기가 어렵다. 이럴 때 목적의식을 다잡으면 올바른 기회는 받아들이고 그릇된 기회는 물리칠 수 있게 된다. 그릇된 제약을 고치거나 올바른 제약을 더하면(정해진 규칙을 찾는 게 아니라 그때그때 상황을 새로운 눈으로 평가해서 더 좋은 결과를 낼 만한 제약을 찾으면) 세렌디피티가 펼쳐질 무대가 마련된다.

끝으로, 가장 이해하기 어려운 이중구속을 살펴보자. 바로 세렌디피티의 성공률을 측정하는 것이다. 측정과 행운이라니, 이렇게 상충하는 것도 없다. 세렌디피티란 우리가 찾지 않았던 것을 발견하는 것인데 어떻게 측정을 한단 말인가?

사실 계획적 세렌디피티를 알고 나면 측정 도구를 이용해서 '상관없는 정보'를 걸러내려고 하는 경영 기법에 의심의 눈초리를 보내게 된다. 무엇이 상관있고 상관없는지 항상 미리 알 수 있다고 생각하면 큰 오산이다. 행운이란 절대로 통신판매만큼 정확하게 측정할 수 없는 법이다. 이런 상황에서 우리가 확실하게 할 수 있는 것, 또 이미 많은 기업이 하고 있는 것이 있으니 바로 계획적 세렌디피티의 기술을 얼마나 잘 개발했는지 측정하는 것이다. 그 방법은 셀 수 없이 많다. 몇 가지 예를 들면 다음과 같다.

- 5장에서 매진의 사례로 소개한 인앤아웃 버거는 모든 관리자에 대해서 사내교육 프로그램인 인앤아웃 대학을 통해 회사의 목적을 얼마나 내면화했는지 측정한다.
- 6장에서 활성화의 사례로 소개한 애자일 소프트웨어 개발팀들은 대개 전통적인 소프트웨어 성공률 측정법(엔지니어들이 마감 기한 안에 계획된 기능을 완성했는가)을 중요시하지 않는다. 대신에 팀이 기간마다 새로운 작업물을 내놓는 비율을 측정한다. 그리고 그것을 기준으로 삼아서 비율이 갑자기 떨어지거나 치솟으면 예외를 포착한다.
- 7장에서 연결의 사례로 소개한 CERN은 일정한 기간에 얼마나 많은 지식/기술 이식 활동을 완료했는지, 그 결과가 얼마나 성공적이었는지 평가한다. 그 결과를 보면 조직이 수많은 혁신의 진가를 실현하는 능력을 개발하고 있는지 아닌지 알 수 있다.
- 8장에서 투과의 사례로 소개한 **프록터 앤 갬블은 2000년에**[109] 신상품 아이디어 중 50퍼센트는 전적으로든 부분적으로든 회사의 전통적인 연구 개발 프로세스의 외부에서 나오도록 한다는 방침을 세웠다. 이에 따라 각 아이디어의 원천을 밝히고 방침의 달성률을 계산함으로써 혁신 성공률을 측정하는 새로운 평가 틀이 탄생했다.
- 9장에서 끌어당기기의 사례로 소개한 슈그루는 사용자들의 사용기를 읽음으로써 상품의 잠재적인(그리고 예상을 뛰어넘는) 사

용법을 파악한다.

계획적 세렌디피티의 기술을 평가하는 방법은 기업의 수만큼이나 많다. 우리 회사의 경우에는 직원들이 개인적인 차원의 부 프로젝트를 얼마나 수행하고 있는지 꾸준히 살피고, 점심시간을 이용한 발표회의 결과로 나오는 아이디어들을 파악하며, 중앙홀에서 서로 다른 부서의 사람들이 우연히 만나서 시작한 협업 프로젝트에 관한 보고를 받는다. 이런 활동의 목적은 모두 똑같다. 바로 우리가 세렌디피티에 얼마나 대비가 되어 있는지 확인하는 것이다. 우리는 자기가 의도하지 않은 발견을 감지할 눈과 귀, 그리고 그것에 대응해 행동할 용기가 있는가? 2500년 전에 그리스의 철학자 헤라클레이토스가 한 말을 옮긴다.

"예상치 못한 것을 예상하지 않으면 절대로 진리를 찾을 수 없다. 왜냐하면 그것은 찾기도 어렵고 손에 넣기도 어렵기 때문이다."

창조에 관한 오해

기업이 계획적 세렌디피티를 사업 프로세스에 집어넣고 효과적으로 측정한다면 불확실한 미래를 대비해서 그만한 보험도 없다. 계획적 세렌디피티는 우리가 틀에 박힌 프로세스를 수치로 평가하는 관행에서 벗어나 새로운 가능성을 얼마나 잘 발굴하고 있는지 살펴보도록 한다. 이것을 기업의 철학으로 삼아야만 모든 구성원이 창조적으로 생각할 수 있다. 변화하는 환경에 적응하고 새로운 길을 찾으며 더 큰 성공을 누리고 싶다면 그런 철학이야말로 유일한 희망이 아닐까 싶다.

이런 사실을 우리는 직감적으로 알고 있다. 그리고 기업을 봐도 연구개발, 혁신 프로세스, 자율형 연구실 등에서 그런 점이 드러난다. 하지만 조직이 기대치를 설정하고 그것을 달성하는 데만 치중하면 뜻밖의 도약이 일어날 여지가 없어진다. 아니, 그런 도약이 일어난다 하더라도 곧장 벽에 부딪히고 만다.

그런 덫에서 빠져나오려면 계획적 세렌디피티(우연이 빚어내는 창조)가 필요하다. 계획적 세렌디피티는 '미지'의 것에 초점을 맞춰서 우리가 불확실성을 강점으로 활용할 수 있게 해주기 때문이다. 우리가 세상의 모든 정보를 소화할 수는 없다. 프로젝트와 관련된 책을 모조리 읽거나 해결의 실마리를 줄 사람들을 모두 만날 수도 없다. 관련성의 거미줄은 너무나 방대하다. 우리의 가설이 맞는지 틀린지 증명해줄 사례연구를 모두 확인하는 것도 인간의 힘으로는 불가능하다. 우리는 경험에 끌려갈 뿐이다. 그 경험이란 게 우리가 진취적으로 추구해서 얻은 것이냐 아니면 인생의 이런저런 소동 속에서 우연히 겪은 것이냐는 상관없다. 어떤 경험이 우리의 일에 중대한 영향을 끼칠까? 예측 불가다. 그것은 오로지 세렌디피티가 일어나서 우리가 '알고' 있는 것과 '찾은' 것을 연결할 때에야 비로소 알 수 있는 법이다.

우리 두 저자에게는 이 책을 쓰는 것이 계획적 세렌디피티의 실현이었다. 챕터를 시작하거나 논점에 예를 드는 방법은 셀 수 없이 많지만 뻔한 방법은 재미가 없다. 날마다 텅 빈 페이지를 마주하는 공포는 또한 우연이 개입해서 단어가 페이지에 자유로이 흘러들어오지 못하게 막고 있는 댐을 무너뜨리길 권하는 초청이기도 하다. 우리는 무엇이 다음 구절을 쓸 영감을 줄까 예단하지 않는다. 그것은 옥외 광고판이 될 수도 있고 외부에서 찾아온 손님, 부고 기사, 샤워하다 문득 떠오른 기억이 될 수도 있다. 다음 대목의 실마리가 되는 것은 대부분이 뜻밖의 사건이다. 세렌디피티의 원리가 그렇다. 결정적인 도약이란, 물론 전후로 많은 수고가 필요하긴 하지만, 지나고 나서 되돌아보면 언제나 당연히 일어났어야 할 사건으로 보이는 법이다.

창조의 시작점은 늘 똑같다. 무언가를 만들기 위해 매진하는 자세, 어디까지나 추정일 뿐인 마감 기한, 언제든 수행 방법을 바꿀 수 있다는 열린 마음이 그것이다. 하지만 창조란 그렇게 간단치만은 않은 행위다. 세상에는 우리가 아는 것보다 모르는 것이 더 많다. 따라서 우리는 언제든 뜻밖의 발견을 받아들일 준비가 되어 있어야 한다. 우리의 노력이 결실을 보느냐 마느냐는 세렌디피티의 출현에 달려 있다.

우리가 하는 일은 무엇이든 우리의 성격이 반영된 것이며, 여기서 특히 중요한 것은 창조 과정에서 자기가 아는 것은 물론이고 모르는 것까지 수용할 자세가 되어 있느냐 하는 것이다. 그렇기에 계획적 세렌디피티는 본질적으로 개인적이고 인간적이며 겸손과 신뢰를 바탕으로 한다. 그리고 틀에 박힌 산업 프로세스의 기계적 획일성을 거부한다.

사실 우리는 개인이든 조직이든 간에 아무도 우리의 삶을 빚어내는 굵직굵직한 사건들을 통제할 힘이 없다. 하지만 살아있는 존재로서 자신의 활동은 통제할 수 있다. 우리는 어디에 시간을 쓸지, 무엇을 만들지, 그리고 어떤 철학으로 그런 결정들을 뒷받침할지를 마음대로 정할 수 있다. 이런 것들이 살면서 우리가 좌지우지할 수 있는 요소들이다. 이런 선택들로 우리는 철 지난 통제 개념이 더는 통하지 않는 세상에 영향력을 발휘한다.

결론적으로 계획적 세렌디피티란 우리의 무력감에 대한 임시 처방이 아니라 진정으로 그것을 해결할 해독제다. 우리가 미지의 것을 기꺼이 받아들이고, 또 자기에게 필요한 것을 필요한 때에 얻을 수 있으리라고 굳게 믿으면 우리의 이해를 초월하는 세상에서 그냥 생존하는 정도가 아니라 번창할 수 있다. 이것은 약속이다. 자신의 기술과 욕망은 물론이고 세렌디피티로 만난 사람이나 사물의 기술과 욕망까지 활용한다면 우리는 상상도 못한 높이에까지 이를 수 있다.

세렌디피학 정리

다음은 각 장과 관련된 부연 설명 및 자료 출처를 모은 세렌디피티적 발견의 편람이다.

Chapter 1. 행운은 우연이 아니다

1. 그렇지 않다고 말했다가는 이단자 취급을 받는다

우리가 인생과 사업에서 행운이 하는 중대한 역할을 받아들이지 못하는 문제를 심도 있게(그리고 수학적으로) 탐구한 나심 탈레브(Nassim Taleb)의 저서 《행운에 속지 마라Fooled by Randomness》와 《블랙 스완The Black Swan》을 보면 우리가 본성적으로 얼마나 자기기만적인지 알 수 있다.

2. 그는 박사 학위를 받고 3M에서 처음으로 직장 생활을 시작했다

3M은 세렌디피티가 아니었으면 탄생하지 못했을 회사다. 《타탄의 브랜드: 3M 이야기Brand of the Tartan: The 3M Story》에서 발췌한다. "이 회사를 세운 사람들은 애초에 채광 사업에 손을 댔지만 채광에서 이윤이 나지 않는다는 것을 깨닫고 미국 최대의 제조기업을 일구기로 했다. 이들이 사업을 시작하며 자산인 줄 알았던 것은 알고 보니 부채였다. 이들의 진정한 자산은 전혀 다른 것이었다. 바로 이들의 진취성, 용기, 통찰력이었다."

Huck, Virginia. *Brand of the Tartan: The 3M Story*. New York: Appleton-Century-Crofts, Inc., 1955.

그밖에 포스트잇의 탄생과 관련된 참고 자료:

* Duguid, S. "First Person: 'We Invented the Post-it Note.'" *Financial Times*, 2010년 12월 3일. http://www.ft.com/intl/cms/s/2/f08e8a9a-fcd7-11df-ae2d-00144feab49a.html#axzz18hyDnyKX

* The Januarist. "Why Are Post-it Notes Yellow?" http://www.thejanuarist.com/

why-are-post-it-notes-yellow/. 2010년 2월 25일.

* Green, P. "Post-it: The All-Purpose Note That Stuck." *The New York Times*, 2007년 7월 2일. http://www.nytimes.com/2007/06/29/arts/29iht-postit.1.6413576.html?_r=0

3. 다른 동업자 두 명과 손을 잡고 시작한 온라인 서비스

우리가 항상 언급하는 것은 아니지만 겟새티스팩션에서 빼놓을 수 없는 두 동업자가 있으니 바로 에이미 뮬러(Amy Muller)와 조너선 그럽(Jonathan Grubb)이다. 에이미, 조너선, 소어는 이전에 루비레드 랩스(Rubyred Labs)라는 웹 컨설팅 업체를 설립한 바 있고, 밸리쉬왝 사이트를 만든 것도 이들이다.

4. 행운과 사업가

원문도 아주 좋은 글이다. Andreessen, M. "Luck and the Entrepreneur, Part 1: The Four Kinds of Luck." http://pmarca-archive.posterous.com/luck-and-the-entrepreneur-part-1-the-four-kin. 2007.

5. 지금은 행운을 과학과 동일 선상에 놓으려는 사람이 많지 않다

Austin, J. Chase, *Chance, and Creativity: The Lucky Art of Novelty*. Cambridge, MA: MIT Press, 1978.

6. 가장 많이 인용되는 학술 논문 중 약 10퍼센트에서 세렌디피티가 발견에 이바지한 요인 중 하나로 나타났다

de Rond, M., and Morley, I. *Serendipity: Fortune and the Prepared Mind?*. Cambridge, UK: Cambridge University Press, 2010.

7. 산소를 발견한 조지프 프리스틀리(Joseph Priestley)

Priestley, J. *Experiments and Observations on Different Kinds of Air*.(FQ Books, 1775).

과학자로서 그의 눈부신(그리고 인습에 저항적이었던) 생애에 관해 더 알고 싶으면 스티븐 존슨(Steven Johnson)의 명저 《공기의 발명Invention of Air(Riverhead Hardcover, 2008)》을 읽어보기 바란다.

8. 1992년에는 여성 속옷 카탈로그의 표지

이런 의미 표류의 사례 중 일부를 수집한 사람은 옥스퍼드 영어 사전에 스리랑카어에서 파생된 영어 단어에 관해 조언을 하는 리처드 보일(Richard Boyle)이다. 이 주제에 관한 그의 글은 다음에서 전문을 볼 수 있다. http://www.himalmag.com/component/content/article/464-Serendipity-and-Zemblanity.html

9. '세렌디피티 학자'라는 직함

현재 세렌디피티학자라는 직함을 사용하는 사람이 전 세계에 오로지 한 명뿐이라고 하더라도 과거를 돌아보면 그런 직함을 받을 자격이 있는 사람이 많다. 그중에서도 가장 눈에 띄는 두 사람을 꼽자면 월터 캐넌(Walter Cannon)과 로버트 머튼(Robert Merton)이다. 캐넌은 1930년대에 혼자 힘으로 '세렌디피티'란 말을 과학계에 보급했고 또 '자기실현적 예언'이라는 용어를 만든 것으로 유명하고 머튼은 1950년대에 세렌디피티라는 말의 진화를 주제로 (엘리너 바버(Elinor Barber)와 함께) 선구적 저서 《세렌디피티의 여행과 모험The Travels & Adventures of Serendipity(Princeton University Press, 2006)》을 썼다.

10. 그가 자기 연구에 관해 늘어놓는 말을 듣다 보면

이 책의 저자들이 펙 반 안델의 존재를 알게 된 것은 1939년에 월터 캐넌이 세렌디피티를 주제로 펼친 명연설(〈발견에서 우연의 역할The Role of Chance in Discovery〉)을 찾으면서였다. 학술논문 데이터베이스 한 곳에서 참고 문헌으로 언급된 반 안델의 논문을 알게 됐는데, 거기에 그가 직접 모은 수천 개의 세렌디피티 사례에서 발견한 패턴들이 간략하게 소개되어 있었다. 그는 이 논문에서 자연스럽게 생각과 생각 사이를 오가며 본래 책 한 권은 족히 될 내용을 16쪽으로 압축했다. 그 논문의 탁월함은 너무 길어서 거추장스러워 보이기까지

하는 다음과 같은 부제에서도 엿볼 수 있다. "세렌디피티: 기원, 역사, 영역, 전통, 출현, 패턴, 유발 가능성."

Van Andel, P, "Anatomy of the Unsought Finding." *British Journal for the Philosophy of Science*, 1994.

11. 무분별한 도전의 향연

과학자와 기술학자들의 장난기 가득한 괴벽은 그들이 만든 조직의 문화에서도 잘 드러난다. 예를 들어 MIT에는 '핵(hack)'이라고 해서 남들은 상상도 못할 기발한 장난을 하는 전통이 지금껏 이어지고 있다. 어떤 해에는 학생들이 아침에 눈을 떴더니 그레이트 돔(Great Dome) 꼭대기에 경찰차 한 대가 세워져 있었는가 하면 또 어떤 해에는 각양각색의 요정 인형 수백 개가 학생회관을 둘러싸기도 했다.

12. 찾으려고 찾은 것들은 여기에 속하지 않습니다

펙 반 안델은 이 용어의 기원을 놓고 더욱 대담한 심리학적 가설을 제시했다. 호러스 월폴은 1725년에 태어나 아버지의 그늘에서 성장했다. 아버지가 영국의 초대 수상이었던 로버트 월폴 경이었으니 그 그늘이 얼마나 대단했을지 알 만하다. 로버트 경은 다우닝가 10번지(수상 관저—옮긴이)의 최초 거주자이며, 치안 유지로 조국을 더욱 부강한 나라로 만들면서 지금까지 어느 총리보다 긴 21년의 임기(1721년~1742년)를 보냈다.

따라서 호러스는 자랑스레 여길 것이 아주 많았다. 딱 한 가지만 빼고. 바로 아버지와 전혀 닮지 않은 외모였다. 참 얄궂게도 그는 어머니와 자주 만나던 다른 남자, 엘비 경을 닮았었다. 그가 치정의 증거가 될 수 있었을까?

"그는 분명히 그 사실을 알았을 것"이라는 게 반 안델의 주장이다. 그가 거울을 보다가 엘비 경과 닮은 얼굴을 마주한 순간을 상상해보자. 아마 벽돌 한 무더기로 뒤통수를 맞은 기분이었을 것이다. 18세기에 사생아란 가문의 혈통으로 인정받을 수 있는 존재가 아니었다. 그런데 다행히도 다른 사람들은 모두 이 명백한 사실을 그냥 모른 체했다. 누구보다 수상이 그랬다. 아내가 그렇게 뻔뻔스럽게 바람을 피웠다는 것을 인정하면 그만한 수치도 없을 터였다.

공교롭게도 《세렌디프의 세 왕자》에 나오는 왕자 중 한 명도 어느 왕에게 신하의 피가 섞였다는 사실을 알게 된다. 1302년에 아미르 쿠스라우(Amir Khusrau)가 쓴 페르시아어 판본에서는 왕의 추궁에 못 이긴 어머니가 눈물을 흘리며 자신의 부정을 고백하는 장면이 나온다.

"나는 월폴이 뜻하지 않게 자신의 혈통을 알게 된 것과 이렇게 리듬감 있고 만들기 어려운 말을 만들어낸 것 사이에 연관 관계가 있다는 생각을 떨쳐버릴 수 가 없다. 그는 세렌디피티의 화신이었을까?"라고 반 안델은 물었다. 세렌디피티라는 말을 만들었을 때 월폴은 자신이 사생아라는 사실을 알려고 하지 않았는데도 알게 된 경험을 염두에 뒀을까?

13. 그가 가지고 다니는 책의 목록을 각주에 실었다

그 책들은 다음과 같다.

* *Causalités et accidents de la découverte scientifique. Illustration de quelques étapes charactéristiques de l'évolution des sciences* by René Taton(1955)

* *The Decipherment of Linear B* by John Chadwick(Cambridge University Press, 1990)

* *Eingenbung und Tat im musikalischen Schaffen* by Julius Bahle(S. Hirzel, 1939)

* *Essai sur la logique de l'invention dans les sciences* by Jacques Picard(Alcan, 1928)

* *Essai sur les conditions positives de l'invention dans les sciences* by Jacques Picard(Alcan, 1928)

* *Fabuleux hasards, histoire de la découverte de médicaments* by Claude Bohuon and

Claude Monneret(EDP Sciences, 2009)

* *L'Imprévu ou la science des objets trouvés* by Jean Jacques(Jacob, 1990)

* *Les yeux du hasard et du genie. Le rôle de la chance dans la découverte* by Fernand Lot(Plon, 1956)

* *Lucky Science: Accidental Discoveries from Gravity to Velcro* by Royston Roberts and Jeanie Roberts(Wiley, 1994)

* *The Mathematician's Mind: The Psychology of Invention in the Mathematical Field* by Jacques Hadamard(Princeton University Press, 1945)

* *Der musikalische Schaffensprozess* by Julius Bahle(S. Hirzel, 1936)

* *La réalité dépasse la fiction* by Franck Aycard, A.(Gallimard, 1968)

* *Psychologie van de wetenschap: Creativiteit, serendipiteit, de persoonlijke factor en de sociale context* by Peter van Strien(Amsterdam University Press, 2011)

* *Savants et découvertes* by Louis de Broglie(Michel, 1951)

* *The School of Padua & The Emergence of Modern Science* by John Herman Randall(Editrice Antenore, 1961)

* *La serendipité: le hasard heureux* by Daniéle Bourcier and Pek van Andel (Hermann, 2011)

* *La serendipité, dans la science, la téchnique, l'art el la droit* by Daniéle Bourcier and Pek van Andel(L'Act Mem, 2008)

* *Serendipities: Language and Lunacy* by Umberto Eco(Mariner Books, 1999) (국내 번역본:《언어와 광기》(열린책들, 2009))

* *Serendipity & the Three Princes of Serendip; From the Peregrinaggio*(Univ. of Oklahoma

Press, 1964)

* *Théorie de l'invention* by Paul Souriau(Hachette, 1881)

* *Three Men in a Boat* by Jerome K. Jerome(CreateSpace, 2010) [1889년에 최초로 출간된 이 책에서 제목의 세 남자는 세렌디프의 세 왕자와 대비되는 존재로 언제나 재앙에 부닥친다] (국내 번역본:《보트 위의 세 남자》(문예출판사, 2008))

* *Yersin, un pasteurien en Indochine* by Henri Mollaret and Jacqueline Brossolet (Belin, 1993)

* *Les trois princes de Serendip*, by Amir Khorow Dehalvi, traduit par Farideh Rava et présenté par Pek van Andel et Daniéle Bourcier(Hermann, 2011)

14. 아무 말 안 하고도 세렌디피티를 설명할 수 있지

흐로닝언대학교 의학연구자 펙 반 안델과 소어 뮬러의 인터뷰, 2011년 9월 15일.

그에게 상을 안겨 준 MRI 성교 실험은 http://youtu.be/OVAdCKaU3vY에서 볼 수 있다.

15. 보다시피 부메랑이랑 비슷해

펙 반 안델이 이 켈트족 돌을 보여주는 장면은 http://youtu.be/ MkFKVQdMwXg에서 볼 수 있다.

16. 세렌디피티에 관한 학술 서적들은 거의 다 창의적인 개인의 경험에 초점이 맞춰져 있다

조직 내에서 세렌디피티의 역할과 위력을 탐구한 몇 안 되는 책 중 하나는 존 헤이글 3세(John Hagel III), 존 실리 브라운(John Seely Brown), 랭 데이비슨(Lang Davison)이 경영관리학에 근거해 쓴 명저《당기기의 힘: 작지만 현명한 움직임으로 큰 것을 움직이는 방법The Power of Pull: How Small Moves, Smartly Made, Can

Set Big Things in Motion》이다. 이 책으로 우리 두 사람은 계획적 세렌디피티, 저자들의 표현을 빌리자면 "세렌디피티 형성"을 조직에 적용할 수 있다는 확신이 생겼다.

17. 사형 제도가 존재하는 디즈니랜드

잡지 역사상 이렇게 인상적인 제목이 있었을까 싶은 글로, 인터넷을 뒤져서라도 읽어볼 만한 가치가 있다.

Gibson, W. "Disneyland with the Death Penalty." http://www.wired.com/wired/archive/1.04/gibson.html. *WIRED Magazine*, 1993년 9/10월, 1(4).

18. 껌 금지법이 '의사의 처방을 받은 사람에 한해서 완화된다'

Mydans, S. "Singapore, at 40, Loosens Its Grip." http://www.nytimes.com/2005/08/09/world/asia/09iht-singapore.html. *The New York Times*, 2005년 8월 10일.

19. 마음이 너무 뒤숭숭한 나머지

원래 이중구속은 정신분열증의 원인을 설명하기 위해 만들어진 개념이다. 학자들의 연구로 그 원리와 영향이 밝혀졌는데 이와 관련된 섬뜩한 사례보고 하나를 소개한다.

심각한 정신분열증세가 상당히 호전된 젊은 남자에게 어머니가 면회를 왔다. 그는 기쁨을 이기지 못하고 충동적으로 한 팔을 어머니의 어깨에 둘렀다. 그러자 어머니는 온몸이 굳었다. 그가 팔을 거두자 어머니가 물었다. "이젠 날 사랑하지 않니?" 그 말에 환자는 얼굴을 붉혔다. 어머니가 말했다. "얘야, 별거 아닌데도 부끄러워하고 자기 감정을 두려워해서는 안 된다." 환자는 그 후 몇 분 동안만 어머니와 함께 있을 수 있었고 어머니가 떠나자 간호사를 폭행하고 격리됐다.

이중구속에 관해 더 자세히 알고 싶으면 다음의 자료를 참고하기 바란다.

Gibney, P. "The Double Bind Theory: Still Crazy-Making After All These Years." http://www.psychotherapy.com.au/TheDoubleBindTheory.pdf. *Psychotherapy in Australia*, 2006년 5월, 12(3).

20. 이런 문화적 해빙의 증거가 사회 곳곳에서 드러나고 있다

Lindt, N. "Expanding the Cultural Realm in Singapore." http://travel.nytimes.com/2011/06/12/travel/singapores-cultural-realm-is-expanding.html. *The New York Times*, 2011년 6월 10일.

Chapter 2. 첫 번째 기술: 움직임

21. 잡스는 공간을 만들기만 해서는 안 되고

Lehrer, Jonah. "Steve Jobs: Technology Alone Is Not Enough." http://www.newyorker.com/online/blogs/newsdesk/2011/10/steve-jobs-pixar.html. 2011년 10월 7일.

레러의 전문을 읽어볼 만하다고 생각해서 여기에 옮긴다.

1986년 1월 30일, 애플 컴퓨터에서 퇴출당하고 얼마 지나지 않은 날(그리고 복귀하기 수년 전) 스티브 잡스는 〈스타워즈〉의 감독 조지 루카스에게서 픽사라는 작은 컴퓨터회사를 사들였다. 픽사 팀은 마케팅 목적으로 인상적인 단편 애니메이션을 몇 편 만들기도 했지만(〈안드레와 월리 비의 모험The Adventures of Andre and Wally B〉은 디지털 애니메이션에 대한 할리우드의 관심을 촉발한 것으로 유명하다) 잡스의 가장 큰 관심사는 복잡한 그래픽을 생성할 수 있는 12만5000달러 상당의 픽사 이미지 컴퓨터라는 기계장치였다.

이 값비싼 컴퓨터는 유감스럽게도 시장에서 그다지 재미를 못 봤다. 결국 잡스는 자금을 융통할 수 있는 대로 융통해서 픽사에 투입할 수밖에 없었는데, 픽사는 1990년에만 830만 달러 이상의 손실을 냈다. 그가 애플을 떠난 후 처음으로 한 투자가 실패의 위기에 놓여 있었다. 데이비드 프라이스의 《픽사 이야기The Pixar Touch》를 보면 픽사의 공동설립자인 앨비 레이 스미스(Alvy Ray Smith)가 당시를 회고하며 한 말이 나온다. "실패가 불 보듯 뻔한 상황이었습니다. 하지만 저는 스티브가 그냥 당하고만 있지는 않을 거라고 생각했습니다. 스티브는 그런 걸 견디지 못하는 성미니까요."

픽사의 생존과 그 후의 부흥은 잡스의 혁신관을 잘 보여주는 사례연구라고 할 만하다. 잡스는 컴퓨터 하드웨어 전문가라는 출신 배경을 뛰어넘어서 픽사가 영화사로, 그것도 역사상 가장 성공한 영화사로 탈바꿈하도록 이끌었다. 1995년의 〈토이 스토리〉 개봉 이후 픽사는 지금까지 12편의 장편 애니메이션을 제작했다. 그리고 모든 작품이 세계적으로 평균 5억5000만 달러 이상의 수익을 올리며 상업적으로 큰 성공을 거뒀다. 이렇게 꼬리에 꼬리를 무는 성공 기록은 애플조차도 누려본 적이 없을 정도다.

3월에 아이패드2를 발표하면서 잡스는 자신의 전략을 이렇게 요약했다. "애플의 유전자에는 기술만으로는 안 된다는 인식이 각인되어 있습니다. 마음을 울리는 결과는 기술이 인문학과 만날 때 비로소 빚어지는 것입니다." 참으로 진부한 말이다. 실리콘밸리에서는 기업의 임원들이 신제품을 소개할 때면 하나같이 온갖 고상한 말을 갖다 붙인다. 그런데 픽사, 넥스트(NeXT), 애플, 이렇게 잡스의 회사들이 독보적인 입지를 확보한 까닭은 정말로 최고의 아이디어는 기술과 인문학이 결합할 때 탄생한다고 믿고 컴퓨터 과학자들이 예술가, 디자이너와 협력하도록 하는 고집을 부렸기 때문이다. "픽사가 이룩한 최고의 업적은 이 두 문화를 아울러서 그들이 함께 일하도록 한 것"이라고 잡스는 2003년에 밝혔다.

이 같은 인문학에 대한 믿음은 잡스의 일생에도 깊이 뿌리내려 있다. 그는 잘 알려졌다시피 리드대학교를 1학년 때 자퇴했지만 그 이후로도 캘리그래피 강의는 계속 청강했다. "나는 세리프체와 산세리프체가 무엇인지, 다양한 글자조합에서 자간을 바꾸면 어떤 효과가 있는지, 훌륭한 타이포그래피의 비결이 무엇인지 배웠다. 그것은 아름답고, 유서 깊고, 과학으로는 포착할 수 없을 만큼 예술적으로 미묘한 구석이 있었다. 나는 거기에 완전히 마음을 빼앗겼다. 이것을 살면서 실용적으로 쓸 수 있으리라고는 전혀 기대하지 않았다. 하지만 10년이 지나 최초의 매킨토시 컴퓨터를 디자인할 때 나는 그 덕을 톡톡히 봤다. 그래서 그때 익힌 것들을 모두 맥의 디자인에 적용했다. 그 결과로 그전에는 볼 수 없었던 타이포그래피가 아름다운 컴퓨터가 탄생했다. 내가 만약에 대학교에서 그 강의를 듣지 않았다면 맥에 다양한 서체가 들어가지도 않았을 테고, 글자의 크기에 따라 간격이 달라지는 기법도 적용될 리 없었을 것이다."

가장 확실한 증거는 픽사 사옥의 디자인에서 찾아볼 수 있지 않을까 한다. 2000년 11월, 잡스는 오클랜드 북부 에머리빌에 방치된 6만5000제곱미터 규모의 델몬트 통조림 공장을 매입했다. 최초의 설계도에는 그곳에 건물 세 개를 세워서 각각 컴퓨터 과학자, 애니메이터, 픽사 임원이 쓰게 되어 있었다. 그런데 잡스는 이 설계도를 단번에 폐기해버렸다. "우리는 농담조로 이 건물이 스티브의 영화라고 말하곤 했습니다." 작년에 에드윈 캣멀 픽사 사장에게 들은 말이다. 픽사는 거대한 건물을 하나만 짓고 중앙에 거대한 개방형 홀을 두기로 했다. 이를 두고 캣멀은 이렇게 말했다. "이 설계에 담긴 철학은 가장 중요한 기능을 건물의 중앙에 두는 편이 좋다는 것입니다. 그러면 우리에게 가장 중요한 기능이란 무엇이냐? 바로 직원들의 교류입니다. 그래서 스티브는 중앙에 거대한 공간을 비워뒀습니다. 그는 사람들이 언제든 대화를 나눌 수 있는 개방된 공간을 만들고자 했던 겁니다."

하지만 잡스는 공간을 만들기만 해서는 안 되고 사람들의 발길이 그곳으로 향하게 해야 한다는 것을 깨달았다. 그가 간파한 대로 픽사의 가장 큰 과제는 컴퓨터광과 만화가들이 문화적 차이를 극복하고 함께 일하도록 하는 것이었다 (픽사의 최고창조책임자(CCO)인 존 래세터는 이를 "기술은 예술에 영감을 주고, 예술은 기술에 도전을 준다"는 공식으로 표현했다). 잡스는 그답게 이를 디자인 문제로 봤다. 그는 일단 우편함을 중앙홀에 배치했다. 그리고는 회의실들을, 이어서 구내식당과 카페와 기념품 가게도 모두 중앙으로 옮겼다. 하지만 그 정도로는 부족했다. 그는 화장실도 모두 중앙홀에 배치해야 한다고 고집을 피웠다(이후 이 부분은 하는 수 없이 타협을 봤다). 〈인크레더블〉과 〈라따뚜이〉의 감독인 브래드 버드(Brad Bird)는 2008년에 이렇게 말했다. "중앙홀이 처음에는 공간 낭비로 보였을 수도 있습니다. 하지만 스티브는 사람들이 우연히 만나서 눈길이 마주칠 때 이런저런 일이 일어난다는 것을 잘 알았습니다."

편의를 희생하는 한이 있더라도 통합을 강조하는 것이 스티브 잡스의 남다른 특징이다. 지식이 파편화된 시대에 잡스는 이질적인 분야의 사람들이 손을 맞잡고 서로 다른 세계관을 합쳐서 한 가지 문제에 집중할 때 최고의 창작물이 나온다고 굳게 믿었다. 그런 일은 캘리그래퍼가 컴퓨터 서체를 디자인할 때, 애니메이터가 화장실 세면대에서 프로그래머와 대화를 할 때 일어난다. 픽사 대학의 라틴어 표어에 그 정수가 고스란히 담겨 있다. "Alienus Non Diutius(더는 혼자가 아니다)."

22. 스티브의 생각이 첫날부터 효력을 발휘했습니다

Isaacson, Walter. *Steve Jobs*. New York, NY: Simon & Schuster, 2011.(국내 번역서: 《스티브 잡스》, 민음사, 2011)

23. 칸막이 사무실!

칸막이 사무실의 역사에 관해서는 칸막이 사무실의 상세한 역사와 그것이 내세우는 문화적 가치를 다룬 문헌들을 참고했다.

*Franz, David. "The Moral Life of Cubicles," *The New Atlantis*, 19호, 2008년 겨

울, 132~139.

* Schlosser, Julie. "Trapped in Cubicles," *FORTUNE Magazine*, 2006년 3월.

* Musser, George. "The Origin of Cubicles and the Open-Plan Office." *Scientific American*, 2009년 8월.

24. 픽사는 2011년에 〈카 2〉를 개봉해서 다시 한 번 어마어마한 흥행 수익을 올릴 수 있었다

〈카 2〉는 극장 상영 기간에 5억5100만 달러의 흥행수익을 올려서 픽사 최대의 흥행작으로 자리매김했다. 이 영화는 누가 뭐라고 해도 할리우드 역사상 최고의 흥행 영화사인 픽사의 연이은 블록버스터 흥행작 중 최근 작품이다. 픽사의 발자취를 보면 장편 영화 11편의 "전 세계 흥행수익이 총 60억 달러 이상"이다. "초기작부터 〈업〉까지 10편은 아카데미상 시상식에 35회 후보로 선정되어 오스카상을 9회 수상하고 골든글로브상도 6회 수상하는 등 극찬을 받았다."

2011년 11월을 기준으로 〈카 2〉의 총 흥행수익은 박스 오피스 모조(Box Office Mojo)에서 확인할 수 있다. http://www.boxofficemojo.com/movies/?id=cars2.htm.

픽사의 기업 정보는 http://www.pixar.com/about에서 볼 수 있다(원래는 다른 링크지만 해당 페이지가 없어져서 이렇게 바꿨습니다─옮긴이).

25. 아주 다양한(하지만 반드시 연관성이 있는) 관점들을 모으는 게 문제 해결에 얼마나 도움이 되는지 보여주는 경험적 증거를 제시했다

Page, Dr. Scott E. *The Difference: How the Power of Diversity Creates Better Groups, Firms, Schools, and Societies*. Princeton, NJ: Princeton University Press, 2007년 1월.

26. 우리가 세상에서 맞닥뜨리는 문제들은 굉장히 복잡하다.

〈뉴욕타임스〉 인터뷰에서 페이지 박사는 '다양성'을 흔히 쓰이는 인종적, 민족적, 성적 소수자라는 의미가 아니라 "사고방식의 차이"로 정의한다고 명확하게 밝혔다. "생김새가 전혀 다른 두 사람이 생각은 비슷할 수 있다. 이렇게 보면 사고의 다양성을 말할 때 사람들의 정체성 집단(민족, 인종, 성, 연령)이 중요하다고 볼 증거가 확실히 많아진다."

Dreifus, Claudia. "In Professor's Model, Diversity = Productivity." *The New York Times*, 2008년 1월 8일.

27. 전문성 증진 기관, 픽사대학

Hempel, Jessi. "Pixar University: Thinking Outside the Mouse," SFGate.com. http://articles.sfgate.com/2003-06-04/bay-area/17493262_1_pixar-s-emeryville-technical-director-bill-polson-pixar-president-edwin-catmull. 2003년 6월 4일.

28. 트위터: 구조 개선

코스톨로는 트위터에 합류하기 몇 년 전에 블로그에서 자신이 생각하는 이상적인 조직 구조에 관해 밝혔다. 이 단락은 그 블로그 글을 고쳐 쓴 것이다.

Costolo, Dick. "Ask the Wizard: No Offices." http://www.burningdoor.com/askthewizard/2007/09/no_offices.html. 2007년 9월.

29. 메시지 버스: 의례 도입

메시지 버스 대표 너렌드러 로시롤과 레인 베커의 인터뷰. 2011년 11월 8일.

30. 우리는 목요일마다 TED를 하고 있습니다

이런 행사를 직접 하고 싶다면 천여 개의 TED 강연을 모아 놓은 http://www.ted.com/talks에 들어가 보기 바란다.

31. 갱플랭크: 문화 확립

갱플랭크의 설립자 데릭 네이버즈와 레인 베커의 인터뷰. 2011년 9월 22일.

Chapter 3 두 번째 기술: 준비

32. 늘어진 토끼 귀의 진상

이를 정리한 사례연구의 공동저자는 공교롭게도 세렌디피티에 관한 로버트 머튼의 명저를 함께 저술한 엘리너 바버의 남편이었다. 세상 참 좁다!

Barber, B. and R. Fox. "The Case of the Floppy-Eared Rabbits: An Instance of Serendipity Gained and Serendipity Lost." *American Journal of Sociology*, 1958.

33. 켈너는 그 문제가 연구 대상으로 삼기에는 너무 시시하다고 생각했다

켈너의 팀은 토끼 귀가 늘어지는 증상을 편리한 척도쯤으로 여겼다. 귀가 늘어지면 약물을 알맞게 투여했다는 뜻이었다. 이는 연구실에서 유용한 정보일 수는 있어도 저명한 학술지에 이름을 올릴 정도는 아니다. 〈늘어진 토끼귀 사례연구The Case of the Floppy-Eared Rabbits〉를 보면 켈너 박사는 "그것으로 논문을 쓰지는 않았다"고 한다. 그는 자신과 동료들이 실험 보고서를 제출하는 기초과학 학술지에는 그런 식의 응용 기술적 발견이 알맞지 않다고 생각했다.

이후 켈너는 1964년에 뉴욕 최초로 수혈용 혈액 공급을 안정화한 뉴욕혈액센터를 설립했다. 이는 어느 모로 보나 세렌디피티가 아닌 현명한 분별력에서 비롯된 결과였다.

34. 예외를 체포하는

Austin, J. Chase, *Chance, and Creativity: The Lucky Art of Novelty*. Cambridge, MA: MIT Press, 1978.

신경과학자이자 저술가인 데이비드 이글먼(David Eagleman)은 예외를 체포하는 기술을 이렇게 설명했다. "놀라운 발견을 하고 나면 대부분 '유레카!'가 아니라 '이상해!'라고 외친다. 그래서 나는 '이상한 현상' 주변에 머물려고 한다."

Solomon, A. "An Interview with David Eagleman, Neuroscientist." http://boingboing.net/2011/10/19/an-interview-with-david-eagleman-neuroscientist.html. 2011년 10월.

35. 선사라는 별명이 붙은 잭슨 감독

필 잭슨에 관해 더 자세히 알고 싶으면 그가 휴 딜리핸티(Hugh Delehanty)와 함께 쓴 《신성한 고리: 강인한 전사의 영성 수업Sacred Hoops: Spiritual Lessons of a Hardwood Warrir》을 읽어보기 바란다.

명언: "농구가 인생의 전부는 아니고, 농구공이 농구의 전부는 아니다." 그의 감독법을 잘 해부한 글 한 편을 또 소개한다.

Turner, D. "Phil Jackson: Zen and the Counterculture Coach." http://uhra.herts.ac.uk/dspace/bitstream/2299/1346/1/900740.pdf. 2005.

36. 역시 별종 두뇌의 소유자였던 토머스 박사

토머스의 교육 과정을 보면 이런 정신적 과정이 학습 가능하다는 것을 알 수 있다. 대학교 4학년 때 토머스는 윌버 스윙글(Wilbur Swingle) 교수의 고급생물학 강의를 듣고 두 가지 면에서 세계관에 지울 수 없는 영향을 받았다. 하나는 "과학은 무지를 인정하는 데서 시작되며… 끊임없이 한계를 탐색한다"는 생각, 다른 하나는 일반적으로 순전히 호기심에서 시작된 실험이 가장 실용적인 결과를 빚어낸다는 사실을 배운 것이었다.

37. 아마 세상에는 그런 존재가 우리의 생각보다 많을 것이다

루이스 토머스의 저작은 깊이 파고들어 볼 만하다. 특히 다음의 두 가지가 그렇다.

* Thomas, L. *Lives of a Cell*. New York: Penguin, 1978. 국내 번역서:《세포라는 대우주》. 범양사, 1981.

* Thomas, L. *The Youngest Science: Notes of a Medicine Watcher*. New York: Penguin, 1983.

38. 괴짜를 늘리는 데 전력을 기울여야 한다

Godin, S. *We Are All Weird: The Myth of Mass and the End of Compliance*. New York: Do You Zoom, 2011. 마케팅의 관점에서 별종의 출현을 다룬 짧은 책이다. 국내 번역서:《이상한 놈들이 온다》, 21세기북스, 2011.

39. 대기업이 혁신을 하지 못하는 이유

Dixon, C. "(Founder Stories) Mayor Bloomberg: 'Make Sure You Are the First One in There Every Day & the Last One to Leave.'" http://techcrunch.com/2011/11/30/founder-stories-mayor-bloomberg-make-sure-you-are-the-first-one-in-there-every-day-the-last-one-to-leave/. 2011년 11월 28일.

40. 탑에 갇힌 죄수가 탈옥을 하려고 했다

해답? 죄수는 밧줄을 세로로 길게 풀어서 그 두 가닥을 묶었다.

41. 해석수준이론(CLT)

이 이론을 상세하게 소개하는 《사이언티픽 어메리컨Scientific American》의 기사: Shapira, O., and Liberman, N. "An Easy Way to Increase Creativity." http://www.scientificamerican.com/article.cfm?id=an-easy-way-to-increase-c. 2009년 7월.

학술적인 설명: Trope, Y., and Liberman, N. "Construal-Level Theory of Psychological Distance." *Psychological Review*, 2010, Vol. 117, No. 2, 440–463. http://www.psych.nyu.edu/trope/Trope%20et%20al.,%202007%20-%20JCP.

pdf.

42. 대중의 관심이 그런 인터넷 벤처의 새 바람에 쏠리던 때

심리학에서 유머를 설명할 때 가장 많이 언급되는 것이 불일치이론이다. 불일
치이론이란 우리가 기대한 것과 실제로 일어난 것이 어긋날 때(일반적으로 이
야기, 농담, 인생의 각본에서) 재미를 느낀다는 것이다. 많은 경우에 불일치성 때
문에 눈앞의 경험이 추상화된다고 할 수도 있다. 많은 사람이 위대한 인물들의
유머(때로는 악의적이기까지 한)에 주목했다. 우리는 유머를 통해 일상의 따분함
을 넘어서 창의력을 발휘할 수 있게 되는 것일까?

43. 현실을 뛰어넘는 무언가를 만들려면 현실을 잘 알아야 한다

Friedman, T. *The World Is Flat: A Brief History of the Twenty-First Century.*
New York: Farrar, Strauss and Giroux, 2005. 국내 번역서:《세계는 평평하다》.
창해, 2005.

44. 업무의 독이다

이 말은 2010년 TEDxMidland에서 제이슨 프라이드가 "왜 일터에서 일이 안
되는가"(Why Work Doesn't Happen at Work) 강연 중에 한 말이다. http://www.
ted.com/. 2010년 10월.

45. 구성을 잘해서 참석자들이 주제와 심리적 거리를 둘 수 있게 해야 한다

그 방법은 여러 가지다. 예를 들어 데이브 그레이(Dave Gray), 서니 브라운
(Sunni Brown), 제임스 매카누포(James Macanufo)의《게임스토밍Gamestorming: A
Playbook for Innovators, Rulebreakers, and Changemakers》을 보면 집단이 놀이를 하
듯이 추상적으로 아이디어를 탐색할 수 있게 하는 방법이 수십 가지 나온다.

46. 자기와 똑같은 부류를 찾는다

어떤 점을 봐야 하는지 알면 별종을 쉽게 찾을 수 있다. 주변에서 한번 찾아보
면 자신의 집착을 업무에 끌어들이는 사람, 예상치 못한 놀라운 관점을 보여주

는 사람이 많을 것이다. 우리가 일상적인 대화는 물론이고 공식 면접에서도 별종을 가리기 위해서 쓰는 질문 몇 가지를 소개한다.

당신의 별난 정도를 1∼10점으로 매긴다면 몇 점입니까? 가장 찾기 쉬운 별종은 자신이 별종이라는 것을 선뜻 인정하는 사람이다. 전자상거래계의 공룡기업인 재퍼즈는 조직 문화에 '약간의 별남'을 집어넣는 것을 최우선으로 한다. 그래서 채용 면접에서 항상 이 질문을 던진다. 그렇다고 속이 배배 꼬인 미치광이를 뽑으려고 하는 것은 아니다. 그저 자신의 별남을 알고 자랑스레 여기는 사람을 뽑으려고 할 뿐이다.

자신이 잘 아는 것 한 가지에 관해 가르쳐 주십시오. 상대의 마음속 깊은 곳에 있는 관심사를 끄집어냄으로써 그 사람이 우리가 듣고 싶어하는 말을 고민하지 않게 하기 위해서 하는 질문이다. 상대가 좋아하는 보드게임, 지금껏 읽은 판타지소설, 지금 하고 있는 철인 훈련 등 깊이 빠져 있는 것에 관해 이야기하게 해보자. 공식 면접이라면 그 지식을 그가 지원한 직무에 적용해보도록 해서 불꽃이 튀는지 알아보자.

당신과 가족이 소말리아 해적의 습격을 받았는데 딱 한 가지 무기만 쓸 수 있다면 무엇을 쓰겠습니까? 우리가 아는 어느 회사는 모든 지원자에게 이 질문을 던진다. 여기에 틀린 답은 없다. 그런데 사람들이 이렇게 밑도 끝도 없고 정답도 없는 질문에 자신의 성격을 대입해서 대답하는 것을 보면 참 흥미롭다. 별종 두뇌가 잘 개발된 사람은 우리가 들어본 적도 없는 대답을 내놓는 게 대부분이다.

Chapter 4 세 번째 기술: 일탈

47. 일탈이라는 어려운 기술을 습득

우리는《패스트컴퍼니FastCompany》의 디자인 블로그에서 이 이야기를 접했다.

Jao, C. "Loyal Dean Turns Cast-Off Wood into Artful Longboards." http://www.fastcodesign.com/1664765/loyal-dean-turns-cast-off-wood-into-artful-longboards. 2011.

로열 딘의 설립자 다이노 피어런과 소어 뮬러의 인터뷰. 2011년 12월 1일.

48. 약하고 옳은 사람보다 강하고 틀린 사람을 더 원한다

Clinton, B. "Address by Former U.S. President Bill Clinton to the Democratic Leadership Council." New York University, NY. 2002년 12월 3일.

49. 《창의성을 거부하는 경향: 사람들이 창의적 아이디어를 원하면서도 거부하는 이유》

Mueller, J. S., Melwani, S., & Goncalo, J. A. (2011). *The Bias Against Creativity: Why People Desire but Reject Creative Ideas.* 전자본. 2011년 12월 2일 코넬대학교 ILR 대학 사이트에서 내려받음. http://digitalcommons.ilr.cornell.edu/articles/450/

저자들의 결론은 되씹어볼 만하다. "현재 창의성 분야는 더 창의적인 아이디어를 내는 방법을 고민하고 있지만 이제는 어떻게 하면 혁신적 조직들이 창의성을 알아보고 수용하도록 도울 수 있을까 고민하는 편이 나을 것 같다."

50. 혁신과 소멸이 되풀이된다

Christensen, C. "The Innovator's Dilemma." New York: Harper Paperbacks, 2003.

51. 무엇보다 놀라운 점은 정규 시즌을 시작하기도 전에 넉 달 동안이나 꼬박꼬박 방송을 한 것이었다

Hampp, A. "Entertainment A-List No. 1: 'Glee'." *Ad Age*, 2011년 5월 23일. http://adage.com/article/special-report-entertainment-alist/glee-entertainment-a-list-1/227661/.

52. 이 프로그램은 할리우드에 만연한 위험 회피 경향을 보란 듯이 뒤집어엎은 사례다

닐슨의 마이클 램비와 소어 퓰러의 인터뷰. 2011년 9월 10일.

53. 이게 '가지 내밀기 범위'

관련 개념들에 관해 더 자세히 알고 싶으면 다음의 자료를 확인해보기 바란다.

* 사회적 구성주의자 레프 비고츠키(Lev Vygotsky)와 그의 근접발달영역(zone of proximal development)

* 스튜어트 코프먼(Stuart Kaufmann)의 인접가능성론(adjacent possible theory)과 이를 차용한 스티븐 존슨(Steven Johnson)의 《좋은 아이디어는 어디서 오는가 Where Good Ideas Come From》

* 로버트 오스틴(Robert Austin)과 리 데빈(Lee Devin)의 예상의 원뿔

* 확률 이론의 확률 기법

54. 베이조스는 단번에 회사를 바꿔버릴 명령을 내렸다

Yegge, S. "Stevey's Google Platforms Rant." https://plus.google.com/112678702228711889851/posts/eVeouesvaVX. 2011년 10월 12일.

55. 그런 게 셋씩이나 되면 숨이 턱턱 막힐 법도 하다

Lynn, G. S., Morone, J. G., and Paulson, A. S. "Marketing and discontinuous innovation: The Probe and Learn Process." http://www.radicalinnovation.com/

pdfs/Probe%20and%20Learn.pdf. *California Management Review*. 38(3), 1996 년 봄.

Chapter 5 네 번째 기술: 매진

56. 현재 다른 곳에서는 열대우림이 모두 파괴되고 있습니다. 하지만 우리는 열대우림을 되살리는 방법을 보여주고 있습니다.

가비오따스의 업적은 모험기요 과학이요 경영의 교훈으로서 분명히 읽어볼 가치가 있다.

Weisman, A. *Gaviotas*: *A Village to Reinvent the World*. White River Junction, VT: Chelsea Green Publishing Company, 1998. 국내 번역서:《가비오따스: 세상을 다시 창조하는 마을》. 랜덤하우스코리아, 2008.

57. 매진에는 가장 중요한 목적에 자신을 맞추는 행위가 포함된다

'목적'이니 '매진'이니 하면 진부한 말이 나오기 십상이다. 사명선언서를 쓰는 방법이나 천직을 찾는 방법은 다들 배울 만큼 배웠을 것이다. 하지만 매진으로 세렌디피티를 얻는 방법은 집중 훈련을 받아볼 만하다. 우리는 "자기가 사랑하는 일을 하면 나머지는 알아서 따라온다"는 식의 케케묵은 조언을 들으면 진저리를 친다. 언제 직장에서 해고되고 기업이 망할지 모르는 경제 현실과 동떨어진 것처럼 들리기 때문이다. 하지만 이 말을 "자기가 하는 일에 '애정'을 품으면 나머지는 알아서 따라온다"로 바꾸면 유익이 있다. 여기서 중요한 것은 무엇을 좇느냐가 아니라 그 동기가 얼마나 명확하냐다.

58. 다른 하나는 에너지를 절약하는 것, 즉 아무것도 하지 않는 것이다

Tierney, R. "Willpower: Rediscovering the Greatest Human Strength," http://www.nytimes.com/2011/08/21/magazine/do-you-suffer-from-decision-fatigue.html?_r=1&pagewanted=all.

59. 낙엽이 진 가을 숲처럼 아름다웠다

David Oakey Designs. http://www.davidoakeydesigns.com. 2011.

60. 회사 역사상 가장 빠른 판매 속도를 기록했다

WorldWatch Institute. *State of the World* 2008: *Innovations for a Sustainable Economy*. New York: W.W. Norton & Company, 2008.

61. 인앤아웃은 그와 반대로 거의 변화가 없었던 데서 적응성을 엿볼 수 있는 기업이다

이를 두고 베인 컨설팅(Bain Consulting)은 '혁신 받침점'을 가장 잘 보여주는 사례라고 했다. 혁신 받침점이란 현상을 유지할 때보다 변화할 때 잃는 것이 더 많은 지점이다.

62. 인앤아웃은 다음과 같이 고집스럽게 품질에 매달린 덕에 꾸준히 세렌디피티를 경험했다

Perman, S. *In-N-Out Burger: A Behind-the-Counter Look at the Fast-Food Chain That Breaks All the Rules*. New York: HarperBusiness, 2009.

63. 샌프란시스코에서 가장 유명한 꽃가게

플로라 그럽 가든즈의 설립자 플로라 그럽과 소어 뮬러의 인터뷰. 2011년 9월 29일.

64. 혹시 몸을 왼쪽으로 기울이면 사물이 더 작아 보인다는 것을 알고 있는 가?

   http://www.newscientist.com/article/mg21228424.000-leaning-to-the-left-makes-the-world-seem-smaller.html.

65. 진 와인가튼(Gene Weingarten)은 녹화 영상을 보고 나서 이렇게 적었다

   Weingarten, G. "Pearls Before Breakfast," *Washington Post*, 2007년 4월 8일. http://www.washingtonpost.com/wp-dyn/content/article/2007/04/04/AR2007040401721.html.

66. 뮤직 언더 뉴욕(MUNY)이라는 프로그램을 마련했다

   http://www.christianfischer.name/music_under_new_york.html.

67. 패루즈는 다채로운 지하철 공연 현장의 분위기를 전하는 블로그도 운영하고 있다

   http://www.subwaymusicblog.com/.

68. 이 현수막이 공연자들에게 큰 힘이 됩니다

   나탈리아 패루즈와 소어 뮬러의 인터뷰. 2011년 12월 11일.

69. 단일시간과 복합시간을 나란히 놓고 비교해 보면

   http://www.tamas.com/samples/source-docs/Hofstede_Hall.pdf.

70. 아무것도 모른 채로 추정하니 아예 빗나갈 수밖에 없는 것이다

   참고로 책을 쓸 때도 마찬가지다.

71. 대통령궁 안에서 롤러스케이트를 타고

L, E. "Václav Havel, playwright and president," *The Economist*, 2011년 12월 18일.

http://www.economist.com/blogs/easternapproaches/2011/12/vaclav-havel-memoriam.

72. 세상에서 가장 재미있는 회의

키즈(Keas)의 마케팅 부사장 키스 메식과 소어 퓰러의 인터뷰. 2011년 11월 30일.

73. 뭥미? 오나전 젖뉴비 주제에 귀차니즘 쩌네

해석: 뭐야? 새로 온 사람이 너무 게으르네.

74. 즉흥극에서는 항상 장면이 어떻게 진행되는지 알기 위해서 귀를 기울여야만 하니까요

포티 에이전시의 데이비드 코선드, 에이미 램프(Amy Lamp)와 소어 퓰러의 인터뷰. 2011년 8월 19일.

Chapter 7 여섯 번째 기술: 연결

75. 2004년에 〈호기심 해결사Mythbusters〉라는 인기 TV 프로그램에서 그렇게 했다

"Exploding House." *Mythbusters*, 에피소드 23, 2004 시즌. 최초 방영일: 2004년 11월 16일.

76. 건초 더미에서 바늘 찾기 급의 문제를 해결하려면 혼자 힘으로는 역부족일 경우가 많기 때문이다

반대되는 사례도 있다. 역사적으로 보면 박식한 사람들과 독자적 탐구자들은 홀로 생각할 시간이 많아졌을 때 최고의 성과를 냈다.

77. 유명한 전문가와 저술가들 사이에서도 인터넷 때문에 사람들이 얄팍해져서

신(新)러다이트운동이라고 하면 폴 카(Paul Carr)와 앤드루 킨(Andrew Keane)이 가장 먼저 떠오른다.

78. 윌리엄 파워즈(William Powers)는 우리가 정기적으로 플러그를 뽑아서 자기만의 시간을 되찾아야 한다고

Powers, William. *Hamlet's BlackBerry: A Practical Philosophy for Building a Good Life in the Digital Age.* New York: Harper, 2011. 국내 번역서:《속도에서 깊이로》. 21세기북스, 2011.

79. 삶에서 힘에 부칠 정도로 연결성이 커진 느낌을 받는다면

하버드대학교 심리학자 스티븐 핑커(Stephen Pinker)의 제안을 따르는 편이 좋을 것 같다. "해법은 기술에 불평을 늘어놓는 게 아니라 인생의 다른 영역에서 유혹을 받을 때와 마찬가지로 자기통제 전략을 세우는 것이다. 일할 때는 이메일이나 트위터를 끄고, 저녁 식사 때는 블랙베리를 치워놓자." 클레이 셔키(Clay Shirky)의 말에도 귀를 기울일 필요가 있다. "문제는 정보 과부하가 아니라 필터 고장이다."(뉴욕 웹 2.0 엑스포, 2008)

80. 로버트 J. 헨리(Robert J. Henry)는 30년째 '오대호의 최동단 호수' 온타리오호 주변의 황야를 누비며

로버트 J 헨리와 소어 뮬러의 인터뷰. 2011년 12월 13일.

81. 대부분의 사람은 그런 현상을 목격했다고 하더라도 잠깐 멈췄다가 대수롭잖게 여기며 다시 발걸음을 옮기겠지만 우리 남편은 아니다

Henry, J. "Making Room for Serendipity." Wanderings, 2008년 6월 7일. http://wanderings.edublogs.org/2008/06/07/making-room-for-serendipity/.

83. 우연히 영향력을 발휘하는 사람

Thompson, C. "Is the Tipping Point Toast?" Fast Company, 2008년 2월 1일. http://www.fastcompany.com/magazine/122/is-the-tipping-point-toast.html.

84. 거대강입자충돌기(LHC)라고 알려진 이 국제 프로젝트

이 프로젝트가 출범하기 전에 파국을 예고한 이론 물리학자가 없지 않았다. "가설 속에 존재하는 힉스 보존은 중정으로… 자연에 큰 혐오감을 일으켜서 마치 시간 여행자가 과거로 돌아가 자신의 할아버지를 살해하는 것처럼 그 피조물이 시간을 거슬러 올라가 무엇 하나 나오기 전에 충돌기를 세워버릴지도 모른다."

85. 중요한 것은 타이밍이다

"CERN & Innovation: The Heart of the Matter." *WIPO Magazine*, 2008년 12월. http://www.wipo.int/export/sites/www/pct/en/news/extracts/2008/wipo_magazine_12_2008_cern.pdf.

86. 지식이전조직의 최대 과제는 적절한 지원 구조와 자원을 마련해서 세렌디피티의 발생 가능성을 향상하는 것이다

Hill, N., Higgons, R., Green, K., and Rafe, D. "Knowledge Transfer from Space Exploration: Prospects and Challenges for the U.K." ABOTTS Report, 2005년 4월. p.28.

87. 얼마 전까지만 해도 바늘을 찾으려면 자기가 바늘을 찾을 수 있으리라 예상하는 곳, 예를 들면 바늘들이 한데 모여 있는 바늘꽂이 같은 곳을 살펴보는 게 가장 좋았다

이 문장은 정보 설계자 마크 베이커(Mark Baker)가 자신의 블로그에 올린 〈바늘을 찾으려면 건초더미를 살펴보는 게 가장 좋다The Best Place to Find a Needle Is a Haystack〉에서 영감을 받았다. http://everypageispageone.com/2011/10/12/the-best-place-to-find-a-needle-is-a-haystack/.

Chapter 8 일곱 번째 기술: 투과

88. 세계적인 수공예 시장

"Etsy—About". http://etsy.com/about.

89. 다람쥐 박제로 만든 맥주병 싸개 같은 상품들

Winchell, April. "Chimes and Misdemeanors." http://www.regretsy.com/2010/03/25/chimes-and-misdemeanors/. 2010년 3월 25일.

Winchell, April. "That's Nacho iPod." http://www.regretsy.com/2011/11/06/weekend-flashback-thats-nacho-ipod/. 2011년 11월 6일.

Winchell, April. "A Long Cold One." http://www.regretsy.com/2011/08/17/a-long-cold-one/. 2011년 8월 17일.

경고: 직장에서 리그레치를 탐방하다 보면 몇 시간이 훌쩍 지나갈 수도 있다.

90. 이젠 아무도 고객을 어떻게 대접해야 하는지 모릅니다. 아무도 신경 쓰지 않습니다

Winchell, April. "Sooner or Later, You'll Pay, Pal." http://www.regretsy.

com/2011/12/06/sooner-or-later-youll-pay-pal/. 2011년 12월 6일.

91. 페이팔의 만행

PayPalSucks.com은 '페이팔 거부 네트워크' 중에서 가장 인기 있는 사이트로, 이 네트워크에 속한 사이트로는 그 밖에도 AboutPayPal.org, PayPalWarning.com, Screw-PayPal.com 등이 있다. PayPalSucks.com의 게시판은 http://www.paypalsucks.com/forums/에서 볼 수 있다.

92. 고객관계관리에 몸담았던 사람으로서

Nusca, Andrew. "Wendy Lea: Online, 'Customer Service Is the New Marketing,'" http://www.zdnet.com/blog/btl/wendy-lea-online-customer-service-is-the-new-marketing/64098. 2011년 11월 23일.

93. 시장은 곧 대화

Levine, R., Locke, C., Searls, D., and Weinberger, D. *The Cluetrain Manifesto: The End of Business as Usual*. New York: Basic Books, 2001. 다음에서도 전문을 읽을 수 있다. http://www.cluetrain.com/book/.

94. 때로는 그게 웹상에서 크나큰 고객 봉기로 이어지기도 한다

이처럼 어떤 구심점도 없이 고객 봉기가 일어나는 이유와 과정을 심도 있게 탐구한 책을 소개한다. Clay Shirky. *Here Comes Everybody: The Power of Organizing Without Organizations*. New York: Penguin, 2008. 국내 번역서:《끌리고 쏠리고 들끓다》, 갤리온, 2008.

95. 전 세계의 고객들이 웹에서 이래저래 모여서

우리 두 사람은 겟새티스팩션의 창립자로서 〈클루트레인 선언문〉의 작성자들에게 큰 빚을 지고 있다. 이 책에서 밝힌 바와 같은 겟새티스팩션의 창립 철학은 클루트레인 작성자들의 사상을 발전시킨 것이다. 그들은 권력이 기업에서 소비자의 손으로 확실하게 넘어갔음을 처음으로 깨달은 사람들이고, 또한 그

런 현상이 기업의 생각보다 기업에 훨씬 유익하다는 것을 처음으로 주장한 사
람들이다.

96. 팸퍼스는 훌륭한 고객 서비스 및 지원 활동을 사업의 근간으로 여긴다

겟새티스팩션의 사업개발 부사장 스콧 허시와 레인 베커의 인터뷰. 2011년
12월 13일.

97. 2008년에 한 고객이 홀푸드에서 판매하는 생수에 관한 질문을 커뮤니티
에 올렸다

"Wonderful Water Wanted". http://getsatisfaction.com/wholefoods/topics/
wonderful_water_wanted.

98. 우리는 샌프란시스코의 차고에서 태어났고

"Timbuk2—About Us". http://www.timbuk2.com/wordpress_cms/customer-
service/about/.

99. 이런 엄마 중 한 사람이 팀벅2의 겟새티스팩션 커뮤니티에 기저귀 가방
을 만들 계획이 없느냐는 질문을 올리자

"Do you guys make a diaper bag?". http://getsatisfaction.com/timbuk2/topics/
do_you_guys_make_a_diaper_bag.

100. 우리는 언제나 사랑과 공포, 둘 중의 하나를 선택해야 하는데

〈클루트레인 선언문〉의 작성자 닥 설즈와 레인 베커의 인터뷰. 2011년 12월
13일.

101. 질병이 이야기를 통해 드러난다

Charon, Rita. *Narrative Medicine: Honoring the Stories of Illness*. New York:
Oxford University Press, 2006.

102. 자기 주도적 학습 기회가 많을수록 결과는 예측하기 어려워진다

브라이트워크스의 기버 털리와 소어 퓰러의 인터뷰. 2011년 12월 1일.

103. 이 단편 영화는 7~9세 어린이 4명이 만든 것

코크(Coke), 에번(Evan), 카이아(Kaia), 퀸(Quinn)이 만든 스톱 모션 영상 〈좀 플즈〉는 유튜브에서 볼 수 있다. http://youtu.be/4MRk5kd2fzU.

104. 그 점을 사과드립니다

Talarico, B. "Watch Oprah Winfrey Apologize for Not Hearing His Side." http://www.okmagazine.com/videos/watch-oprah-winfrey-apologize-james-frey-not-hearing-his-side. 2011년 5월 18일.

105. 제인 니굴퀸틱(Jane ni Dhulchaointigh)

'니굴퀸틱'은 아일랜드어 발음.

슈그루의 최고경영자 제인 니굴퀸틱과 소어 퓰러의 인터뷰. 2011년 12월 12일.

106. 그래야 출시 이후로 몇 년이 지난 지금까지도 꾸준히 고객들이 사진, 영상, 글로 기발한 사용법을 소개하는 이유가 설명된다

http://sugru.com/gallery.

107. 자기 위치를 직접 알릴 수 있다면 만나기가 한결 수월해지는 것이었다

포스퀘어의 최고경영자 데니스 크롤리와 레인 베커, 소어 퓰러의 인터뷰. 2011년 12월 14일.

108. 포스퀘어 시장에게 무료 음료 제공

http://www.flickr.com/photos/leahculver/3942430314/.

Chapter 10 이중구속 풀기

109. 프록터 앤 갬블은 2000년에

Huston, Larry and Sakkab, Nabil. "P&G's New Innovation Model." *Harvard Business Review*. http://hbswk.hbs.edu/archive/5258.html. 2006년 3월 20일.

소어 뮬러는 자신이 창업가로서 연달아 다섯 번을 성공한 이유가 집 착에 가까운 호기심, 우연한 사건, 거침없이 물건을 부숴버리는 위험한 습 관 때문이라고 본다. 그는 6만5000여 개 기업이 이용하는 획기적인 온 라인 고객 교류 플랫폼 겟새티스팩션을 공동 설립하고 최고기술경영자를 지냈다. 또한 인터넷 사업의 선구자로서 1995년에 세계 최초의 반열에 든 웹 디자인 업체를 설립했고, 이 회사는 이후 프록 디자인(Frog Design)에 인수되어 유명한 인터넷 사업부로 발전했다. 소어는 각종 컨퍼런스와 대 학교에서 찾는 인기 연사이자 활발한 블로거이며, 때로는 사람들을 모아 피아노를 연주하며 함께 노래를 부르기도 하는 음악인이다.

레인 베커는 웹의 태동기라고 할 수 있는 1994에 대학교에서 웹사이 트를 만들면서 웹 사업에 뛰어들었다. 1999년에 처음으로 벤처기업을 설 립해서 실패의 쓴맛을 보긴 했으나 이후 세계 최초의 사용자 경험 디자 인업체인 어댑티브 패스(Adaptive Path), 이어서 온라인 고객 교류 플랫폼인 겟새티스팩션을 공동 설립해서 성공을 거뒀다. 어댑티브 패스 시절에는 내셔널 퍼블릭 라디오(National Public Radio), 국제연합, 프린세스 크루지즈 (Princess Cruises)를 비롯해 수많은 고객을 상대하는 한편 2005년에 구글에 인수된 블로그 분석 도구인 매저 맵(Measure Map)의 개발에 힘을 보탰다. 레인은 최근 설립된 인터넷 벤처 투자 펀드인 Freestyle.vc의 고문으로도 활동하고 있다.